편집자란 무엇인가

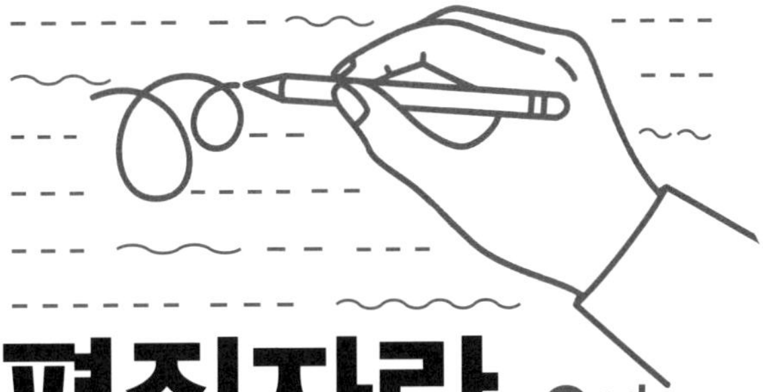

편집자란 무엇인가

2nd Edition

김학원 지음

책 만드는 사람의 거의 모든 것에 대하여

편집자 고(故) 이환희 님을 추모하며

이 책은 '책 만드는 사람을 위한 책'이다. 서점에는 책과 독자로 가득하다. 부모와 함께 온 아이에서 나이 지긋한 노년층까지 서점에 머물면 세상은 온통 책과 독자뿐인 듯 행복한 착각에 빠지곤 한다. 이 책은 서점의 그 수많은 책을 만든 사람에 관한 책이다. 우리는 그들을 '출판 편집자' 또는 '편집자'라 부른다. 편집자의 세계는 책의 세계만큼이나 다양하다. 책의 분야나 주제, 대상 독자, 작업 과정에 따라 편집자의 역할과 특징이 다르기 때문이다. 이 책은 주로 서점에서 독자들이 쉽게 만날 수 있는 일반 단행본 출판을 담당하는 편집자의 세계를 담고 있다.

세 명의 독자를 떠올리며 이 책을 썼다. 첫째는 편집자 지망생이다. 출판사에 입사해 편집자가 되길 원하는 그들에게 편집자가 일하는 현장을 있는 그대로 보여주려고 했다. 둘째는 1~5년 차 편집자다. 그들이 실수를 줄이고 빠르게 성장할 수 있도록 편집자의 실무를 주요 공정에 따라 2장에서 9장까지 정리했다. 셋째는 6~10년 차 편집자다. 조만간 편집장이 될 경력 편집자들을 생각하며 편집장의 역할을 담은 10~11장을 썼다.

넓은 의미의 편집자 세계를 다루는 이 책은 주로 신간의 기획과 개발, 편집 과정을 다루며, 그중에서도 기획에 비중을 두었다. 본문 편집이나 교정·교열 영역은 미국의 《시카고 편집 매뉴얼(The Chicago

Manual of Style)》의 사례처럼 경험과 역량이 풍부한 본문 편집자들이 모여 공력을 들이면 정리할 수 있는 일이다. 그러나 기획의 영역을 체계적으로 정리하는 일은 그 필요성에 비해 쉬운 일이 아니다. 이 책 역시 되도록 단행본 기획 업무의 일반을 포괄하려고 애썼지만, 주로 인문서와 교양서의 경험에 바탕을 두고 있어서 문학이나 실용 분야의 현장성이 취약한 것은 어쩔 수 없는 한계다.

11년 만에 선보이는 개정판에는 2011~2020년의 변화를 담고자 했다. 이 10년의 변화는 밀레니얼 세대의 등장과 SNS 미디어의 활성화로 압축할 수 있다. 저자의 발굴에서 책 홍보까지 SNS 환경이 깊숙이 자리 잡은 변화 양상을 담았다. 특히 '12장 한국에서 편집자로 산다는 것'에는 2020년 7월에 실시한 55명의 편집자 설문조사 결과를 추가했다. 2021~2030년, 새로운 10년에는 바로 이 밀레니얼 세대와 디지털 네이티브 세대 편집자가 한국을 비롯한 세계 출판의 주역으로 등장하게 될 것이다.

이 책은 1991년 출판사에 첫 출근한 날부터 지금까지 내 삶에 영향을 미쳤던 수많은 출판인, 저자와 역자, 언론과 방송의 기자, 그리고 책과 독자에게 배우고 자극을 받은 결과다. 그들의 이름과 영향 받은 바를 감사의 말로 정리하면 별도의 장을 추가해도 부족할 것이다. 그 모든 분에게 진심 어린 감사와 우정의 말씀을 올린다. 아울러 초판과 개정판의 설문에 애정을 가지고 세심하게 응답해준 110명의 편집자들에게 깊이 감사드린다.

이 책으로 편집자라는 직업이 한층 뿌듯해지고 직업적인 성장에 도움이 되었다는 독자 서평을 볼 수 있다면 그 이상의 보람은 없을 것이다.

2020년 12월

김학원

차례

세부 차례

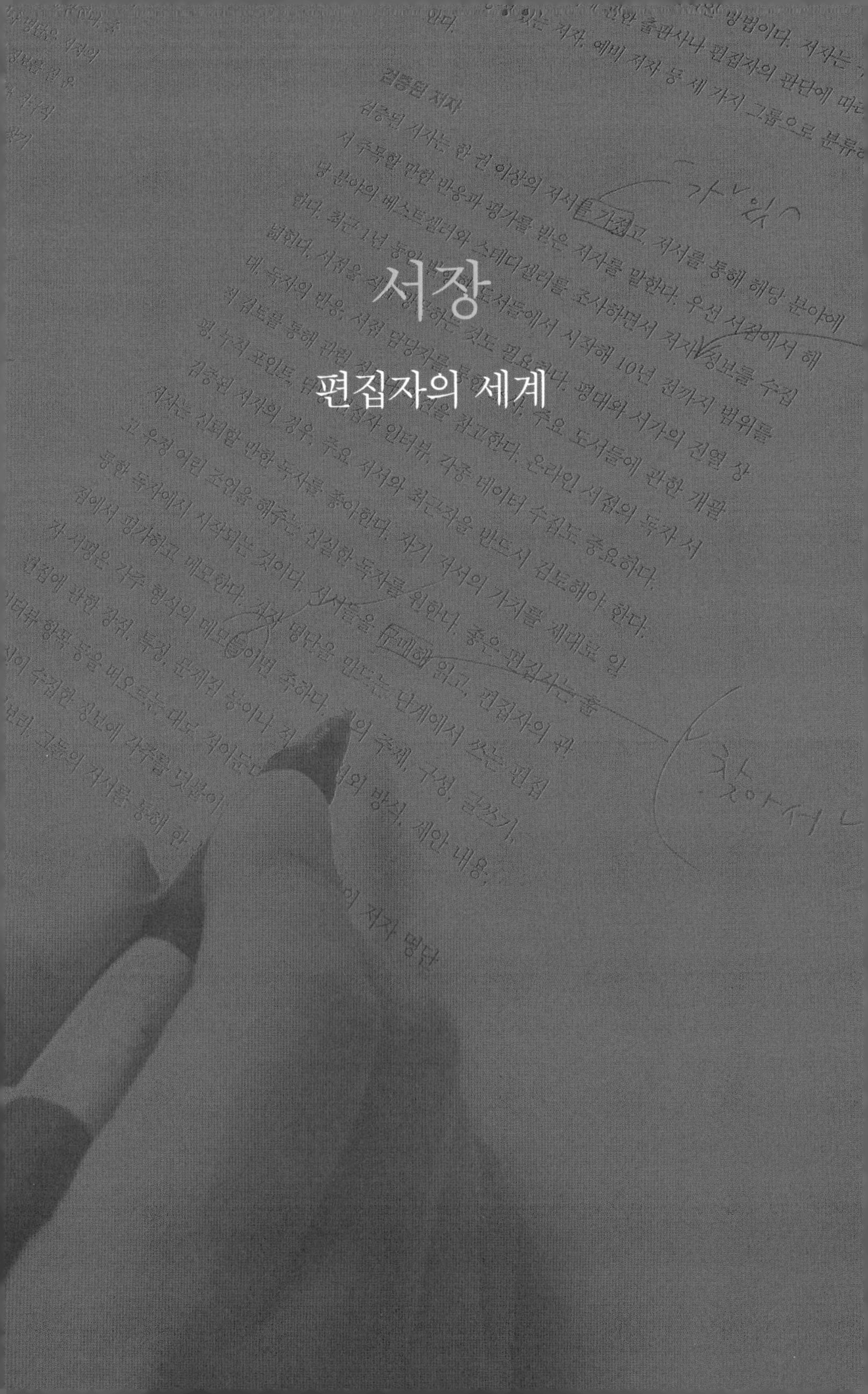

서장

편집자의 세계

출판 편집자는 어떤 일을 하는가? 어떤 과정을 거쳐 편집자가 되고, 이후 어떤 직업적인 미래를 그리는가? 이 질문에 대답하기는 쉽지 않다. 우선 편집자가 다루는 책이 무척 다양하다. 서점과 도서관에 있는 수십, 수백 종의 책을 상상해보라. 게다가 해마다 우리나라에서만 6만여 종의 새 책이 쏟아져 나온다. 영화와 드라마, 다큐멘터리, 연극, 뮤지컬 등에서 한 해 동안 만들어지는 작품을 모두 합한 것보다 훨씬 많다. 분야와 성격은 물론이고, 책의 장정과 구성, 편집 등도 각양각색이다. 그만큼 편집자가 하는 일도 다양하다.

한편 편집자는 책의 세계에서 자기 역할을 드러내지 않으려는 속성이 있다. 다른 대중문화 분야에서는 배우뿐만 아니라 연출자나 감독, 제작자도 작품의 제작 배경이나 과정, 메시지 등과 관련해 인터뷰한다. 제작에 참여한 수많은 스태프 역시 공연 안내장이나 엔딩크레디트를 통해 역할과 이름을 알린다. 하지만 책의 세계에서는 저자만 무대에 설 뿐, 편집자는 자신의 역할을 드러내지 않았다.

여러 가지 이유로 출판 편집자의 지적·문화적·사회적 역할에 비해 대중의 이해가 취약한 편이다. 특히 우리나라는 유럽이나 미국, 일본 등과 비교하여 편집자에 관한 사회적 이해가 매우 뒤떨어진다. 편집자들이 책 속에 너무 숨어 지낸 탓도 있겠지만, 출판계가 스스로 노력하고 실제로 이룩한 출판 편집의 사회적인 역할과 위상을 제대로 세우지 못한 탓이기도 하다. 이런 현실을 감안해 서장에서는 편집자가 어떤 일을 하고 어떤 길을 걷는지 개괄하며 편집자 세계에 관한 기초적인 이해를 돕는다.

편집자는 어떤 일을 하는가?

편집자는 늘 새로운 책을 원한다. 독보적인 책, 유익한 책, 감동적인 책, 주목할 만한 책, 흥미로운 책, 상상력을 자극하는 책, 고전적인 가치를 지닌 책을 출간하고 싶어 한다. 이러한 갈증은 남다른 저자와 원고에 대한 열망으로 이어진다. 가치 있는 책의 탄생은 누군가의 집필로 시작하기 때문이다. 편집자의 일은 출간할 만한 원고를 쓰는 저자를 찾아 나서는 것으로 시작한다. 편집자의 수없이 다양하고 복잡하며 변화무쌍한 일들은 크게 다섯 가지로 나눌 수 있다. 물론 이 일들은 동시다발적으로 벌어진다.

첫째, 저자를 찾아 섭외하여 원고를 받는다. 다양한 저자를 만나며 정보를 모으는 과정에서 새로운 제안이 싹트기도 하고, 책을 먼저 설계하고 그에 적합한 저자를 찾아 원고 집필을 맡기기도 한다. 둘째, 글이나 사진, 그림, 도표 등 다양한 편집 요소를 개발한다. 저자의 글 원고로만 본문이 구성되는 소설일 경우에는 작가의 탈고를 지원하는 일이 우선이지만, 글 외의 재료로 본문을 구성해야 할 때는 편집 개발 과정이 필요하다. 셋째, 원고를 교정·교열한다. 본문을 구성할 모든 재료가 준비되었다고 해서 편집이 끝나는 것은 아니다. 원고를 문법과 표기법에 맞게 고치고, 잘못된 표현이나 적확하지 못한 것을 바로잡는다. 넷째, 신간을 널리 알리는 홍보 역할을 맡는다. 독자들을 위한 도서 정보와 안내 자료를 만들어 서점에 보내고, 학술지나 전문지, 언론과 방송, 유튜브를 비롯한 각종 온라인 미디어에 서평이나 기사가 소개될 수 있도록 보도자료나 제안서, 이메일 등을 보낸다. 이 과정에서 저자의 강연이나 독자와의 대화, 사인회 등 다양한 행사를 조직하고 저자의 출연을 매개한다. 다섯째, 저자-출판사, 저자-독자 사이의 다양한 소통을 매개한다. 저자와 출판사 사이의 계약 내용을 사전에 협의하거나 조정하기도 하고, 언론사 인터뷰나 방송 출연 등의 일정과 의사소통을 중개하기도 한다. 독자들의 다양한 의견을 저자에게 전하기도 한다.

이 다섯 가지는 업무의 중심 줄기일 뿐, 위로는 줄기마다 더 많은 가지가 뻗어 있으며, 아래로는 보이지 않는 뿌리처럼 얽히고설킨 일들로 가득하다. 이 모든 일을 한 명의 편집자가 처리하는 것은 아니다. 출판사의 규모나 특성, 편집자의 역량이나 지위에 따라 다른데, 규모가 작은 출판사에서는 이런 업무를 모두 혼자서 처리하는 편집자도 있다. 편집장의 경우에는 표지 디자인이나 제작 관리를 맡기도 하고, 심지어 재무와 회계까지 관리하는 사례도 있다.

출판계 전체로 보면 편집자는 주요 업무와 기능에 따라 크게 세 가지로 나누어진다. 앞서 말한 다섯 가지 업무 가운데 저자와 원고의 입수를 다루는 기획 편집자, 본문 개발을 담당하는 개발 편집자, 원고의 교정·교열을 담당하는 본문 편집자다. 넷째와 다섯째 업무는 주로 기획 편집자가 담당한다. 이외에도 원고를 좀 더 전문적으로 다듬는 윤문 편집자, 관리와 경영 업무를 일부 담당하는 관리 편집자가 있다. 각 편집자의 주요 역할과 업무 내용을 살펴보면서 편집자의 세계에 한 발 더 들어가보자.

기획 편집자Acquiring or Commissioning Editor

저자와 출판사에 신간 기획을 제안하고, 이를 원고로 발전시키는 편집자를 말한다. 주로 출판사의 출판 방향에 따라 저자를 찾고 섭외하여 원고를 제안하고 받는 일을 한다. 일반적으로 단행본 출판사에 많으며, 주로 기획과 편집 경험이나 역량을 두루 갖춘 편집자가 이 역할을 맡는다. 기획 편집자의 업무는 출판사의 출판 방향이나 생존과 성장에 큰 영향을 미친다. 따라서 나라마다 역할과 호칭이 조금씩 다르지만, 출판의 경험과 안목, 역량, 저자와의 네트워크와 소통 능력 등이 고루 필요하다.

국제도서전이나 다양한 발표회 또는 토론장에서는 'senior editor', 'senior acquisition', 'editorial director'라고 적힌 명함을 가진 다른 나라의 편집자들을 만날 수 있는데, 이들은 한국의 팀장, 편집장, 편집주간, 본부장처럼 주로 기획 편집자다. 영국에서는 적절한 저자를 섭외하여 원고를 맡긴다는 의미에서 '원고 의뢰 편집자(Commissioning Editor)'라 부르고, 미국에서는 저자에게서 원고를 받는 과정을 책임진다는 의미로 '원고 취득 편집자(Acquiring Editor)'라 부르기도 한다. 출판 현장에서는 둘 다 저자 섭외에서부터 원고의 입수 전반을 다루는 '기획 편집자'와 같은 역할을 가리킨다. 영미권이나 유럽에서 발행하는 책들의 머리말에서 저자들이 자주 언급하는 '나의 편집자(my editor)'는 대부분 이들이다. 저자와 가장 긴밀하게 호흡하며 작업하는 편집자이기 때문이다.

역량 있는 저자들이 모이는 세계적인 학술대회나 다양한 행사장에는 미국이나 유럽의 편집자도 많이 참여하는데, 대부분 이 역할을 담당하는 편집자다. 그들 가운데 경험이 풍부하고 역량이 특별한 편집자는 '발행인(Publisher)'을 겸하기도 한다. 신간의 발행에 강력한 권한과 책임을 지는 편집자란 의미다. 우리나라에서는 전통적으로 문학작품을 다루는 출판사에서 계간지 등의 발행인이나 편집주간, 편집위원, 편집장이 이 역할을 담당했다. 역사·철학·사회과학·자연과학 등 기초 학문과 교양 분야의 출판사들도 학술지나 계간지 등을 발행함으로써 좀 더 긴밀한 저자 네트워크를 형성했다. 문학의 〈창작과 비평〉(창비), 역사의 〈역사비평〉(역사비평사) 등이 대표적인 예다. 최근에는 신간의 분야와 성격에 따라 다양한 팀을 구성해서 팀장이 기획 편집을 총괄하는 사례가 늘고 있다. 비즈니스·어학·학습·취미·요리·오락 등 다양한 분야의 신간 기획이 급격히 늘어나면서 이들에 대한 호칭이나 직책도 전통적인 편집주간이나 편집장에서 본부장이나 팀장 등으로 변하고 있다. 호칭과 직책은 달라도 이들 대부분이 기획 편집자의 역할을 맡는다. 역량 있는 기획 편집자는 기획을 보조하는 수습 편집자 또는 편집자(assistant acquiring editor)를 두기도 한다.

개발 편집자Developmental Editor

편집자가 저자의 집필 과정에 긴밀히 협조하면서 원고의 수준을 높이는 것을 '원고 개발' 과정이라 한다. 글과 함께 사진이나 일러스트, 도표 등 다양한 재료로 구성하는 책은 이들의 수준을 높이는 '편집 개발(developmental editing)' 과정이 필요하다. 이렇게 저자와 편집자 또는 다양한 전문 인력과 편집자가 협력해서 원고와 편집의 질적 수준을 높이는 과정을 담당하는 편집자를 개발 편집자라 한다.

전통적으로는 교과서, 참고서, 전집이나 특별 기획, 그 외 학습 교재용 출판물을 주로 다루는 출판사에 많다. 이런 기획은 제한된 분량에 정확한 내용을 담아야 하므로 특별한 글쓰기와 편집 과정이 필요하다. 다양한 편집 재료의 선택과 구성, 편집에 더욱 엄격한 기준들이 적용되므로 대개 전문적인 경험을 가진 개발 편집자가 담당한다.

저자와 편집자의 협력관계를 바탕으로 한 개발 편집자의 역할은 미국이 가장 발달했다. 그들은 이를 '저자와 편집자의 창조적 동반 작업'이라 부른다. 저명한 편집자이자 에이전트인 폴 매카시(Paul D. McCarthy)는 "원고에 교정 펜을 대기 이전에 이미 저자와 편집자는 지속해서 창조적인 동반 작업(creative collaboration)"을 진행해왔는데, 이렇게 저자와 편집자가 "공생의 협력관계(symbiotic partnership)를 맺고 최선의 작업을 위해 일하는 과정을 발전적인 편집 또는 편집 개발 과정이라 부른다"고 정의했다. 매카시에 따르면, 소설 분야에서도 "작가와 편집자가 줄거리의 구성이나 주제를 함께 진전시켜 이를 원고에 적극적으로 반영하도록 집필 단계를 나누어 단계마다 가장 완벽하고 뛰어나게 작업하는" 특별한 과정이 뒤따른다.

우리나라에서도 출판 환경의 변화에 따라 편집 개발의 중요성이 매우 높아졌다. 실용서는 물론이고 학술서나 교양서, 다양한 시리즈나 특별 기획 등에서 저자와 편집자가 함께 원고와 편집을 개발하는 사례가 늘고 있다. 주로 1990년대 초반에 시작하여 최근까지 거의 모든 분야에 걸쳐서 기획 편집자와 개발 편집자 사이의 업무 융합 또는 통합 과정이 계속 발전했는데, 이는 독자의 요구와 소통하는 기획 개발 과정의 중요성이 상대적으로 높아졌기 때문이다. 최근에는 주로 팀장이나 편집장이 기획과 편집 개발 과정을 총괄하여 진행하는 사례가 늘고 있다.

본문 편집자Copy or Manuscript Editor

기획과 편집 개발 과정을 거친 원고는 문법이나 어법에 맞지 않는 단어나 문장, 정확하지 않은 사실과 표현, 내용의 오류 여부 등을 꼼꼼하게 수정하는 교정과 교열 과정으로 넘어간다. 이렇게 최초의 원고를 인쇄할 수 있는 최종 교정 상태로 만드는 편집자를 '본문 편집자(Copy or Manuscript Editor)'라 한다. 문법과 어법에 맞지 않는 단어나 문장을 잡아내는 교정 작업과 부정확한 사실이나 표현을 정확하고 이해할 수 있는 표현으로 걸러내는 교열 작업을 구분하기도 하지만, 대개 이 역할을 동시에 맡는다.

일본에서는 교정과 교열의 전문성을 중요하게 여기기 때문에 20~30년 이상 한 분야에서 교정·교열을 담당한 편집자가 많다. 미국에서는 개성이 강한 베스트셀러 작가가 자신의 글쓰기 방식을 세심하게 이해하고 정확하게 다룰 수 있는 편집자를 담당 대리인과 상의해서 지정하는 경우가 흔하고, 이를 계약 사항에 덧붙이기도 한다.

우리나라에서는 본문 편집자를 편의상 교정자나 교열자로 부르기도 하는데, 적절한 표현은 아니다. 기획 편집자를 '기획자'로, 개발 편집자를 '개발자'로 편의적으로 줄여서 부르는 것과 같은데, 이들은 넓게 보아 출판 편집 과정의 중요한 편집자이므로 모두 편집자로 부르는 게 정확한 표현이다. 미국에서도 원고 편집자(manuscript editor)라 부르는 경우가 있지만, 일반적으로 인쇄 가능한 편집 상태로 원고를 최종 마감한다는 의미에서 본문 편집자(Copy Editor)라 하며, 이 표현을 더 많이 쓴다.

우리나라에서도 본문은 보통 오랜 경력을 지닌 편집자들이 다룬다. 특히 학술서나 전문서는 풍부한 경험과 전문적인 지식을 쌓은 전문 편집자들이 다룬다. 실력 있고 개성이 강한 저자의 원고는 저자의 개성을 살릴 수 있는 노련한 편집자가 담당한다. 본문 편집자는 출판사의 직원으로서 일하기도 하지만, 프리랜서로 일하는 사례도 많다.

본문 편집자는 저자의 최종 원고를 한 문장, 한 단어, 한 음절 단위로 세심하게 점검한다. 초교, 재교, 3교, 때로는 그 이상까지 저자의 탈고 과정에 버금가는 공력이 들어가는 작업이어서 저자들이 머리말이나 감사의 글을 통해 기획, 개발 편집자와 함께 가장 많이 그 노고와 이름을 거론하며 감사의 마음을 전하는 편집자이기도 하다.

본문 편집자는 개발 편집자의 역할을 함께 맡는 경우가 많다. 교정·교열만이 아니라 그 과정에서 저자에게 수정하거나 보완할 내용을 추려 전달하기도 하고, 사진이나 도판 등 본문에 들어가는 다양한 구성 재료에 관해 구체적인 의견을 제시하기도 한다.

윤문 편집자Line Editor

특별한 기획 원고의 경우에는 본문을 교정하기 전에 문장을 좀 더 매끄럽게 만드는 윤문(潤文)의 과정을 거치는데, 이 역할을 하는 사람을 윤문 편집자(Line Editor)라 부른다. 이들은 문장을 다루는 능력이 뛰어나서 특별한 문체나 형식이 필요한 전기나 평전 또는 소설의 번역 원고를 윤문하는 작업을 담당한다. 간혹 프로젝트의 독특한 성격에 적합한 작가나 자유기고가가 윤문 작업에 참여하는 사례도 있다.

미국의 상업 출판물(trade books)을 다루는 대형 출판사에서는 대중적인 베스트셀러 기획에 윤문 편집자를 참여시키곤 한다. 영국의 저명한 출판사 루트리지(Routledge)의 편집자를 지낸 윌리엄 제르마노(William Germano)는 자신의 책 《출판한다는 것(Getting It Published)》에서 윤문 편집자를 "독서만이 아니라 청취도 고려하여 박자와 음조를 살리면서 한 문장 한 문장 빗질하듯 손보는 편집자"라고 정의했다. 베스트셀러 대부분은 오디오북을 함께 출판하는 그들의 사정을 고려하면 "저자의 독특한 음색을 최대한 살려 자연스러운 문장으로" 다듬는 그들의 중요성을 이해할 만하다.

이외에도 규모가 큰 출판사에는 편집 경험을 거쳐 조직 관리나 경영을 담당하는 관리 편집자(Management Editor)가 있다. 이들은 엄청난 신간 발행 종수를 효율적으로 소화하기 위해 사내외의 다양한 본문 편집 인력 및 편집 과정을 전문적으로 관리한다. 출판사에 따라 책임 편집자나 편집장을 돕는 수습 또는 보조 편집자(Assistant Editor)도 있다. 출판학과나 다양한 출판 교육 과정을 통해 편집자를 준비하는 편집자 지망생(Would-be Editor)들도 있을 것이다.

편집자는 어떤 길을 걷는가?

입사

"어떻게 하면 출판사에 들어갈 수 있나요?" 편집자 지망생들을 위한 강의를 할 때마다 받은 질문이다. 무엇이든 첫 관문을 통과하는 일은 쉽지 않다. 출판사는 언론사나 대기업처럼 매년 특정 시기에 신규 채용 계획을 발표하지 않는다. 출판사마다 공채 시기나 규모가 다르다. 신입사원보다 경력자를 선호하며, 주변의 추천이나 소개로 선발하는 사례도 많다.

출판은 책의 성격에 따라 크게 교과서 및 참고서 출판, 사전이나 전문 교재 출판, 학술 출판, 일반 대중서 출판 등으로 나눌 수 있다. 이는 다시 역사·철학·인문학·자연과학·문학·예술 등 다양한 분야로, 소설·비소설·교양·비즈니스·어학·여행·취미·오락 등 다양한 부문으로 나누어진다. 따라서 출판사에 들어가려면 먼저 자신이 선호하는 출판의 범위(분야나 성격)를 정하고, 그런 성격을 가진 출판사들에 관한 정보를 모아야 한다.

출판 관련 단체나 기관을 통해 채용 정보를 얻거나 들어가고 싶은 출판사의 홈페이지를 통해 입사 정보를 문의해도 좋다. 입사 제안서를 이메일로 보내는 것도 권할 만한 방법이다. 이 방법은 예비 저자들이 출간 제안을 위해 주로 사용하는 것으로, 만일 내가 편집자 지망생이라면 이 방법을 선호했을 것이다.

출판 단체에서 운영하는 편집자 지망생 교육 과정을 이수하거나 편집자들이 참여하는 각종 동아리나 조직, 웹사이트, 커뮤니티, 블로그 등을 통해 다양한 예비 활동을 거치며 정보와 인맥을 쌓는 것도 직접적인 도움이 될 것이다. 한국출판인회의에서 운영하는 서울북인스티튜트(sbi)의 예비 편집자 과정(채용예정자과정)은 편집자 지망생을 위해 추천할 만하다.

수습 편집자Assistant Editor

첫 출근, 나는 그날을 아직도 잊지 못한다. 출근 시간은 오전 9시였는데 7시 45분에 도착했다. 출판사 입구에서 다른 사람들이 출근하기를 기다리며 그렸던 편집자의 꿈은 복도 청소와 쓰레기 비우기로 시작되었다. 수습 편집자 시절은 숱한 잡일만큼이나 기대와 현실 사이에서 온갖 감정이 교차하는 때다.

세계적으로는 영국의 수습 시절이 특히 힘들다. 영국의 출판사는 전통적으로 입사 후 편집자나 편집부의 비서(Editorial Assistant)로 다양한 실무 보조를 담당하면서 수습 경험과 함께 통과 절차를 밟는다. 이들 가운데 일부가 수습 편집자가 되는데, 루트리지 출판사의 편집장을 지낸 질 데이비스(Gill Davies)는 《출판 기획, 원고의 의뢰와 입수(Book Commissioning and Acquisition)》에서 "신입들은 편집자와 책임 편집자, 편집장, 발행인의 일을 보조하는데, 전화 받기, 파일 정리, 식당 예약, 출장용 좌석 예매" 같은 잡무는 물론이고, 장차 편집에 직접 도움이 될 "원고들의 점검, 저자와의 연락, 책 홍보용 문안 작성, 원고 검토자들의 보고서 수거와 정리, 다른 부서들과의 소통, 편집부 자료의 수정과 보완, 계약서 초안 작성" 등의 일을 한다고 밝혔다.

"늘 배우고 익혀라." 이 말은 수습 편집자를 위해 가장 유용한 강령이다. 사실 이 기간에 출판사에서 다루는 모든 잡무는 다 익혀야 한다. 각종 서류를 일목요연하게 정리하는 일에서부터 다양한 정보를 모으고 사내외 사람들과 효과적으로 소통하는 일까지 어떤 것이든 하찮다고 무시해서는 안 된다. 편집에서는 사소한 것이 가장 위대한 것이다.

편집자Editor, 책임 편집자Senior Editor

수습 편집자에서 편집자에 이르는 기간은 출판사와 편집자마다 다르지만 대략 1~3년 정도다. 빠르면 몇 개월의 수습을 거쳐 본격적인 편집자 세계에 들어서는 사람도 있다. 편집자와 책임 편집자는 경력과 역량을 기준으로 나뉘는데, 책임 편집자는 경력과 조직 체계에 따라 과장, 팀장, 편집부장 등 다양하게 불린다.

편집자는 주로 신간의 기획과 개발, 본문 편집의 업무 영역에서 책임 편집자나 편집장의 지휘와 재가를 받아 실무를 진행한다. 특정한 목표와 과제에 맞게 창조적으로 마무리하는 일이 주요한 업무지만, 공식적인 책임은 주로 상사에게 있다. 편집장과 책임 편집자의 일을 지원하거나 위임받아 진행하기도 한다.

시장조사, 독자의 의견 정리, 투고 검토와 처리, 편집 자료 조사와 수집, 저자 강연 녹취, 원고 검토, 저자와의 소통, 보도자료 작성, 출판기념회 준비는 물론이고, 마케팅 부서와 협력하여 저자 강연회나 서점 행사, 도서전이나 각종 전시회 홍보, 특별 판매 판촉 지원 등에 나서기도 한다.

우리나라에서는 대개 편집자로서 3~5년 정도 경력을 쌓으면 책임 편집자가 된다. 일본에서는 과장 직책의 책임 편집자가 되려면 10년 정도의 경력을 쌓아야 하고, 미국에서는 15년 정도 지나야 'Senior Editor'라는 명함을 받는다. 책임 편집자는 일반적으로 특정 신간의 기획과 개발, 편집의 책임을 맡으며, 기획의 성격이나 출판사의 조직 특성에 따라 특정 역할만 맡는 사례도 있다. 각각의 책임에 따라서 직책이나 권한이 주어지며, 과정과 결과에 관한 평가는 승진이나 연봉 협상 등에서 기초 자료로 활용된다.

책임 편집자는 주로 저자를 섭외하거나 계약 내용을 미리 협의하고 조정하며, 기획안을 만들고 출간 일정을 관리한다. 집필과 탈고 일정도 관리하고 지원하며, 원고 검토와 개발, 편집 방안을 세우고, 신간의 핵심 개념과 제목, 책의 사양도 결정한다. 가격과 초판 발행 부수를 협의하고, 본문 및 표지의 최종 교정, 보도자료 작성, 홍보물 및 도서 목록 제작 총괄, 저자 강연이나 학술회의 참가, 국내외 출장 등 기획 편집 현장에서 중요한 업무를 책임진다.

편집장Editorial Director, 발행인Publisher

편집장은 직급에 따른 호칭인 편집과장, 편집차장, 편집부장과는 다른 개념으로, 신간의 편집에 관한 총괄적인 권한과 책임을 지는 편집자를 말한다. 직급이나 직위와 관계없이 편집장, 편집주간으로 불리며, 신문사의 논설위원과 편집국장을 합한 역할을 맡아 출판사에서 가장 중추적인 역할과 책임을 지는 사람이다.

책임 편집자의 업무뿐만 아니라 출판사의 철학, 정책, 편집 방향과 방침에 따라 연·분기·월 단위로 신간 출간 계획을 짜고, 기획과 개발, 편집, 홍보 등의 업무를 맡는다. 또 다양한 편집회의를 운영해서 저자-편집자-스태프 사이의 의사소통과 결정을 정확하고 신속하게 처리한다. 관리 편집자와 달리 현장에서 각종 업무를 직접 진행하며 지휘하는 편집장은 업무에 관한 경험과 역량은 물론이고, 저자와 편집자, 스태프에게서 신뢰 받는 통솔력을 갖춘 편집자가 주로 맡는다.

출판사의 철학과 정책에 기초한 발행 및 편집에 관한 총괄적인 권한과 책임을 지는 발행인은 편집장과 가장 긴밀하게 소통하면서 역할을 분담한다. 최근에는 경영과 관리, 마케팅 등을 총괄하는 사장과 발행인의 역할을 나누어서 편집장에게 발행인의 권한을 주는 출판사가 많다.

우리나라에서는 이미 1990년대 중반 이후 편집장이 신간의 발행에 관해 중요한 의사결정권을 갖기 시작했다. 최근에는 출판사에 따라 호칭이 다를 뿐, 발행인의 역할과 책임을 포괄하여 담당하는 편집장이 늘고 있다. 이는 빠르게 변화하는 출판 환경에 적극적으로 대처하기 위한 것으로, 저자-편집자-스태프-독자와 그들의 환경을 현장에서 읽는 편집장의 역할이 그만큼 중요해졌다는 뜻이다.

최근 영국이나 미국에서는 젊고 역량 있는 편집장에게 발행인의 권한을 맡기는 출판사가 늘고 있다. 신간의 기획과 개발, 편집에 기반을 둔 편집자가 발행의 책임과 권한을 함께 맡는 'Editorial Publisher'로 점차 바뀌는 추세는 세계적으로 확산될 전망이다.

전문 편집자, 전문 출판인의 길

한때 우리나라의 편집자 사이에서는 '40세가 정년'이라는 말이 유행했다. '10~15년 동안 열심히 일해서 편집장이 되었지만, 늘 그 자리 그 역할'이라는 편집자의 정체성에 관한 자조 섞인 말이기도 했다. 특히 1990년대에 대중 출판의 공간이 본격적으로 열리면서 편집자의 경험과 역할이 두드러졌다. 그에 비해 출판계와 출판사들은 이들의 성장에 적합한 전망을 설계하거나 조직 문화를 바꾸거나 편집 과정을 혁신하지 못했다.

이런 상황을 배경으로 2000년대 들어 '40대 편집장들의 창업 열풍'이 불었다. 1990년대에 도매상 중심의 출판유통이 IMF 외환 위기와 소규모 서점의 고사로 무너지면서 유행했던 '40대 영업부장의 창업 열풍'과 유사한 흐름이었다. 일정한 규모와 기반을 마련한 출판사들은 출판 부문, 본부, 분사, 자회사, 임프린트 등 다양한 방식으로 출판사 조직을 확대, 개편하여 역량 있는 편집장들을 적극적으로 영입했다. 이렇게 출판사 조직이 변하면서 전통적인 편집장이나 편집주간 대신 본부장이나 분사장, 소사장, 사장, 대표 등으로 불리는 새로운 '한국형 편집장'들이 늘었다. 2010년대에 이르면서 '30대 창업 열풍'

이 더해졌다. 밀레니얼세대로 불리는 1990년대생들은 이전 세대보다 좀 더 일찍 창업했다. 출판의 디지털화가 진전된 환경에서 1인 출판이 가능해진 데다가 개성과 자신을 중시하는 이들 세대의 특징이 더해져 30~40대의 독립출판사 창업 열풍이 출판계에 새바람을 일으켰다. 이 시기에 이르러 편집자와 마케터는 물론이고 디자이너, 일러스트레이터, 저자까지 출판사 창업 주체도 다양해졌다.

입사, 수습 편집자, 편집자, 책임 편집자, 편집장, 발행인을 거치며 편집자가 걸어야 할 방향은 결국 전문 출판인의 길이다. 여기서 '전문'의 의미는 여러 가지가 있겠지만, 편집자의 길에서 좌표로 삼아야 할 것은 첫째, 특정한 분야와 성격의 출판 편집에 관한 남다른 전문성이며, 둘째, 이를 뒷받침할 도서 목록과 이 과정에서 쌓은 저자-편집자-스태프의 인적 네트워크이며, 셋째, 이를 기반으로 자신의 전문 분야에 관한 설계와 개척의 역량으로 압축할 수 있다.

전문성, 독창성, 네트워크로 승부를 겨루는 편집자의 길에서 사실 직위나 호칭은 중요하지 않다. 저자는 원고로 말하고, 편집자는 책으로 말한다. 자신의 분야에서 남다른 주목과 호평 그리고 여전히 유용한 텍스트로 평가받는 100종, 1,000종의 도서 목록과 그에 뒤따르는 인적 네트워크와 명성이 있다면 어떤 출판 환경의 변화가 뒤따를지라도 그의 과거, 현재, 미래는 '위대한 편집자'의 삶이라 말할 수 있을 것이다. 그 길로 들어서는 문을 열어보자.

1장

저자, 어떻게 찾고 섭외하는가?

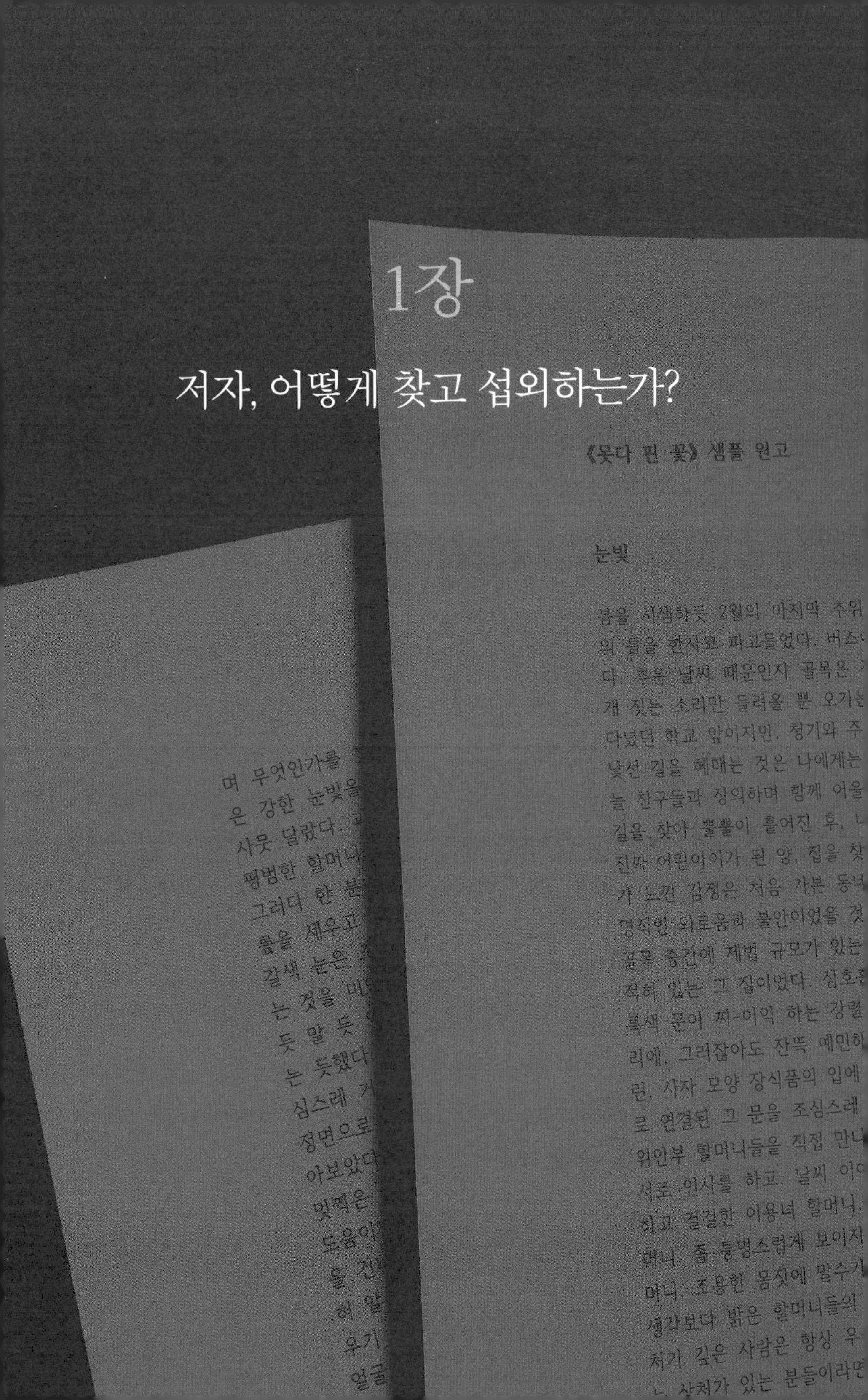

저자는 기획의 시작이다. 괜찮은 신간 아이디어가 떠올랐을 때 편집자는 바로 저자를 고민한다. 누가 적절한 저자일까? 기획안이 훌륭하더라도 적절한 저자를 찾지 못하면 미루어둘 수밖에 없다. 섭외에 성공하여 저자가 계약서에 서명해야 기획은 개발 과정으로 들어간다. 저자는 편집의 시작이다. 저자가 원고를 보내면 출간 일정을 정하고 편집에 나선다. 저자는 편집의 마무리다. 편집자가 작업한 교정지를 저자가 최종 확인을 해야 편집이 마무리에 들어간다. 교정지에 대한 저자의 수용은 인쇄 일정이 임박했음을 알리는 것이기도 하다. 이렇듯 저자는 기획과 편집의 시작이며, 마무리까지 편집자와 거의 한 몸처럼 움직이는 편집자의 결정적인 출판 파트너다.

저자는 기획의 풍부한 원천이다. 매력적인 신간 정보의 절반은 저자와의 대화에서 얻는다. 역량 있는 저자 셋과 토론하면 그 분야 최고의 기획회의에 버금가는 정보를 얻고 다양한 영감을 떠올릴 수 있다. 저자는 신간 기획의 조직가다. 어느 분야든 필력과 조직력 그리고 신망이 두터운 저자가 있다. 그와 신뢰를 쌓으면 최고의 필진을 조직할 수 있다. 편집자 혼자의 힘으로는 벅찬 신간 기획이라도 그의 지원이 있다면 충분히 가능하다는 자신감으로 변한다.

저자는 책의 홍보대사다. 저자의 특강, 독자와의 대화는 책을 전파하는 가장 강력한 수단이다. 또한 저자는 글이나 강의, 대화를 통해 수많은 다른 저자의 책을 평가하고 추천한다. 저자는 무엇보다 최고의 독자다. 왕성하게 글을 쓰는 저자는 대부분 서점의 VIP 독자다. 그들은 한 종의 책을 쓰기 위해 100종의 책을 읽는다.

저자가 만나고 싶은 편집자

저자는 이렇듯 책의 세계가 펼치는 모든 영역에서 가장 중요한 역할을 한다. 역량 있는 저자에게 여러 출판사의 편집자들이 경쟁적으로 몰려드는 이유다. 그렇다면 편집자는 어떻게 적합한 저자를 찾아 섭외할까? 어떻게 승낙을 얻고 원고를 받을까? 남다른 신뢰를 쌓는 방법은 무엇일까? 우선 저자가 만나고 싶은 편집자가 되어야 한다. 그러기 위해서는 대략 다섯 가지의 기초적인 능력과 자질을 키워야 한다.

첫째, 저자를 정확하게 이해한다. 저자의 이력, 저서와 번역서, 주요 논문, 최근에 발표한 글이나 동향 등 저자에 관한 정보를 모으고 자료들을 검토한다. 저자는 자신의 가치와 장점을 제대로 읽는 사람을 신뢰한다. 경이로운 눈으로 왜, 무엇을, 어떻게 쓰고 있고, 쓰려고 하는지 정확히 이해하는 편집자라면 남다른 관심을 얻을 수 있다.

둘째, 저자의 관련 분야와 주제에 관한 기본 지식과 이해가 필요하다. 간혹 그런 이해 없이 칭찬과 아부만 늘어놓는 편집자가 있다. 당장은 효과가 있을지 모르지만, 전문적인 안목과 역량이 떨어지는 편집자는 지속적인 신뢰를 쌓기 힘들다. 한 명의 편집자가 모든 분야에서 잘할 수는 없다. 기초 교양, 지식을 바탕으로 특정한 분야와 주제에 강점 있는 편집자가 저자와 오랜 관계를 유지하는 데 훨씬 유리하다.

셋째, 편집자로서 지녀야 할 전문 역량과 감각이다. 역량 있는 저자는 출판사의 명성이나 신뢰도, 능력과 함께 자신의 원고를 책임질 만한 편집자가 있는지를 따진다. 저자의 선택 기준에서 탁월한 편집자가 출판사의 인지도보다 앞서는 때도 있다. 그만큼 저자에게는 편집자의 전문적인 능력과 감각이 중요하다. 저자는 원고로 말하고, 편집자는 책으로 말한다는 사실은 저자가 더 잘 알고 있다.

넷째, 저자와 신뢰 관계를 만들 수 있는 소통 능력과 파트너십을 갖추어야 한다. 출판이라는 무대에서 저자가 주인공이라면, 편집자는 연출가다. 저자는 독자의 눈으로 자신의 장점을 읽고, 정확하고 정중하게 조언하고 지원하는 편집자를 원한다. 저자는 저마다 다르다. 저자의 특성과 개성, 요구에 따른 적절한 소통 능력은 편집자에게 꼭 필요한 능력이다.

다섯째, 편집자로서의 전망과 철학이다. 물론 이는 오랜 경험과 사색, 연구 과정에서 싹튼다. 편집자는 단순히 저작의 군더더기를 없애는 해결사가 아니다. 자신이 다루는 분야의 방향과 전망을 읽는 눈을 가져야 한다. 미래의 관점에서 과거와 현재를 편집할 줄 아는 편집자라면 저자와 좀 더 깊은 대화와 교감을 나눌 수 있다.

이러한 능력과 자질을 키우며 편집 과정에서 돈독한 협력 관계를 만들어가는 저자와 편집자는 서로 '나의 편집자', '나의 저자'라는 남다른 신뢰를 쌓는다. 앞으로 이 다섯 가지 기본 능력과 자질은 수없이 다양하고 폭넓게 등장할 것이다. 출판은 신뢰라는 토양 위에 한 종 한 종 양질의 도서 목록을 쌓으며 성장한다. 저자와의 관계도 마찬가지다. 기본에 충실하면서 신뢰를 차근차근 쌓으며 역량을 인정받아야 한다.

저자 명단 만들기와 분류

저자들은 한군데 모여 있지 않다. 전국에, 세계 곳곳에 흩어져 있다. 원하는 저자를 어디서 어떻게 찾는가? 망망대해를 지도와 나침반 없이 항해할 수는 없다. 서점은 고객 명단을 가지고 있다. 자주 찾는 독자, 구매력이 높은 독자는 따로 관리한다. 신문사는 필자나 오피니언 리더, 취재원 등을 포함한 폭넓은 인력 정보 자료를 운용한다. 출판사와 편집자도 마찬가지다. 축적된 저자 정보, 저자 명단은 저자의 바다를 항해할 지도다. 출판사가 오랫동안 축적한 저자 정보를 잘 운용하고 있다면 저자 찾기와 섭외에 아주 좋은 환경이다. 이를 적극적으로 활용하자. 축적된 저자 정보가 없다면 직접 만들어라. 저자 찾기와 섭외는 저자 명단 만들기에서 시작된다.

저자 명단이란 출판사의 편집 범위 안에 있는 특정 분야나 주제와 관련한 저자 또는 예비 저자의 명단과 관련 정보를 말한다. 필요에 따라 번역가, 자문이나 추천사, 서평을 의뢰할 전문가, 중요한 정보 또는 취재원의 인적 정보를 덧붙이기도 한다.

저자에 관한 정보를 수집하는 방법은 출판사나 편집자마다 다르다. 학술서나 전문서, 대중서 등 텍스트의 성격과 독자의 대상에 따라 다르고, 소설이나 교양서, 실용서, 전기, 평전 등 분야에 따라서도 달라지기 때문이다. 분류 방식도 마찬가지다. 활동 범위나 다루는 글의 성격에 따라 학술 저자, 전문가 저자, 대중 저자로 나눌 수도 있고, 출판사의 필요에 따라 베스트셀러 저자, 스테디셀러 저자 또는 1차 섭외 저자, 예비 저자 등으로 나눌 수도 있다. 그중 저서에 기초한 정보 수집과 분류가 가장 기본적이고 일반적인 방법이다. 저자는 우선 저서의 유무로 나누고, 저서에 관한 출판사나 편집자의 판단에 따라 검증된 저자, 가능성 있는 저자, 예비 저자 등 세 가지 그룹으로 분류하고 정리한다.

검증된 저자

검증된 저자는 한 권 이상의 저서가 있고, 저서를 통해 해당 분야에서 주목할 만한 반응과 평가를 받은 저자를 말한다. 우선 서점에서 해당 분야의 베스트셀러와 스테디셀러를 조사하면서 저자에 관한 정보를 수집한다. 최근 1년 동안 발행한 도서들에서 시작해 10년 전까지 범위를 넓힌다. 서점을 직접 방문하는 것도 필요하다. 평대와 서가의 진열 상태, 독자의 반응, 서점 담당자를 통한 조사, 주요 도서들에 관한 개괄적 검토를 통해 관련 정보나 의견을 참고한다. 온라인 서점의 독자 서평, 누적 포인트, 담당 편집자 인터뷰, 각종 데이터 수집도 중요하다.

검증된 저자의 경우, 주요 저서와 최근작을 반드시 검토해야 한다. 저자는 신뢰할 만한 독자를 좋아한다. 자기 저서의 가치를 제대로 알고 우정 어린 조언을 해주는 신실한 독자를 원한다. 좋은 편집자는 훌륭한 독자에서 시작되는 것이다. 저서들을 찾아서 읽고, 편집자의 관점에서 평가하고 메모한다. 저자 명단을 만드는 단계에서 쓰는 편집자 서평은 각주 형식의 메모이면 족하다. 책의 주제, 구성, 글쓰기, 편집에 관한 장점, 특징, 문제점 등이나 적절한 섭외 방식, 제안 내용, 인터뷰 항목 등을 떠오르는 대로 적어둔다.

자신이 수집한 정보에 각주를 덧붙이는 식으로 100명의 저자 명단을 만들어보라. 그들의 저서를 통해 한 분야의 청사진이 보이기 시작한다. 물론 상당한 공력이 필요하다.

가능성 있는 저자

가능성 있는 저자란 저서를 통해 자신의 분야에서 역량이 있음을 보여준 저자를 말한다. 저서의 가치에 비해 독자의 반응이 뒤따르지 못한 책이 의외로 많다. 그 원인은 다양하다. 탈고 과정이 미흡했거나 편집이나 디자인이 적절하지 않으면 독자의 반응도 그만큼 떨어진다. 출간 시기나 홍보와 마케팅의 여건 등도 중요한 변수다. 이처럼 출판사나 편집자의 선택에 따라 책의 운명이 바뀌는 사례가 비일비재하다. 이러한 요소들의 발견은 저자와 저서의 잠재적 가능성을 재발견하는 일이기도 해서 편집자를 자극한다.

검증된 저자의 저서를 검토하는 시선과 가능성 있는 저자의 저서를 검토하는 시선은 약간 다르다. 전자는 주로 장점과 매력, 특징을 정확히 읽어내며 그다음 행보에 주목한다. 지속해서 글을 쓰는 역량 있는 저자들은 어떤 방식으로든 기존 저서에 다음 작업을 암시해놓곤 한다. 하지만 후자의 경우에는 무엇이 문제였는가를 찾는 것이 검토의 초점이다. 편집자는 먼저 홍보나 판촉, 광고 등의 편집 외적인 요인보다는 내적인 요인에 주목한다.

가능성 있는 저자들의 저서를 검토할 때는 책에서 원고를 분리해 결과에 영향을 미치는 주요 요소들을 찾는다. 그러고 나서 편집 과정을 거꾸로 추적하며 질문을 던진다. 초고에서 제작까지 무엇이 문제였는가? 어떤 점이 결정적인 결함이었나? 무엇을 다시 손보면 좀 더 나은 결과를 기대할 수 있는가? 이렇게 재편집의 관점에서 생각하면 무엇이 문제였는지 보인다. 결정적인 요인이 저자보다 편집자의 영역

안에 있다면 그는 틀림없이 가능성 있는 저자다. 만약 내가 이 범주 안에 있는 저자라면 다음에는 원고의 가치를 빛내줄 안목과 역량, 자세를 갖춘 편집자를 고대할 것이다.

예비 저자

출판에서는 필자와 저자를 구분한다. 필자(writer)는 아직 저서가 없는 사람이다. 반면 저자(author)는 저서를 가진 사람을 말한다. 예비 저자란 아직 저서는 발간하지 못했지만, 저작의 가능성이 있는 필자를 말한다. 예비 저자에 관한 정보를 수집할 때는 좀 더 폭넓은 발품이 필요하다. 학술지나 전문지, 신문이나 잡지 등 다양한 종이 매체뿐만 아니라 웹진이나 블로그, 페이스북, 인스타그램, 유튜브, 팟캐스트 등 다양한 온라인 미디어에서 남다른 반응을 얻은 글이나 강의 또는 대화, 그림, 사진, 영상을 통해 저자로서의 가능성을 보인 수많은 필자가 잠재적인 저자다. 편집자는 그들을 찾아서 읽는 노력과 더불어 빠른 검토, 적절한 제안과 섭외를 해야 한다.

학교나 단체, 언론, 온라인 등의 다양한 경로를 통해 주목할 만한 정기 강연 또는 특강을 하는 사람 중에도 예비 저자가 있다. 훌륭한 오디오 콘텐츠는 곧 훌륭한 텍스트의 재료이기 때문이다. 유명한 강의가 책으로 출간되어 세계적인 베스트셀러나 스테디셀러가 된 사례는 셀 수 없을 정도로 많다. 수많은 독자에게 이미 존경과 사랑을 받은 신영복의 《강의》가 검증된 저자의 대표적인 사례라면, 박문호의 《뇌, 생각의 출현》은 예비 저자의 대표적인 사례다. 강연 내용을 녹취하여 공들여 다시 쓰고 편집한 이 책은 그의 첫 저서였다. 시 읽기라는 새로운 바람을 일으킨 정재찬 교수의 《시를 잊은 그대에게》는 실제로 대학에서 정식 개설되어 학생들에게 호평을 받은 '공대생을 위한 인문학 강의'를 바탕으로 선보인 책이다. 강연으로 주목받아 저자가 된 사례는 이처럼 전문 영역만이 아니라 랜디 포시(Randy Pausch)의 《마지막 강의(The Last Lecture)》처럼 대중적인 영역에서도 많이 볼 수 있다. 최근에는 《지적 대화를 위한 넓고 얕은 지식》 시리즈의 사례에서 보듯 팟캐스트나 《김미경의 리부트》처럼 유튜브의 인기에 기초한 사례가 늘고 있다.

예비 저자들에 대한 편집자 각주 달기는 '논문, 기고, 연재 글, 강의 내용을 가지고 어떻게 책을 설계할 것인가?'와 '출간의 가치가 충분한가?'라는 두 가지 관점에서 이루어진다. 저서를 가진 앞의 두 경우와 달리, 초고 이전의 완성되지 않은 글들을 읽고 원고의 가능성과 책으로 편집할 경우를 상상하고 판단할 수 있는 한층 수준 높은 역량과 감각이 필요하다.

저자 파일

1차 섭외 대상이나 직접 작업하고 관리하는 주요 저자들에 관해서는 더욱더 세밀한 저자 파일을 만들어 활용한다. 특히 특출한 역량과 왕성한 지적 활동을 겸비한 저자들은 발표나 기고문, 강연 등을 찾아보기 쉬운 방법으로 정리한다.

영국이나 미국의 편집자들은 방대하고 상세한 저자 폴더를 업무에 활용한다. 필리핀산 마닐라지로 만들어 '마닐라 폴더(manila folder)'라 불리는 저자 폴더에는 저자와 주고받은 편지, 이메일, 제안서, 원고 소견서만이 아니라 아주 사소한 것들, 예를 들면 수상을 기념하는 파티에서 나눈 대화나 저자의 옷차림, 배우자와 자녀들에 관한 정보, 생일과 추수감사절 휴가에 관한 메모로 가득하다. 마치 한 저자의 일대기를 쓰는 전기 작가의 폴더처럼 구체적이고 생생하다. 유럽, 특히 독일의 경우에는 한 출판사의 편집자와 평생 수십 종의 저작을 작업한 저자가 많다. 실제로 편집자들이 수십 년 동안 기록한 관련 자료와 이를 담은 저자 폴더는 저자의 일대기를 쓰는 데 결정적인 역할을 하기도 한다. 한국의 5~7년과는 달리 저작권 계약을 15~30년 단위로 하기도 하는 독일 출판사들은 그만큼 저자의 모든 것을 기록하고 관리하는 비결을 갖고 있다.

최근에는 스마트 기기의 노트앱이나 메모앱 같은 애플리케이션을 활용해서 좀 더 빠르고 편리하게 저자 폴더를 관리한다. 특히 저자의 강연이나 발표 글은 빠짐없이 날짜별로 기록하고, 날짜나 제목, 주제별로 찾아볼 수 있는 분류 코드를 달아 기록한다. 관련 서류들을 모은 마닐라 폴더와 저자 데이터베이스에 있는 파일은 서로 연계되어 있어 컴퓨터로 검색한 후 해당 서류를 폴더에서 찾아 읽을 수 있다. 이처럼 방대하고 세세한 정보가 이미 가득한데도 학술대회에서 만난 유럽이나 미국의 편집자들은 저자와 만날 때 늘 수첩과 펜을 꺼내 부지런히 메모한다.

언제 어디에 어떤 글을 발표하고, 어떤 특강을 했는지 한눈에 파악할 수 있는 저자 폴더는 편집자는 물론 저자에게도 매우 유용하다. 저자 파일은 저자의 집필을 비롯한 관련 활동을 지원하며, 저자와 작업하는 출판사의 모든 스태프의 업무나 그들과 저자의 소통에 매우 유용하다.

편집자가 만나고 싶은 저자

저자가 만나고 싶은 편집자가 있듯, 편집자가 만나고 싶은 저자가 있다. 편집자는 어떤 저자를 원할까? 수많은 저자 중에서 어떤 저자에게 적극적인 섭외와 제안을 할 것인가? 어떤 저자가 편집자의 열정을 바칠 만한 저자인가? 출판사와 편집자마다 선택의 기준과 안목이 다르겠지만, 기본적인 기준을 정리하면 다음과 같다.

첫째, 편집 방향이 맞는 저자다. 뛰어난 필력과 폭넓은 독자층을 가진 저자라도 출판사의 편집 방향과 맞지 않으면 '내 저자'가 아니다. 출판사와 편집자에게는 이른바 '중심 저자(main author)'가 있다. 이는 단지 독자의 반응만이 아니라 출판사의 편집 방향을 대표적으로 보여주는 저서의 저자를 말한다. 때로는 저자의 지적·사회적 활동과 역할을 고려하기도 한다. 중심 저자의 경우에는 특히 편집 방향이 중요하다. 저자는 저서로 자신의 생각을 직접적으로 전달하고, 출판사는 저서와 저자의 활동을 통해 간접적으로 편집 방향을 표현하기 때문이다. 중심 저자가 아니라도 다루는 분야나 주제, 성격 등 폭넓은 의미의 편집 방향에 기초해서 저자를 선별한다.

둘째, 주목할 만한 집필 역량이다. 직접 편집한 책을 보지 않고 편집자를 평가할 수 없듯이, 원고를 읽지 않고 저자를 판단할 수 없다. 저자와의 첫 만남을 갖기 전에 그의 저서를 검토한다. 섭외나 의뢰의 경우에도 필자를 만나기 전에 원고부터 읽고 판단한다.

셋째, 왕성한 집필 활동이다. 이미 출간된 단 한 종이 대표작인 동시에 유일한 저서인 경우도 있다. 물론 단 한 권으로도 훌륭한 저자의 반열에 오르기도 하고, 다작이 반드시 좋다고 할 수는 없다. 그러나 편집자는 필력이 갈수록 좋아지면서 새로운 저작을 지속해서 구상하고 쓰는 저자를 당연히 선호한다. 이것이 좀 더 직업적이고 전문적인 저자를 찾는 이유 가운데 하나다.

넷째, 저자와 출판사, 저자와 편집자의 파트너십을 이해하며 소통할 줄 아는 저자다. 저자와 출판사 그리고 편집자는 집필과 편집 과정에서 신뢰를 바탕으로 서로 긴밀하게 소통하고 협력하는 파트너십을 전제로 한다. 편집자는 저자가 최고의 원고를 탈고하도록 돕고, 저자는 편집자가 최고의 책으로 펴내도록 도와야 한다.

저자는 원고를 쓰고 편집자는 책을 만들지만, 책의 주인공은 저자다. 편집자는 자신이 편집하는 책이 최고의 책이 되도록 노력하고 더 많은 독자에게 주목과 찬사를 받기를 원할 뿐, 그 책으로 자신이 주목받기를 기대하지 않는다.

미국의 대표적인 출판사 가운데 하나인 사이먼앤드슈스터(Simon & Schuster)사에서 41년 동안 편집자로 일한 집시 다 실바(Gypsy da Silva)는 기고문 〈편집자와 저자(The Copy Editor and the Author)〉에서 자신의 경험을 이야기하며 이렇게 고백한다. "편집자는 대부분 알려지지 않는다. 우리는 글, 창조적 아이디어, 책을 사랑하기에 이 일에 매진할 뿐, 우리가 주목받길 기대하지 않는다. 다만 우리의 공헌을 깊게 이해한 저자가 머리말이나 감사의 글에서 우리의 이름을 언급하고자 하면 기쁘고 감사한 마음으로 허락할 뿐이다. 우리는 편집자라는 직업이 최선의 책을 위해 묵묵히, 무명으로 공헌하는 직업임을 잘 알고 있다. 그러나 이로 인해 우리를 스스로 하찮게 여기지 않는다."

편집자라면 나라와 언어, 문화를 넘어 누구나 최고의 원고와 함께 편집자를 배려하고 소통할 줄 아는 저자와 만나기를 기대한다. 집필 역량이 남다르고, 집필 활동이 왕성하며, 출판사와 편집자를 대하는 태도나 인품이 뛰어난 저자는 최상의 저자다.

취재와 인터뷰

일본의 출판사는 한국과 달리 전통적으로 취재조사부를 따로 둔 경우가 많다. 단행본은 물론이고 문예지나 학술지, 대중지, 만화잡지 등 다양한 잡지를 발행하는 환경 때문이다. 한편으로 이는 편집자의 역량 가운데 자료의 조사나 저자 인터뷰 경험과 감각을 강조하는 일본 출판의 특징을 보여준다.

일본의 편집자들은 저자에 대한 취재와 인터뷰 기술을 특히 강조한다. 2001년 고단샤(講談社)에서 발행하여 편집자의 호평을 받은《편집자의 학교(編集者の學校)》는 총 4장 37강의로 구성되어 있다. 그 가운데 '취재의 기술'을 모두 19개 강의로 편성하여 편집자의 실무교육 중 취재와 인터뷰가 편집자에게 얼마나 중요한지 여실히 보여준다. 언론사 기자의 '적극적인 인터뷰 능력'과 편집자의 '저자에 대한 예의', 이 두 가지 장점을 결합한 취재 능력이 초점이다. '예의를 갖추어 필요한 인터뷰를 자연스럽고 정확히' 수행하는 실전을 수없이 거치는 그들은 필요한 지식과 정보를 얻는 취재 능력을 저자를 지원하는 능력과 함께 편집자가 갖추어야 할 최고의 역량으로 꼽는다.

세계적인 학술회의에는 편집자들이 몰려든다. 2008년 1월 초, 뉴욕에서 미국역사학회 주최로 세계역사학술대회가 열렸다. 200여 개가 넘는 주제 토론에 2,000여 명의 학자가 발표자로 참가하고, 2만여 명의 연구자가 발표장을 찾았다. 유럽과 미국의 주요 출판사에서 700여 명의 편집자도 참가했다. 대부분 저자를 섭외하고, 원고를 입수하며, 편집 개발을 하고, 서평이나 추천자를 선정하는 등 기획을 담당하는 편집자였다. 이들은 대회가 열리기 전에 인터뷰를 예약하거나 회의에 참석해 미팅을 의뢰하기도 한다. 전시장의 인터뷰 룸이나 카페, 출판사 부스의 탁자 등 여기저기에서 저자와 편집자의 만남이 이루어진다. 저자와 편집자는 점심이나 저녁 약속을 하기도 하지만, 일반적으로는 30분, 길어야 한 시간 단위로 만남이 이어진다. "오늘은 몇 명의 편집자와 만났는가?" 저자들 사이에 오가는 인사 가운데 하나다.

다양한 인연이 중시되어온 한국 출판의 저자-출판사, 저자-편집자 관계에서 편집자가 저자와 적극적으로 소통할 기회는 상대적으로 적다. 취재나 인터뷰도 활발하지 않다. 물론 문화적인 차이는 인정해야 한다. 다만 편집자와 출판사가 더욱 적극적으로 활동하기 위해서 좀 더 노력해야 할 점을 덧붙인다.

첫째, 인맥에서 벗어나라. 인맥 중심의 저자-편집자 관계는 편집자의 시야와 안목을 좁힌다. 좀 더 폭넓게 저자들과 만나 적극적으로 취재하라. 설혹 사적인 친분이 있는 저자라도 일정한 거리 두기가 필요하다. 주변적인 것에서 발전해 해당 분야의 방향이나 전망, 새로운 도전과 과제에 관해 질문하고 귀를 기울여라. 그 과정에서 배우고, 그들의 조언자나 지원자가 될 수 있는 안목을 익히고 다져라.

둘째, 당장 계약할 생각에서 벗어나라. 당장 원고를 섭외하기보다는 조언을 구하고 다양한 흐름이나 정보, 지식을 얻는다. 원고를 쓰고 있는 저자를 만날 때도 때로는 눈앞의 실무에서 벗어난 대화를 할 필요가 있다. 그들에게 듣고 질문하고 논의하는 것들을 미시 편집의 영역 안으로만 한정하지 마라. 편집자는 해당 분야 저자들에게 살아 있는 정보 전달자의 역할을 할 줄 알아야 한다.

셋째, 저자를 독점하지 마라. 한 출판사 안에서도 저자와 출판사의 소통 경로가 사장이나 주간, 편집장 등 지위에 의해 독점적으로 이루어지는 경향이 있다. 출판 환경은 갈수록 출판사의 거의 모든 인력이 저자와 직접 소통하도록 요구하고 있다. 저자와 편집자의 소통 경로는 활짝 열어놓을수록 좋다. 특히 사장과 편집장은 저자와의 관계를 독점함으로써 권위를 확보하는 구시대적인 관습을 버려야 한다.

저자와의 첫 만남과 섭외

섭외하고픈 저자가 있다면 어떻게 해야 할까? 휴대전화 번호를 알아내고 용기를 내어 전화를 걸었다. 운 좋게도 저자가 받았다. "선생님, 안녕하세요. 시간을 내주시면 찾아뵙고 싶어서 전화했습니다." 여기까지는 좋다. "지금 바쁘니 나중에 전화해주세요." "밀린 원고가 많으니 다음에 통화하죠." "당분간 원고 쓸 여유가 없습니다." 이런 식으로 응답하면 어떻게 해야 하나? "네, 그럼 다음에 전화를 드리겠습니다"라고 정중히 인사하고 물러나는 것 말고는 다른 도리가 없다.

전화는 주로 친한 사람들끼리의 소통에서 힘을 발휘한다. 그들 사이에 정보를 빠르게 주고받거나 급하게 일을 처리할 때, 친근감을 가지고 여유 있게 대화할 때 유용하다. 특별한 일면식도 없는 저자와의 첫 만남, 첫 섭외를 전화로 시작하는 것은 예의가 아니다. 저자와 처음

말문을 열고자 할 때 전화는 아예 없다고 생각하자. 전화 없이 소통하는 길은 두 가지 중 하나다. 편지나 방문이다. 첫째는 이메일, 둘째는 저자의 특강이나 행사에 직접 참석한 후 인사를 하는 것이다.

처음부터 다시 시작하자. 해당 분야의 저자에 관한 정보를 수집하고 분류해서 적게는 수십 명에서 많게는 수백 명의 저자 명단을 만들었다. 섭외나 자문, 취재 등을 목적으로 인터뷰해야 할 저자들도 선별했다. 어떻게 만나야 할까? 연구나 강의, 집필 등 왕성한 활동과 바쁜 일정, 다양한 인적 네트워크를 가진 저자와 어떻게 첫 소통의 길을 열 수 있을까?

첫째, 반드시 편지, 즉 이메일로 첫 소통의 길을 연다. 저서나 기고문, 강연 등을 통해 편집자가 다양하게 각주를 단 저자 파일을 놓고 주요 인터뷰 항목을 정리한 후 약속을 잡기 위한 이메일을 보낸다. 형식은 그다지 중요하지 않다. 자신이 누구이며, 왜 만나고자 하는지 간략하고 정확하게 전한다. 저자가 편집자의 이메일을 읽으면서 상대방이 자신의 저서에 관심과 안목을 가지고 있으며, 자신과 소통하려는 이유와 내용, 열정을 확인할 수 있다면 최상의 편지다. 저자와 편집자는 글을 다루는 사람이다. 이메일만으로 모든 것을 소통할 수 있다고 생각하라. 이메일은 대충 쓰고, 만나서 구체적으로 이야기하자는 생각은 버려라.

둘째, 저자의 강연이나 다양한 행사에 참석한다. 그렇다고 행사 마무리 즈음에 나타나 불쑥 명함을 건네면 안 된다. 처음부터 참가해서 내용을 듣고 먼저 청중으로 인사하라. 저서를 읽고 독자로 인사하듯, 특별한 강의에 감사하는 청중으로서 인사해야 한다. "선생님, 안녕하세요. 오늘 강의 정말 잘 들었습니다. 지난번에 이메일로 인사를 드렸던 편집자입니다." 저서와 강연을 통해 저자-독자, 저자-청중의 인연을 쌓은 편집자는 불쑥 전화하거나 얼굴을 내민 편집자와 전혀 다른 대우를 받는다.

셋째, 원고를 제안하기 전에 조언부터 구하라. 해당 분야의 동향이나 전망, 저자나 저작의 흐름·정보·의견 등을 듣고 조언을 구한다. 역량 있는 저자들에게는 물을 만한 항목이 많다. 검증된 저자일수록 처음 보내는 이메일에는 원고 의뢰를 위한 미팅 제안을 삼간다. 저자가 편집자에게 말과 글의 문을 열기 위해서는 나름의 인연을 쌓고 이유를 만들어야 한다. 모든 책의 탄생에는 비화가 있다. 원고를 완성한다고 곧바로 책이 나오지 않듯, 제안이 곧바로 계약으로 이어지지는 않는다. 첫 만남에서 원고를 의뢰하면 저자와 편집자의 소통이 한 번으로 그칠 수 있다. "난 그런 원고 쓰기 싫다." 이렇게 답하면 어떻게 할 것인가? 조언과 취재, 인터뷰를 위한 짧은 방문의 허락을 구하는 정도가 적절하다. 비록 10분일지라도 기대하던 저자와의 만남은 편집자에게 가장 중요한 순간이다. 그렇게 저자를 배려하며 인연을 만들어가야 한다.

넷째, 적절한 반응을 바로 전하라. 만일 저자가 어떠한 방식으로든 관계를 맺으려 한다면 그에 적합한 반응을 지체 없이 전한다. 저자의 반응은 사소한 것이라도 놓치지 않아야 한다. 자신의 일정에 관해 말하거나 다른 저자나 책을 추천하는 것은 매우 중요한 반응이다. "내후년까지는 다른 출판사와 집필 일정을 세워놓았다." 만일 이런 답을 들었다면 어떻게 반응할 것인가? 역량 있는 저자는 대부분 이렇게 답변한다. 편집자는 이를 '2년 후에는 책을 함께 만들 수 있다'는 긍정적인 신호로 받아들여야 한다. 이런 경우 '2년 후에는 꼭 원고를 받고 싶다'

고 바로 반응을 보여야 한다. 당장에 원고를 받을 수 없다고 실망하여 반응이 없으면 저자는 그 편집자를 금방 잊어버린다.

다섯째, 경로와 방식을 저자에게 물어라. 첫 만남에서 어떤 방식으로 연락하는 게 좋은지 저자에게 묻고 그에 맞춘다. 사람마다 소통 방식이 조금씩 다르다. 매일 아침 6시에 이메일을 확인하는 저자, 오전 11시경 집으로 전화하는 것이 좋은 저자, 휴대전화로 문자 받기를 아주 싫어하는 저자 등 다양하다. 그런데도 의외로 자기 편한 방식으로 저자와 소통하는 편집자가 많다. 저자는 처음 만나는 편집자가 얼마나 참신한 원고를 의뢰하는지보다 편집자의 태도나 안목, 자세를 먼저 확인한다.

이렇게 저자의 처지를 고려하여 말문을 여는 편집자라면 설혹 출간 일정이 이미 상당 기간 잡혀 있어서 원고를 주지 못해도, 자신이 가진 다양한 정보와 아이디어를 주기도 한다. 실제로 역량 있는 편집자 주변에는 한 권의 저서도 함께하지 못했지만, 중요한 저자나 번역서를 추천하거나 결정적인 정보나 아이디어를 준 저자가 의외로 많다. 편집자의 저자 섭외는 원고지 다섯 매의 글을 며칠 내로 받아내야 하는 언론 매체의 외고 청탁과 완전히 다르다. 결과보다 과정이 훨씬 중요하다.

저자와 편집자의 이메일

전통적으로 글을 다루는 저자와 편집자의 중요한 의사소통 수단은 편지였다. 인터넷 환경에서 만들어진 이메일은 그래서 저자와 편집자가 소통하는 가장 강력한 경로다. 기존의 편지와 전화, 팩스를 합한 것 이상의 효력을 지닌다. 이메일은 저자와 편집자 사이의 다양한 경계와 장벽을 허물었다. 저자가 세계 어디에 있든 편집자가 보낸 이메일을 곧바로 열어볼 수 있다. 이메일은 말보다 정확하며, 필요한 경우 계약서에 준하는 공식적인 근거로 남는다. 저자와 편집자가 한 번도 대면하지 않고 이메일만으로 책을 출간하는 사례가 세계 곳곳에서 발생한 지 이미 오래다.

'편집자의 편지'란 말은 의미 없이 그냥 쓰는 말이 아니다. 저자와 편집자 사이의 가장 중요하고 강력한 의사소통 수단인 편지, 지금의 이메일 소통에 필요한 지침들은 몸에 익혀야 한다.

첫째, 정확하고 설득력 있게 빨리 쓰는 습관을 익힌다. 정확도, 설득력, 속도 모두 중요하다. 저자에게 이메일 한 통 보내는 데 사흘을 고민하는 편집자는 운동장에서 3분 동안 공을 잡고 가만있는 축구선수와 같다. 익숙해질 때까지 주로 이메일로 소통하라. 1년 동안 저자에게 보낸 이메일만으로 책 한 권을 펴낼 만큼 써라. 매년 300통 이상의 이메일을 쓰면 그 위력에 스스로 놀랄 것이다.

둘째, 저자가 보낸 이메일에는 반드시 반나절 안으로 답장을 보낸다. 오후나 저녁에 받은 이메일은 다음 날 오전에 답장을 보내고, 오전에 받았으면 오후나 퇴근 전에 보낸다. 만일 출판사 내부에서 논의가 필요한 내용이라면 "네, 고맙습니다. 논의해서 늦어도 ○○일까지는 답장을 하겠습니다. 혹시 더 빨라야 한다면 주저 없이 메일을 주세요"처럼 일정을 밝힌 간단한 답장을 12시간 이내에 발송한다.

셋째, 저자와 편집자 사이의 이메일이 사장이나 발행인에서 스태프까지 공유해야 할 필요가 있는 내용이라면 참조 기능을 이용해 동시에 발송한다. 참조 기능 하나로 저자-편집자의 소통을 모든 스태프와 공유할 수 있다. 반복해서 설명할 필요도 없으니 금상첨화다. 계약 내용의 조정, 원고의 수정이나 편집과 관련한 세부적인 의견들, 홍보를 위한 강연이나 행사 등 저자와 책임 편집자 사이의 이메일은 대부분 지체 없이, 있는 그대로 공유하면 업무의 진행이 훨씬 정확하고 빠르다. 이런 이메일들은 별도의 저자 파일이나 신간 파일에 날짜별로 정리해두고 모든 스태프가 업무에 참조할 수 있도록 한다.

저자와 편집자 사이의 과정별 의사소통은 다른 장에서 계속 이어진다. 계약, 탈고, 편집, 홍보 등 이어지는 과정마다 저자와 편집자 사이의 소통은 빼놓을 수 없는 항목이다.

놓치기 쉬운 결정적인 실수

– 간혹 저자와 식사나 술자리에서 대화하다가 호흡이 맞아 덜컥 구두로 출간을 약속할 때가 있다. 검증된 저자라면 즐거운 일이지만, 예비 저자라면 원고에 대한 아무런 보장도 없이 분위기에 이끌려 계약한 후, 나중에 서로 상처만 남을 수도 있다. 편집자도 이따금 그러지만, 사장이나 편집장도 종종 저지르는 실수다.

– 나 역시 여러 차례 이런 실수를 경험했다. 근거도 없이 가능성만 믿고 어려운 처지에 공감해서, 심지어 사장이나 주간 몰래 월급을 가불하여 계약금을 주고 둘만의 계약을 한 적도 있다. 물론 원고도 완성하지 못한 채 사라지거나, 초고는 일부 나왔지만, 완성도가 떨어져서

가슴앓이하다 연락이 끊긴 사례도 있다. 예비 저자라면 저자와 출판사가 서로 기대하는 저작물의 원고가 어느 정도 확보되었을 때 계약해도 늦지 않다.

– 처음 작업하는 저자라면 이력을 확인해야 한다. 작업 초기에 관련 내용을 받고 검토한다. 밝히기 꺼리는 내용까지 굳이 저자 소개에 드러낼 필요는 없지만, 간혹 있지도 않은 단체나 조직을 임의로 만들어 회장이나 대표로 명시하는 저자도 있다. '여러 대학에서 다년간 강의', '언론사를 두루 거치며 기자로' 등처럼 이력을 모호하게 표기하는 사람은 조심해야 한다. 책에 표기하는 모든 정보는 신뢰가 우선이다. 특히 표지나 판권에 적는 저자의 이력 사항은 정확해야 한다.

– 저서가 있는 검증된 저자라면 처음 만난 편집자와 대화할 때 10분 안에 다양한 방법으로 자신의 저서를 읽었는지 파악한다. 읽지도 않고 읽었다고 먼저 과시하지 마라. 10분 만에 신뢰를 잃는다.

절대 하지 말아야 할 것

– 서점을 대상으로 의도적인 사재기와 지나친 독자 서평, 별점, 댓글의 조작은 금물이다. 이는 첫째, 책에 대한 독자의 신뢰를 떨어뜨리는 치명적인 독약이다. 책에 대한 신뢰의 상실은 결국 출판사·저자·편집자 모두를 향한 불신으로 이어진다. 둘째, 독자 반응의 조작은 결국 저자와 편집자의 눈을 멀게 한다. 상상해보라. 독자의 반응을 가늠

하는 판매 순위나 정보, 서평이나 댓글이 더럽혀지면 편집자는 어디에서 독자의 진정한 목소리를 들을 것인가? 저자는 독자로부터 어떻게 격려와 자극을 받을 것인가? 특히 사재기는 출판의 윤리를 저버리며 시장 질서를 조작하여 오염시키는 범죄행위다.

– 저자를 섭외할 때 광고나 계약금으로 현혹하지 마라. 이런 일은 세계적으로도 매우 드문 일이다. 상업적인 출판 산업의 첨단을 달리는 미국의 몇몇 대형 출판사와 베스트셀러 작가들이 속한 에이전시 사이에서나 벌어지는 일이다. 가까운 일본에서도 유명 배우의 화보집을 경쟁적으로 섭외하는 경우에나 일어나는 일이다. 대부분 개별적인 소자본에 기초를 두고 있으며 에이전트 시스템도 아닌 한국의 출판업계 특성을 고려할 때 따라 할 만한 일이 아니다. 저자는 매니저와 에이전트로 움직이는 연예인이 아니다.

현장에서 쓴 편집자 노트

– 오래 호흡을 맞춰온 역량 있는 저자와 편집자가 이제 막 기막힌 신간 아이디어에 합의했다. 편집자가 말했다. "정말 특별한 책이 될 겁니다. 주말마다 30매짜리 한 꼭지씩 쓰시고, 휴가 때 좀 몰아서 쓰시면 3개월이면 끝나겠는데요?" 이처럼 간혹 노련한 편집자도 저자는 원고를 타이핑하는 기계가 아니라는 점과 저자의 창작 과정에 얼마나 많은 변수와 우여곡절이 있는지 까맣게 잊을 때가 있다.

– 저자가 말했다. “손보지 않아도 될 원고를 주면 2주면 책이 나오겠죠?” 때로는 여러 저서를 가진 저자도 손보지 않아도 될 원고란 없으며, 초교와 재교, 3교의 과정에서 얼마나 다양한 암초에 부딪히는지 경험하지 못한 독자처럼 쉽게 말할 때가 있다. 편집자도 저자도 등잔 밑을 놓칠 때가 있는 것이다. 이따금 상대방의 역할과 존재를 되새겨야 한다.

– 실제로 있었던 일이다. 친한 저자의 소개로 한 예비 저자를 만났다. 그는 이제 막 집필에 착수할 거라며 들떠서 물었다. “도대체 얼마나 팔릴 것 같은가요?” 잠시 뜸을 들이자 또 물었다. “그런데 원고를 넘기면 며칠 만에 책이 나오죠?” 원고를 끝내면 일주일 만에 책이 나온다고 생각하는 예비 저자나 독자가 의외로 많다.

– 신간의 머리말 앞이나 뒤표지에 권위와 명망을 지닌 전문가의 추천을 실어야 할 경우가 있다. 그럴 때 편집자에게 재량을 주는 전문가가 있는가 하면, 사소한 토씨 하나라도 놓치지 않는 완벽함을 원하는 전문가도 있다. ‘까다로운 성격’으로 치부하지 말고 특성에 맞게 대처하자. ‘전문가 중의 전문가’는 대부분 글에 관한 한, 편집장이 그렇듯 지나칠 정도로 까다로운 사람이다.

– 편집자는 한 시간에 수백만 원의 강연료를 받는 저자와 점심을 먹고, 수많은 독자가 만나고 싶어 하는 저자와 커피를 마신다. 학교나 연구소를 찾아가 학계와 언론이 주목하는 학자나 교사, 연구원의 최신 연구 과정에 관해 듣는다. 편집자는 세상에서 가장 창조적인 사람

들에게 무료로 배울 수 있는 특권을 가진 대신, 그들의 창조적인 작업이 세상과 더욱더 깊고 넓게 소통할 수 있는 길을 안내하고 열어준다.

– 다음의 글은 1924년 리처드 사이먼(Richard L. Simon)과 함께 오늘날의 사이먼앤드슈스터사를 설립한 링컨 슈스터(M. Lincoln Schuster)가 1962년에 기고한 〈편집자 지망생을 위한 공개 편지(An Open Letter to a Would-be Editor)〉에서 인용한 말이다. "책이 발행되기 전에, 기획과 편집이 진행되는 과정에서, 그리고 책이 출간된 이후에 과정마다 저자와 신뢰를 쌓아라. 만일 편집자가 저자의 신뢰와 협력의 관계를 얻지 못하면 서적 판매상이 곧 출판업자였던 오래전의 시기, 즉 판매업자인 출판업자가 단순히 책을 팔고, 그로 인해 이익만 좇던 시기로 저자와의 관계를 후퇴시키는 것이다."

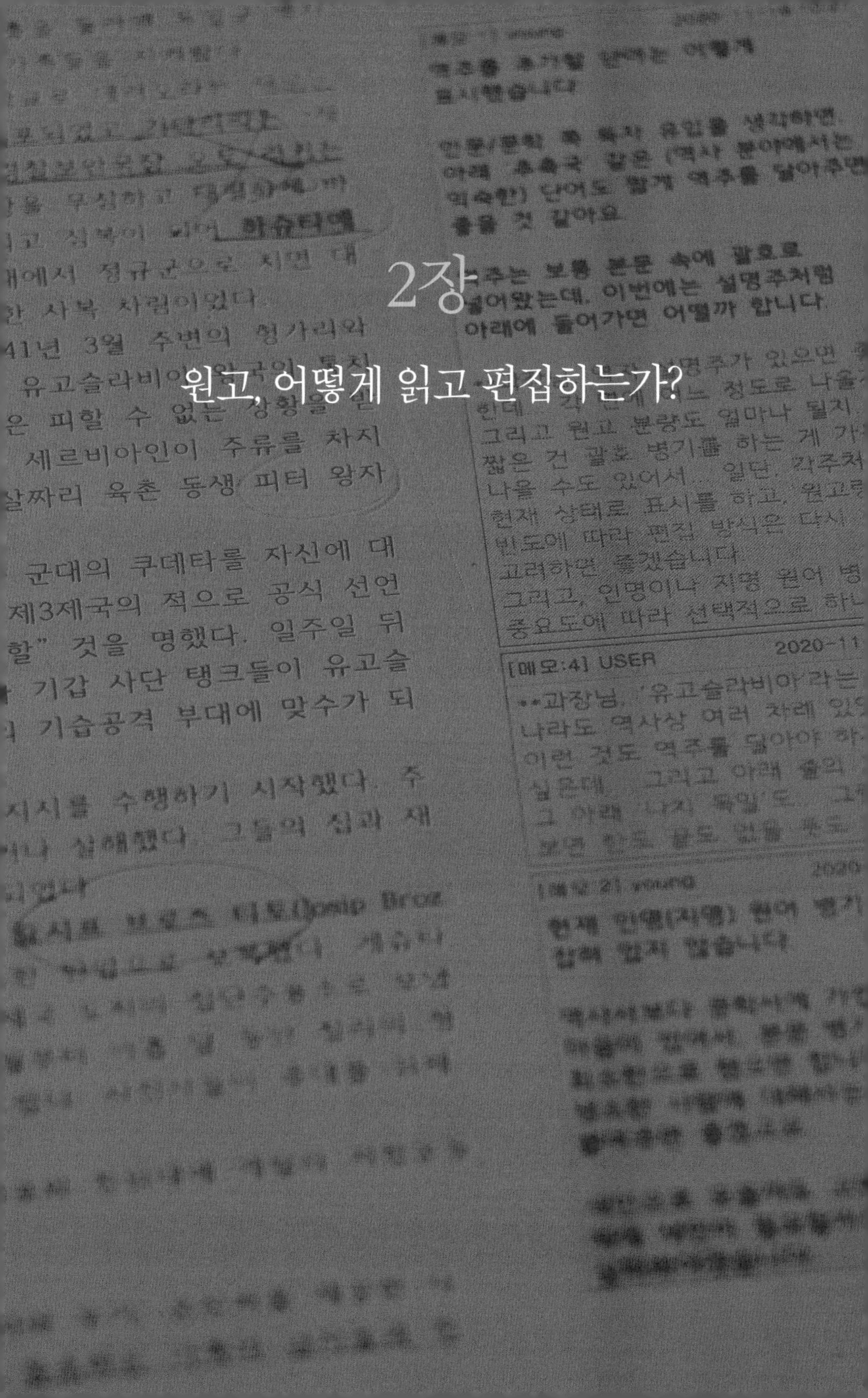

2장

원고, 어떻게 읽고 편집하는가?

편집자라는 직업을 가장 매력적으로 느낄 때는 언제인가? 어떤 순간에 편집자는 남모르는 직업적 흥분과 쾌감을 얻는가? 때로는 판매 실적에 대한 압박감이나 촉박한 마감으로 스트레스와 피로감이 몰려와도 이를 이겨내는 힘은 어디에서 나오는가? 그것은 바로 원고다. 원고에 대한 강렬한 호기심과 흥분이야말로 편집자를 붙잡는 최고의 매력이다.

편집자는 늘 새로운 책을 꿈꾼다. 최고의 책을 만들고자 하는 열정은 원고에 대한 호기심과 기대감으로 이어진다. "기대감을 잃어버리고 원고를 보는 날은 바로 편집자의 생명이 다한 마지막을 의미한다." 스티븐 킹(Stephen King)과 아이리스 머독(Iris Murdoch), 이사야 벌린(Isaiah Berlin) 등 세계적인 저자들의 소설과 논픽션을 편집한 앨런 윌리엄스(Alan D. Williams)의 이 말은 편집자의 오감이 어디로 향해 있는지를 대변한다.

원고를 향한 기대감과 흥분은 원고에 대한 정확한 안목과 판단으로 이어진다. 출간 의사의 결정에서부터 탈고와 편집까지 편집자의 모든 업무는 '원고 읽기와 파악'에서 시작된다. 어떤 기준으로 어떻게 읽는가? 그 과정에서 무엇을 잡아내고 떠올려야 하는가? 원고 읽기는 편집자가 갖추어야 할 최고의 능력이자 자질이다.

투고

출판사마다 편집자의 오감을 붙잡으려는 투고들이 잔뜩 쌓여 있다. 그러나 불행하게도 수십, 수백 편 가운데 하나꼴로 출간된다. 역량과 인지도가 높은 출판사일수록 투고가 몰리고 기준도 엄격해서 출간 확률이 더 낮다. 투고는 출간 예정 원고와 달리 별도의 운영 방침으로 검토하고 관리한다. 매년 수십, 수백 편에 이르는 투고를 기획 중인 신간 도서들과 같은 방식으로 검토하면 편집자들이 한 해 내내 그 일에만 매달려야 할지도 모른다. 투고의 검토와 관리에 필요한 기본 사항들을 정리한다.

첫째, 효율적인 관리가 우선이다. 사내 인트라넷에 투고용 방이나 게시판을 만들어 관련 업무 내용을 한눈에 확인하고 찾아볼 수 있도록 관리한다. 인트라넷이 없다면 '투고 문서수발대장'을 만들어 관리한다. 투고는 분야와 성격이 다양하고 필자도 각양각색이다. 편수와 양도 엄청나므로 저자의 이름, 원고 제목, 도착 일자, 수신자, 경로, 담당자, 의견, 처리 상황 등으로 항목을 만들어 관리한다. 업무 처리는 빠를수록 좋다. 투고 경로는 통상적인 투고, 소개나 추천에 의한 투고 두 가지다. 전자는 '투고'라 적고, 후자는 '소개' 또는 '추천'이라 적은 후 소개자나 추천자를 적는다. 안목 있는 저자의 근거 있는 추천은 단순 소개와 분리해서 좀 더 신중하게 검토한다.

둘째, 원고를 받은 사람이 담당자라면 해당 사항을 기록한 직후 투고자에게 답장을 보낸다. "담당 편집자 ○○○입니다. 귀한 원고를 보내주셔서 감사드립니다. 검토 후 편집회의를 거쳐 출간 여부에 대한 출판사의 의견을 알려드리겠습니다. 2주 후인 ○○일 전후로 답신을 드리겠습니다." 이런 식으로 과정마다 필요한 서신 문구를 정해놓으면 업무 처리가 훨씬 빠르고 정확하다.

셋째, 빠르고 정확한 검토다. 10년 차 이상의 편집장은 대략 30분, 3~5년 차 편집자는 한 시간 동안 집중적으로 검토하면 반려할 원고인지 출간 가능성을 염두에 두고 좀 더 엄밀하게 검토해볼 만한 원고인지 판단할 수 있다. 저자 소개, 기획안이나 개요, 머리말, 차례, 도입부, 중간, 마무리 부분 등을 선별해서 읽고, 특정한 한두 꼭지의 원고를 주목해 읽는다.

넷째, 출간할 수 없다고 판단한 원고에 대한 답신은 약속한 날에 보낸다. 거절의 답신(67쪽)에서 구체적으로 다루겠지만, 소개나 추천이 아닌 투고의 경우, 거절의 답신은 짧고 정중하게 쓰는 것이 일반적이다. "보내주신 원고는 저희 출판사의 사정으로 출간하기 어렵다는 말씀을 전합니다. 선생님의 소중한 원고가 빛을 보기를 바랍니다." 굳이 출간하지 못하는 사유를 구체적으로 밝힐 필요는 없다. 육필 원고를 보자기에 싸서 저자가 직접 출판사를 방문하던 시기에는 하나뿐인 원본을 관리하고 정확하게 반송하는 것이 중요했다. 간혹 육필 원고만이 아니라 타자기나 컴퓨터로 입력해 출력한 원고도 반송해주기를 원하는 필자가 있었다. 이 때문에 출판사는 '투고를 반환하지 않는다'는 지침을 반드시 고지했다.

다섯째, 출간을 고려하는 원고에 대한 답장도 약속한 날에 발송한다. 이때 '출간 고려'가 곧 '출판계약'을 의미하는 것은 아니라는 점을 잘 전달해야 한다. 특히 예비 필자는 '긍정적인 검토'와 '출판권 설정 계약서의 작성' 사이에 여러 과정이 필요하다는 사실을 모른다. '긍정적인 검토' 또는 '적극적인 관심'의 의미가 무엇인지 정확히 설명하고, 이후 과정에 대해 간략하고 명확하게 밝히는 게 좋다. 원고를 더 검토하거나 논의해야 한다면 그 일정에 대해, 필자 인터뷰가 필요하다면 출판사 방문 약속을 위한 내용을 덧붙인다.

마지막으로, 투고 방 또는 대장에 해당 원고의 처리 결과를 기록하고 파일과 서신 들을 덧붙여 마무리한다.

원고를 어떤 기준으로 읽는가?

투고의 검토는 넓게 보아 내부에서 진행하는 일반적인 기획 아이템이나 원고의 검토와 크게 다르지 않다. 여기에 두 가지를 더 고려한다. 첫째는 이미 기술한 대로 빠른 검토다. 둘째는 '적극적인 검토'와 '불가'의 결정이다. '적극적인 검토'는 검토한 편집자가 '출간할 만하다고 판단하여 그 가능성을 출판사의 공식적인 편집회의에 상정하는 것'을 의미한다. '출간 확정'이 아니다. 이 점을 분명히 인식해야 한다. 우선 검토자는 일반적으로 다음의 세 가지 기준으로 원고를 검토한다.

- 출판사의 편집 방향과 맞는가?
- 원고의 출간 가치와 대상 독자가 분명한가?
- 저자는 신뢰할 만한가?

첫째, 편집 분야나 성격 등을 포함한 출판사의 편집 방향에 기초해 원고의 주제와 분야, 저자의 전공, 활동 범위 등을 파악한다. 설혹 나

름대로 매력적인 장점이 있는 원고라 할지라도 출판사의 편집 방향과 크게 어긋나면 출간하기 어렵다. 먼저 출판사의 편집 방향과 맞는지를 파악한다.

둘째, 원고에 대한 가치 판단이다. 원고의 주제, 구성, 글쓰기 방식, 내용 면에서 어떤 특징과 장점 그리고 매력이 있는지 파악한다. 이 과정에서 대상 독자는 누구이며 어느 정도의 반응이 있을지 점검하기도 한다. 물론 원고의 장점을 정확하게 파악하는 것이 우선이다.

셋째, 저자에 관한 정보를 통해 신뢰도를 점검한다. 필요하면 출판사와 편집자의 네트워크를 통해 정보를 얻을 수도 있다.

이러한 기준으로 빠르게 검토하여 '출간 불가'와 '적극적인 검토' 중 하나를 결정한다. 판단하기 어려운 상황이라면 편집장이나 선배 편집자에게 조언을 구한다. '출간 불가'는 어렵지 않다. 통보하면 된다. 반면 '적극적인 검토'는 A4 용지 반쪽 정도의 소견서를 덧붙여 담당 편집자나 편집장에게 전한다. 소견서에는 '출판사에서 이 원고를 왜 적극적으로 검토해야 하는지'에 관한 검토자의 의견을 담는다.

투고의 출간 여부는 검토자 한 명의 판단으로 결정할 수 없다. '적극적인 검토'가 필요하다고 제안하는 것이 최선의 판단이다. 의뢰한 필자에게도 이 사실을 정확히 알려서 오해가 없도록 하고, 이후에는 출판사의 통상적인 진행 방식을 따르면 된다.

거절의 답신

편집자에게 출간 거절의 답신을 받은 필자 중에는 견디기 힘들 만큼 심각한 마음의 상처를 입는 예도 있다. 미국의 주목받는 베스트셀러 작가였던 아인 랜드(Ayn Rand)는 자신의 첫 작품 《파운틴헤드(The Fountainhead)》의 25주년 기념 특별판(1968년 발행) 머리말에서 이렇게 말한다. "이 원고는 열두 군데의 출판사로부터 거절당했다. 그중에는 '너무 지적이고' '너무 논쟁적이어서' 팔리지 않을 것이라고 단언한 출판사들도 있었다. 그 과정은 정말 내게 참을 수 없이 힘들었다. 나와 비슷한 경험을 겪을 수 있는 또 다른 작가들을 떠올리며 그들에게 할 수 있다는 자신감을 주기 위해 이 사실을 밝혀둔다."

이렇듯 투고자가 경험하는 최초의, 참기 힘든 상처는 바로 편집자가 보낸 거절의 답신에서 발생한다. 하지만 책에 대한 기준은 주관적이어서 저자나 편집자, 독자마다 다르다. 책의 세계에는 서열이 없다. 관점과 기준이 다를 뿐이다. 그러므로 편집자는 거절하는 것을 두려워하지 말아야 하고, 투고자는 이에 상심할 필요가 없다. 서로 예의를 갖추는 게 더 중요하다.

흔쾌한 수락보다 정중한 거절이 훨씬 어렵다. 출판사는 거절의 사유를 구체적으로 밝히지 않는 것이 관례이며 원칙이다. 편집자는 비평가가 아니다. 비평가는 비평의 관점에서 읽지만, 편집자는 가능성의 눈으로 원고를 읽는다. 가능성이 적다고 판단하면 정중히 거절하는 것으로 족하다. "출판사의 출판 방향과 맞지 않아 선생님의 원고를 모시지 못합니다. 죄송합니다. 귀중한 원고를 보내주셔서 감사드립니다." 이 정도의 서신이면 족하다. '출판사의 출판 방향과 맞지 않아'라는 표현 대신에 '출판사의 사정으로'라고 써도 좋다. 만일 소개나 추천 등을 통해 원고를 받았다면 소개자나 추천자에게도 그 결과를 간략히 정리해 감사의 말을 덧붙여 답신을 보낸다. 역량과 안목을 가진 저자가 추천한 경우에는 그에 상응한 답신으로 응답해야 신뢰 관계가 이어진다.

거절의 사유와 방식은 비슷하다. 언젠가 여러 나라의 편집자들과 합석한 자리에서 원고 거절에 관한 이야기를 주고받은 적이 있었다. 거절의 주요 사유는 물론이고 답신의 내용까지 매우 비슷해 모두가 공감하며 웃었는데, 흥미로운 것은 표현의 차이였다. '귀중한 원고를 모시지 못하는 저의 불찰을 용서해달라.'는 표현은 우리의 눈으로 보면 다소 지나치게 보이지만, 저자에 대한 존경을 특별히 강조하는 일본의 편집자들이 자주 쓴다. 미국의 어느 출판사는 모두에게 똑같은 공식 답신을 보낸다. "Thanks, but this isn't for us(감사합니다만 우리와 맞지 않는 원고군요)." 내가 아는 한 세계에서 가장 짧은 거절의 답신이다. 그 출판사에서만 한 해에 2,000명이 넘는 필자가 이런 답신을 받는다고 한다.

출간 원고를 읽는 방법

계약한 이후 개발 과정에 들어간 원고는 투고와 달리 편집 개발의 관점에서 검토한다. 개발 목표에 기초해 원고와 편집의 완성도에 대한 상을 잡고, 탈고 과정에서 저자와 충분히 논의하면서 수정하거나 보완할 사항들을 점검한다.

그런 점에서 하퍼콜린스(Harper Collins)의 편집장이자 뉴욕대학의 출판 강사인 마론 왁스먼(Maron L. Waxman)이 자신의 강의 초고 〈베스트셀러 찾기(Drawing Out the Best Book Possible)〉에서 정리한 '출간 예정 원고를 검토할 때 편집자가 주목해야 할 네 가지 검토 기준'은 매우 유효하다.

첫째, 저자가 전달하고자 하는 메시지가 분명한가?
둘째, 독자는 본문을 통해 원하는 것을 얻을 수 있는가?
셋째, 본문은 가장 정확하고 효과적인 방식으로 펼쳐지고 있는가?
넷째, 예상 독자에 적합한 수준으로 전달하고 있는가?

그는 편집자의 눈으로 보았을 때 취약한 글쓰기는 대부분 "취약한 사고와 구조에서 비롯한다"면서, 만일 이 네 가지 기준에 맞으면 "문법이나 표현의 문제는 대부분 해결할 수 있다"고 말한다. 편집자는 원고를 읽으며 먼저 두 가지에 주목한다. 우선 정확한 의사 전달이다. 그 다음은 글의 특징이다. 글의 형식 또는 문체라는 저자 고유의 목소리가 있는가를 점검한다. 이 두 가지가 확실하면 나머지는 편집의 영역에서 해결할 수 있다.

실전에서 유용한 출간 확정 원고를 읽는 몇 가지 방법을 추가로 정리한다. 왁스먼이 언급한 네 가지 기준을 염두에 두고 익혀두면 어느 순간 이전과 다른, 생생한 편집자의 오감을 느낄 것이다.

두 번 읽기

'두 번 읽기'를 기본으로 한다. 처음에는 원고의 전체를 살피면서 특징이나 매력 등 장점들을 파악한다. 이때 두 가지 점에 유의한다. 우선 원고와 일정한 거리를 두어야 한다. 가지에 빠지지 않고 나무 전체를 보고 원고의 장점을 압축하고 정리한다. 그다음에 이를 독자의 시선으로 다시 정리한다. 독자의 시선과 언어로 책의 핵심을 정리하여 표현한 것을 원고의 '콘셉트(concept)'라 한다.

그러고 나서 두 번째 읽기로 정밀 검토를 한다. 이때 완성도를 높이기 위해 탈고 과정에서 저자가 수정하고 보완해야 할 사항, 편집 개발 과정에서 필요한 사항을 찾아내고 정리한다. 이 두 가지 사항을 정리하면서 편집자는 책의 상(image)을 구체적으로 스케치하기 시작한다. 편집의 기본 방향과 주요 개발 요소도 이 과정에서 나온다.

빠르고 정확하게, 4S 읽기

'4S 읽기'는 빠르고 정확하게 읽는 기술 가운데 하나다. 건너뛰며 읽기(Skipping), 속독하기(Skimming), 샘플 찾기(Sampling), 정밀하게 읽기(Scanning) 등을 활용해 안목과 감각, 속도를 향상시킨다. 원고를 정확히, 때로는 빨리, 때로는 주의 깊게 읽고, 파악하고, 찾고, 판단하고, 정리하는 능력을 기른다. 편집자는 전체를 파악한 후 한 장, 한 꼭지, 한 쪽, 한 단락, 한 문장, 한 단어의 단위로 읽어야 할 때를 구분할 줄 알아야 한다.

처음 출판사에 입사했을 때 나와 편집주간 사이에 원고를 검토하는 속도가 다르다는 사실에 놀랐다. '어느 사이에 읽었지? 진짜 읽은 건가?' 의심이 들 정도였다. 하지만 늘 나보다 빠르면서도 정확했다. 물론 원고를 읽는 경험의 차이가 있었다. 그러나 자세히 보니 목적과 방법의 차이도 중요한 원인이었다. 나는 원고를 충분히, 완전히 다 파악하고 나서야 생각했다. 하지만 편집주간은 목적과 필요에 따라 빠르고 정확하게 읽었다. 그다음부터 나도 방법을 바꾸었다. 내가 이 원고를 왜 읽는가? 원고를 검토해서 최종적으로 무엇을 하고자 하는가?

원고 읽기의 목적과 관점을 먼저 정하고 이를 얻기 위한 탐사의 과정으로 원고를 빠르게, 집중적으로, 때로는 한 꼭지를 정밀하게 읽기 시작했다. 주간이 된 이후 담당 편집자들이 자주 나에게 물었다. "아니, 도대체 언제 읽은 거죠?"

책의 상을 잡고 개고와 편집 개발의 요소를 찾으며 원고를 읽을 때는 교정·교열의 시선으로 읽지 않는다. 그건 나중의 문제다.

책의 관점으로 원고 읽기

'책-원고, 원고-책'의 눈으로 읽는다. 원고를 읽을 때 우리는 종이에 인쇄해서 읽거나 파일을 열어 모니터 화면에서 읽는다. 이는 둘 다 책이 아니다. 원고일 뿐이다. 그러나 우리가 읽는 원고는 원고가 아니라 책의 본문이다. 원고를 출력물이나 파일이 아니라 완성된 책의 본문이라 가정하고 책과 본문의 이미지를 그리면서 읽는다. 이 관점으로, 이 방식으로 원고를 읽는 것이 책의 시선으로 원고를 읽는 것이다.

이렇게 읽으며 원고에서 본문으로 변하는 과정을 떠올리고, 그 과정에서 필요한 변화의 요소들을 찾아낸다. 이것이 원고에서 책으로, 원고에서 책의 본문으로 발전하는 과정이다. 기획을 담당하는 편집자는 '책의 시선으로 원고 읽기'와 '원고에서 책으로의 설계' 두 과정을 실전 과정에서 끊임없이 반복하며 경험한다. 마치 영화 연출가가 시나리오 초고를 보고 한 편의 영화를 그리듯이 원고를 읽으며 책을 상상하고 그려본다. 건축가가 완공된 건축물을 떠올리며 설계를 하듯 표지, 제목, 차례, 본문, 판형, 가격 등을 구체적으로 스케치할 수 있다.

수백 종을 경험하다 보면 시작부터 완성된 책의 환상이 어른거린다. 어느 순간 원고 없이 완성된 책을 설계하고 묘사할 수 있는 단계에 이른다.

본문 편집의 유의 사항

본문 편집의 기초인 원고의 교정은 글쓰기와 마찬가지로 상당한 경험과 훈련이 필요하다. 일반적으로 초교, 재교를 거쳐 3교를 최종 교정 과정으로 하지만, 때로는 그 이상에서 마무리하는 복잡한 작업도 있다. 대개 10년 이상의 경력자들 두세 명이 서로 교차하며 점검하면서 별도의 최종 교정 과정을 거친다. 본문 편집자는 다음 네 가지 사항을 유의한다.

첫째, 편집자가 교정 펜을 들고 원고를 읽을 때는 독자가 독서의 즐거움을 만끽하며 읽는 과정과 다르다. 오히려 이를 경계한다. 본문의 편집은 독서에 흠뻑 빠지는 즐거움을 독자에게 선사하기 위한 노력이다. 물론 편집자도 원고를 읽으며 그 매력에 빠지거나 독자 이상으로 흥분할 때가 있다. 그러나 그 감정으로 본문을 읽지 않는다. 저자가 놓친 수많은 크고 작은 실수와 오류를 지나칠 수 있기 때문이다. 편집자가 원고의 매력에 빠지면 교정 펜을 놓고 읽어야 한다. 특히 교정의 경우 의미와 맥락으로 읽으면 오탈자가 편집자의 그물에 걸리지 않는다. 편집자는 한 자 한 자 있어야 할 것과 없어야 할 것을 가늠한다. 그 과정을 거쳐야 독자가 불편 없이 독서를 즐길 수 있다.

둘째, 정확도가 우선이다. 사실인가? 정확한가? 학술서나 전문서, 교과서만이 아니라 교양서, 실용서, 전기, 평전, 경제경영서나 심지어 소설조차도 사실성과 정확성 여부는 본문의 신뢰도에 중요한 요소다. 소설은 현실보다 더 사실적인 세계다. 이를 위해 작가는 남다른 취재와 조사를 한다. 탁월한 편집자란 독자가 본문의 세계에 빠지는 데 방해가 되는 모든 예상 문제를 사전에 얼마나 완벽하게 제거해주는가에 달려 있다. 미국의 추리소설 편집자는 소설에 등장하는 도시의 상세 지도를 원고 옆에 펼쳐놓고 골목 구석구석을 살핀다. 일방통행이나 막다른 골목도 확인한다. 도시 한복판이나 뒷골목을 무대로 펼치는 범인과 탐정의 공방전에 독자가 몰입하려면 저자가 놓친 '옥에 티'를 찾아내 제거해야 하기 때문이다.

셋째, 편집은 글쓰기가 아니다. 즉 저자와 편집자의 역할은 원칙적으로 확연히 다르다. 교정·교열을 보다 보면 새로 쓰는 편이 나은 상황이 자주 발생한다. 번역의 교정도 마찬가지다. 원문과 번역문을 대조하며 교정을 보는 편집자는 자주 이렇게 한탄한다. "정말 교정을 보는 것 자체가 의미가 없어. 차라리 새로 번역하는 게 좋을 것 같아." 저작이든 번역이든 상황이 이 정도로 심각하면 저자나 번역자의 교체를 심각하게 고려해야 한다. 대부분은 문장을 새로 쓰지 말아야 하며, 교정의 수준을 지켜야 한다. 만일 다시 써야 할 정도라면 저자에게 이를 제안해야 한다.

넷째, 편집자는 최초의 독자다. 이 말은 모든 편집자의 좌우명과 같다. 간혹 저명한 저자의 돋보이는 저작이라도 오탈자가 많을 때가 있다. 이런 책에 대한 독자의 불평은 간단하지도 단순하지도 않다. '오탈자가 수정된 개정판'으로 바꾸어달라는 광적인 독자도 있다. 편집자는 가장 예민한 독자다. 가장 까다롭고 완벽한 독자를 거쳐야 책은 제대로 그 가치를 발휘한다. 발생할 수 있는 모든 문제를 사전에 해결하고, 저자에게 그 사실을 미리 알려주어야 할 책임이 편집자에게 있다.

다섯째, 편집자는 본문의 교정·교열 과정에서 본문의 구성과 편집, 개발과 관련한 다양한 의견을 떠올리고 이를 편집의 완성에 반영한다. 실제 현장에서는 교정·교열과 편집의 개발이 확연히 나누어져 있지 않다. 주요한 역할의 측면에서는 대개 분담하지만, 원고를 가장 정밀하게 수정하는 교정·교열의 편집자들이 원고의 편집에 결정적인 역할을 하는 경우가 많다.

교정·교열은 편집 개발의 측면만이 아니라 저자의 탈고, 저자가 본문을 최종 교정하는 작업과 맞닿아 있다. 저자뿐만 아니라 기획을 담당하는 편집자, 사진과 그림, 디자인을 담당하는 다양한 전문 인력과 의사소통을 하면서 모든 생각을 전달하고 논의하는 과정이 가장 중요하다.

탈고 과정을 어떻게 관리할 것인가?

"이 땅의 출판인들은 '원고 마감'에 시달리고 있다. 이 나라의 필자들은 원고 마감에 대해서 많은 경우 약속을 제대로 지키지 않는다. 출판사와 필자가 어떤 원고를 언제까지 쓰겠다고 약속하지만, 제대로 맞추어 들어오는 경우가 드물고, 그러다 보니 출판사 측에서는 이 일에 엄청나게 많은 시간과 정력을 허비한다." 한길사 김언호 대표는 그의 출판일기 《책의 탄생》 II 에서 원고 마감에 대한 한국 출판문화의 악습을 개탄한다.

현실이다. 유럽이나 미국은 물론 가까운 일본조차도 '원고 마감일'

은 저자와 출판사가 꼭 지켜야 할 중요한 계약 사항으로 인식해 실제로 대부분 지킨다. 드물게 변수가 발생하면 몇 개월 전에 반드시 문서로 논의하여 수정한다. 그로 인한 배상이 뒤따르기도 한다. 반면 우리나라의 원고 마감일은 빈번하고 자유롭게 무너진다. 이로 인해 출판사는 출간 일정을 미리 확정하지 못하고, 다른 나라처럼 출판예고제를 실행하지도 못하며, 각종 세계도서전에 이듬해 출간 예정 도서 목록을 만들어 알리지도 못한다. 한국의 편집자가 세계의 출판 현장에서 직면하는 비극 가운데 하나다.

극단의 예를 들면, 우리나라에서는 '정해진 기간 안에 원고를 받아내는 능력'을, 유럽이나 미국, 일본에서는 '저자가 최고의 원고를 탈고하도록 지원하는 능력'을 기획을 담당하는 편집자의 중요한 역량으로 여긴다. 이 역시 비극이다. 그만큼 우리나라의 편집자는 저자의 원고 일정 관리에 훨씬 더 많은 스트레스를 받는다.

탈고 일정의 관리는 두 가지가 핵심이다. 원고의 수준과 일정 관리다. 드물지만 마감일을 스스로 관리하는 저자에게는 최고의 원고를 탈고하도록 지원하는 역할에 더욱 전념하고, 그렇지 않은 저자는 두 가지를 모두 염두에 두고 관리해야 한다.

일정 관리의 지침

원고의 일정 관리를 담당하는 편집자가 주의해야 할 두 가지가 있다.

첫째는 방치다. 단행본 집필은 10매, 50매의 칼럼이나 인터뷰 글과 다르다. 역량 있는 저자가 3개월 안에 1,000매의 초고를 끝내겠다는 목표를 세우고 시작하더라도 집필을 방해하는 일들은 이곳저곳에서 다양하게 발생한다. 그러므로 편집자는 먼저 저자와 집필 일정에 관해 충분히 상의한다. 예상할 수 있는 문제 상황과 지원해야 할 일을 점검하고, 저자의 처지와 개성, 요청에 따라 초고와 탈고의 세부 일정과 계획을 짠다. 이 작업에만 몇 차례의 논의가 필요하고, 그 결과를 구두가 아닌 집필 일정표, 편집 일정표로 정리해서 점검한다. 계약서를 작성한 후 한두 차례 연락만으로 마감일을 기다렸다가 불쑥 "선생님, 원고 다 쓰셨죠?"라고 사무적으로 전화하는 일은 밀접한 의사소통이 필요한 저자와 편집자의 관계에서 효과적이지 않다.

둘째는 기계적인 일정 관리, 즉 독촉 중심의 관리 방식이다. 본격적인 집필에 들어가면 탈고 전까지 저자는 늘 집필 일정과 편집자의 점검을 의식한다. 잘 쓰다가도 예기치 않은 마지막 장벽에 부딪혀 고민 중인 저자에게 "선생님, 마감일이 두 주 지난 거 아시죠?"라고 하면 다음에는 전화를 피할지도 모른다. "마무리하느라 힘드시죠? 도와드릴 건 없나요?" 저자로서는 이 두 가지 말이 완전히 다르다.

저자와 편집자의 신뢰 관계는 편집자의 독촉이 아니라 집필 과정에 대한 이해와 지원, 공헌에서 싹튼다.

수정 제안의 수칙

편집자는 저자의 탈고 과정에서 최초의 독자로서, 최상의 책으로 완성하는 편집자로서, 저자의 출판 조력자이자 파트너로서 저자가 최상의 원고를 탈고하는 데 적절하게 공헌한다.

첫째, 조언과 제안은 정확하고 정중하게 한다. 초고의 개선 방향, 수정하거나 보완할 점을 전할 때는 원고의 장점이나 개성과 더불어 저자의 특징이나 개성을 고려해야 한다. 일방적인 결정 통보나 지시 등으로 오해할 수 있는 표현을 피하고, 정확하고 정중하게 지원하는 자세로 임한다. 편집자의 의견을 받아들이는 폭은 저자마다 다르므로 작업에 들어가기 전에 미리 점검하고 합의해둘 필요가 있다.

둘째, 원고의 수정과 보완 등의 개고 사항에 관해서는 글로, 구체적으로 정리해 전달한다. 오래 호흡을 맞춘 저자와 편집자 관계가 아니라면 글이 훨씬 정확하고 효과적이다. 개고의 범위나 수준, 방식에 관해 사전에 충분히 논의하고, 구체적인 수정이나 의문점을 표시한 저자 수정용 원고 위에 편집자의 소견을 덧붙여 전달한다. 일본에서는 최종적으로 합의한 개고 사항을 적고, 그렇게 적은 쪽마다 저자와 편집자의 서명을 남기는 출판사도 많다.

셋째, 편집자의 소견과 제언 등을 담은 서신을 쓸 때는 먼저 원고의 장점과 특징, 매력, 개성에 관해 정확하게 정리한다. 이에 기초해 개고의 방향과 초점, 구체적인 사례 등을 일목요연하게 정리한다. 미국에서는 저자에게 보내는 원고 검토 소견서 또는 개고 의견서를 원고(manuscript) 맨 위에 겉장으로 덧붙여 보내는 관례에 따라 'editor's cover letter'라 부른다. 이 서신은 저자와 편집자 관계에서 매우 중요한 역할을 한다. 원고에 대한 편집자의 자세와 안목, 역량, 감각을 모두 직접 엿볼 수 있는 서신이어서 편집자의 각별한 주의가 필요하다. 이메일로 전할 때도 정확하게 기술했는지 점검한 후에 발송하고, 필요하면 발행인과 편집장, 편집자 등에게 참조로 발송하여 내용을 공유한다.

처음부터 대충 쓰지 말고 정확하면서도 대상을 고려하여 전문가답게 쓰는 습관을 들여야 한다. 경험이 부족하다면 편집장의 검토를 거쳐 도움을 얻는다. 물론 관련 서신이나 이메일은 저자 파일 또는 신간 파일에 추가하여 보관한다.

탈고 과정 관리에 대한 짧은 조언

– '좋다. 지루하다. 별로다.' 원고를 읽고 이런 식으로 메모하지 마라. 특히 출간할 원고에 대해 별표를 매기는 건 편집자가 할 일이 아니다.

– 먼저 원고의 특징, 그 속에 담긴 저자만의 개성을 파악한다. 문장의 교정은 차후의 문제다. 독자의 눈으로 원고의 특징과 매력을 찾고, 이를 좀 더 극적으로 편집하기 위한 다양한 방법과 추가적인 노력을 떠올린다.

– '대중적으로 읽히는 글'을 강조하지 마라. 독자는 '쉽고 친절한 글'보다 '깊고 탄탄한 글'에 더 깊은 신뢰를 보낸다.

– 모든 원고는 책의 관점에서 검토하고 의견을 정리해야 한다. 원고를 통해 책의 모든 것을 그리고, 그 눈으로 조언할 수 있을 때 편집자의 이름으로 저자와 소통할 수 있다.

– 편집자는 다루는 분야에 관해 폭넓은 사전 지식과 이해를 갖추어야 한다. 때로는 전문가의 적절한 도움과 조언을 구할 수 있는 인적 네트워크가 필요하다.

– 원고는 인내심 있는 관리에서 나온다. 저자의 집필 특성과 환경

을 이해하는 인내가 필요하다. 그다음에는 창작 과정에 대한 이해가 필요하다. 경험 많은 편집자라도 간혹 힘든 창작 과정을 잊을 때가 있다.

수준 미달의 원고

원고를 입수하는 과정에서 발생하는 최악의 상황은 기대에 미치지 못하는 원고, 즉 수준 미달의 원고다. 단독 저자의 원고는 대체로 기존 저서나 초고 일부를 검토한 후 계약하므로 수준 이하의 원고를 예방할 수 있다. 문제는 여러 명의 저자가 참여할 때 주로 발생한다.

새로운 세기를 맞이하는 특별 기획으로 실력과 인지도를 갖춘 필자 33명에게 원고를 청탁했다. 일정한 수준을 요구하는 기획이어서 필자의 선정과 청탁, 원고의 검토, 수정, 선별, 머리말 작성 등의 역할을 담당하는 세 명의 편집위원을 선정했다. 문제는 편집위원 모두가 인정한 필자의 원고에서 발생했다. 편집위원의 수정 제안을 거쳤어도 싣기 힘든 원고였다. 원고 청탁서에 밝혀둔 대로 담당 편집위원이 그 사정을 필자에게 설명한 후 싣지 않았다. 물론 원고료는 지급했다. 담당 편집자와 출판사에서는 할 일을 다 했다고 생각했지만, 곤란한 사태는 책이 나온 후에 발생했다. 수준 미달로 반려한 원고의 필자가 거세게 항의한 것이다. 확인해보니 원고를 반환하는 과정에서 소통이 부족했다. 필자는 "수정할 만큼 했으니 나오는 줄 알았다" 하고, 담당 편집위원은 전화로 "게재 불가를 전했다"고 했다. 뒤처리로 한동안 골머리를 앓았고, 그 필자와의 관계는 오랫동안 소원했다.

편집자는 이와 유사한 상황에 자주 직면한다. 수준 미달의 원고는 원칙적으로 싣지 않아야 한다. 문제는 철저한 예방과 원만한 소통과 처리다. 앞의 사례에서는 이를 예방하기 위해 편집위원을 두고 원고 선별과 처리 문제를 위임했다. 청탁서에도 "편집위원의 검토와 논의를 거쳐 편집 방향과 맞지 않거나 일정 수준에 도달하지 않은 원고는 게재하지 않을 수 있으며, 이 경우 원고를 반환하고 원고료는 지급합니다. 이 점을 이해해주시기 바랍니다."라고 명시했다. 일정한 안목과 권위를 가진 편집위원일지라도 원고의 수정 제안, 특히 반려는 난처한 일이어서 원만한 소통과 처리가 쉽지 않다.

수준 미달의 원고에 관한 한 정답은 없다. 보장할 수 있는 적합한 필자의 선정만이 최선의 예방이다. 권위와 안목, 원만한 관리와 처리 역량을 지닌 편집위원이나 편집자의 선정 역시 하나의 방편이다. 수정 제안이나 반려 등에 대해서는 미리 그 사실과 방침을 충분히 설명하고, 그 처리도 청탁의 과정만큼 예의를 갖추고 한다. 업무적인 거절의 답신은 말이 아니라 서신이 훨씬 정확하고, 근거를 남길 수 있어서 좋다.

실제 현장에서는 수준 미달의 원고를 어쩔 수 없이 편집해야 할 때도 있다. 이때는 저자와의 협의가 꼭 필요하다. 먼저 정확하게 조언하고 동료들과 상의한다. 원고의 빈구석을 편집의 영역에서 적절하게 채우는 노력이 필요하다. 개발의 수준과 목표를 수정해야 할 때도 있다. 개정을 기약하는 것도 하나의 방편이다.

거리 두기와 책의 구상

편집자는 훌륭한 저자, 훌륭한 원고를 만났다고 호들갑을 떨지 않는다. 기대 이상의 원고를 읽었을 때 느끼는 흥분과 떨림은 책에 대한 열정과 헌신으로 이어져야 한다. 원고와 책은 다르다는 말은 원고의 가치를 깎아내리기 위한 것이 아니라 편집자의 역할을 강조하기 위한 것이다.

훌륭한 원고일수록 원고와 일정한 거리를 두는 과정이 필요하다. 편집자가 원고에 한껏 감동했다고 모두 좋은 책으로 선보이는 것은 아니다. 종종 원고는 좋은데 편집이 부적절한 때도 있다. 어울리지 않은 옷을 입은 것처럼 어색한 편집, 여름에 두꺼운 외투를 걸친 것처럼 답답한 편집도 있다. 편집은 독자가 자연스레 본문에 빠지도록 유도하기 위한 것이다. 그러기 위해서는 편집자가 원고에서 빠져나와 일정한 거리를 두고 독자의 시선으로 다시 볼 수 있어야 한다. 훌륭한 원고가 그만큼의 가치를 다하는 훌륭한 책으로 태어나려면 초고에서 탈고까지, 즉 최종 원고가 편집의 단계에 들어가기 전까지 편집자는 다양한 거리 두기와 '저자-원고-책-독자-독자 환경'의 시선으로 책의 구체적인 상을 그려야 한다. 책을 가장 정확하고 매력적으로 설명하는 단 하나의 단어는 무엇인가? 가장 짧은 묘사, 단 한 줄의 문장은 무엇인가? 2019년 기준으로 연간 6만 5,000종이 넘는 신간이 발행되어 하루 평균 170종 이상의 신간이 쏟아지는 서점 환경에서 이 책의 특징과 장점을 한눈에 드러내는 표지, 장정, 제목, 부제는 무엇인가?

독자의 언어, 서점의 언어, 독서 환경에서 사용하는 언어로 메모하고, 틈만 나면 고쳐 쓰고, 다시 생각하는 과정을 반복한다. "더 고민하는 건 시간 낭비일 뿐이야." 자신이 그리는 책이 이렇게 이야기할 때까지 고치고 또 생각하는 과정을 반복해야 한다.

놓치기 쉬운 결정적인 실수

– 투고의 처리를 습관적으로 미루지 마라. 5~7년 차 편집자들은 '원고는 꼼꼼하게 읽어야 한다'는 강박감이 있다. 처음에는 투고 검토에 필요 이상의 시간을 쓰다가 급한 업무 때문에 미루기 시작한다. 나중에는 습관적으로 미룬다. 어느 날 검토해야 할 원고가 산더미처럼 쌓인 사실을 깨닫는다. 주말마다 집으로 싸안고 가지만, 스트레스만 늘 뿐이다.

– 편집주간 시절, 1년에 700편이 넘는 투고를 받기도 했다. 그 가운데 절반 이상은 '꼭 사장이나 편집장의 검토를 요청함' 또는 내 이름을 명시해 '직접 검토 요망'이라는 조건을 단 원고들이었다. 그 원고들을 혼자서 정밀하게 읽었다면 1년에 200일쯤은 그 일에만 전념해야 했을 것이다.

– 출판사의 편집 방향에 맞는 신간 기획의 흐름을 이끄는 편집장은 투고를 검토하는 업무에서 벗어나야 한다. 미국에서는 수습 편집자가, 영국에서는 보조 편집자나 편집자의 비서가, 일본에서는 5~7년 차 대리급 편집자가 투고를 처리한다. 한국은 1990년대 이전에는 상

당 부분 방치했다. 편집자도 적었고, 발행인과 편집장이 투고를 일일이 읽고 답장을 보내주는 일도 쉽지 않았다. 1990년대에 들어서 투고 관리 업무를 편집장 이하 편집자와 수습 편집자가 맡기 시작하면서 처리 속도가 빨라졌다.

– 한 출판사만이 아니라 출판계 전체가 투고를 좀 더 빠르게 판단하고 처리해야 한다. 적임자를 더 빨리 찾게 해주는 효과가 있다. 간결한 업무 처리 덕분에 덜 상처받은 투고자들이 더 빨리 더 많은 출판사를 찾아다닐 수 있는 환경이 만들어지면 여러 차례 퇴짜 맞은 원고가 베스트셀러가 되는 사례가 잦아진다.

– 원고는 제짝을 만나야 빛을 발한다. 편집 방향이 맞지 않으면 과감하게 맞는 출판사에 기회를 열어주어야 한다. 출판사의 분야나 주제, 성격, 편집 방향과 맞아야 제 안목을 갖고 판단하고, 그만큼 열정과 공력을 들인다. 내 떡이 아니면 빨리 옆집을 찾아가도록 도와줘라. 그것이 출판의 도리다. 퇴짜를 놓은 원고가 다른 출판사에서 나와 베스트셀러가 되는 사례도 많다. 이때 편집자에게 비난의 시선을 보내지 마라. 임자를 만났다고 생각하라. 출판의 순리다.

– 출간 예정 원고를 검토할 때 점검 사항이나 떠오르는 아이디어의 메모를 검토 이후로 미루지 않는다. 미루면 잊거나 빠트린다. 원고, 연필, 메모지 그리고 컴퓨터를 켜고 해당 파일을 만들어 검토와 기록을 동시에 한다. 원고를 읽다가 결정적인 제목이 떠오를 때가 있다. 바로 적어두지 않으면 사라져버린다. 인상적인 대목, 매력적인 장면도

표시해두고 별도로 정리하면 좋다.

– 최소한 30분에서 한 시간 정도의 집중적인 원고 검토가 필요한 작업은 아무런 방해를 받지 않는 환경에서 해야 효과적이다. 자신의 책상이나 컴퓨터 메신저 창 등 눈에 띄는 곳에 '원고 검토 중'이라는 푯말을 걸고 휴대전화를 끄고 전화나 키폰의 사용을 미루어달라고 요청한다. 출판사의 작은 회의실 출입문에 '회의 중'과 함께 '원고 검토 중'을 표시해두고 이용할 수 있도록 하거나, 아예 적절한 '원고 검토용 공간'을 만들어주어도 좋을 것이다.

– 대화나 논쟁을 듣다 보면 같은 말을 서로 다른 개념으로 생각하여 논의의 초점이 빗나가는 때가 종종 있다. 실례로 세계적인 역사학자들이 모인 토론회에서 역사 앞에 'international', 'transnational', 'global' 등의 형용사를 붙여 정확한 설명 없이 사용하여 청중이 헷갈렸다. 글도 마찬가지의 사례가 자주 발생한다. 저자는 이미 알고 있지만 본문 어디에서도 그 개념에 관해 정확히 기술하지 않은 채 모호하게 사용하는 때도 있다. 멋스럽게 글을 쓰는 저자일수록 이런 경우가 잦다. 주저하지 말고 저자에게 묻고 수정을 제안한다.

절대 하지 말아야 할 것

– 편집자는 저자가 아니다. 수준 이하의 원고일지라도 원칙적인 교정, 저자와 합의한 범위의 교열이나 윤문을 넘어 새로 쓰지는 말아

야 한다. 번역도 마찬가지다. 원고가 수준 미달이라면 저자나 번역자를 교체한다. 어쩔 수 없는 경우라면 머리말이나 편집자 주를 통해 고쳐 쓴 이와 그 과정을 반드시 밝혀준다.

– 단지 잘 쓴 글, 규범에 맞춘 글, 그럴싸하게 포장한 글로 저자의 개성을 가두지 마라. 교과서나 참고서 등 형식과 구성, 문체 등이 정해져 있는 경우나 여러 저자가 글의 분량과 형식 등을 통일해 집필하는 경우가 아니라면 원고의 특징을 살릴 수 있게 이끌어야 한다. 편집자는 원고를 읽으며 저자의 목소리를 들을 수 있어야 한다. 소설가만이 아니라 움베르토 에코, 루쉰, 신영복, 전혜린의 에세이는 완전히 다르다. 편집자는 저자와 함께 원고의 특징이나 매력을 살리기 위해 오랜 농사꾼의 살아 있는 매뉴얼로 잡초를 뽑고 거름을 주어야 한다.

– 저자와 편집자 사이에 의견이 충돌하거나 갈등이 생겼을 때 편집장이나 사장이 조정이나 중재를 나서야 할 때도 있다. 대개 상사의 위치에 있는 사람이 갈등을 중재한다. 이때 중재자는 저자 앞에서 편집자를 나무라서도 편집자 앞에서 저자를 비난해서도 안 된다. 다시 신뢰하며 작업해야 할 두 사람을 먼저 배려해 각자의 의견을 따로 듣고 적절한 협상자의 역할로 지원한다.

현장에서 쓴 편집자 노트

– "사장님 계십니까?" 1990년대 중반까지만 해도 말 그대로 원고

보따리를 들고 출판사에 불쑥 찾아오는 필자가 간혹 있었다. 당연히 사장이나 편집장이 이들을 맞았는데, 아무리 바쁜 업무가 있어도 보따리를 풀고 자신의 육필 원고가 얼마나 훌륭한 역작인지 일장 연설하는 필자의 말에 귀를 기울여야 했다.

– 보통 1,000매가 넘고, 때로는 수천 매에 달하는 200자 원고지의 육필 원고는 지금의 파일이나 프린트 원고와 달리 읽는 데만도 몇 배의 시간이 걸렸다. 사실 그보다 더 힘들었던 것은 한 장의 분실이나 훼손 없이 고스란히 같은 보자기에 묶어 다시 만나 전해주는 일이었다. 때로는 보따리를 받으며 들었던 설명보다 더 긴 훈계나 질문 공세에 시달리기도 했다.

– 어느 편집장은 외부에서 만나 받은 육필 원고 보따리를 전철에 두고 내려 불행히도 되찾지 못했다. 결국 두 달 치 월급을 배상해서 겨우 소송을 면했다. 만화 투고를 분실한 한 편집자는 몇 달 동안 분쟁과 소송에 시달렸고, 결국 회사를 떠나야 했다.

– 육필 원고와 관련해 자책한 경험이 두 번 있다. 편집주간 시절, 노인 한 분이 원고 보따리를 들고 나를 찾아왔다. 양심수로 대전교도소에서 복역 중이던 시절, 서로 이웃 사동에 살면서 운동할 때마다 철장 너머로 인사하며 지냈던 비전향 장기수 출신 선생님이었다. 원고를 읽고 고민스러웠다. 가치는 있으나 완성도는 많이 떨어졌다. 보름간 고민하고 장문의 편지와 함께 원고를 돌려드렸다. 얼마 후 그분은 북한으로 송환되어 더는 만날 수 없게 되었다. '그때 왜 출간해드리지

못했을까?' 여러 차례 미안하고 자책하며 후회했다.

또 하나는 해외에서 온 육필 원고였다. 1993년 겨울로 기억한다. 1년에 서너 차례 재외교포에게서 장문의 서신과 함께 원고 소포를 받던 시절이었는데, 이 원고는 특별했다. 몇 장의 사진, 일기, 서신 등 하나밖에 없는 원본 자료가 육필 원고에 끼워져 있었다. 1970년대에 독일로 떠난 어느 광부가 20년 동안의 삶을 아주 사실적으로 정리한 기록이었는데, 출판하기는 쉽지 않은 자료여서 몇 차례 서신을 주고받다 연락이 끊겨 원본을 반환하지 못했다.

몇 년 후, 출판사를 떠나며 묵은 서류들을 정리하다가 그 원고 뭉치를 발견했다. 정수리를 얻어맞은 충격이었다. 원고를 반송하기 위해 이전 주소로 서신을 보냈지만 답장이 없었다. 지금도 가끔 그 원고가 기억난다. '그분은 살아 계실까? 주소라도 적어두었어야 했는데.' 나의 실수로 빛도 보지 못하고 원고조차 돌려받지 못한 그분을 생각하면 아직도 뼈아픈 자책감에 시달린다.

— 내 경우에는 1997년부터 육필 원고의 방문과 투고가 사라졌다. 다만 컴퓨터 바이러스로 인한 원고 파일의 유실 사례가 간혹 등장했다. 춘천 출장을 갈 때마다 방문했고, 소설도 출간한 경험이 있는 어느 소설가의 실제 사례다. 컴퓨터 바이러스로 원고 파일 모두가 손상을 입었다. 신작 장편소설의 탈고를 앞둔 시점이었다. 하늘이 노랗게 보였을 것이다. 전문가를 다 찾아다녔지만 결국 복구하지 못했다. 몇 달을 마음고생하며 술로 달랬다. 작가는 이후 집필 중간에 파일을 복사하고 인쇄하는 일에 강박적인 습관이 붙었다.

거의 모든 투고가 파일로 오는 요즘에는 편해졌지만, 여전히 아주 간혹 이런 저자가 있다. "보내준 내 원고 파일을 왜 반송하지 않느냐?" "원고 파일이 출판사 관리 소홀로 유출되면 책임질 수 있느냐?"

– 예나 지금이나 원고는 육필이든 파일이든 가장 안전하고 정확하게 보관하고, 지속해서 보호·관리하는 일이 저자나 편집자 모두에게 가장 중요하다. 초고, 탈고, 초교, 재교, 최종본의 파일은 별도로 보관해두어야 한다.

– 대부분의 독자나 편집자 지망생은 편집자가 '하늘에서 떨어진 원고'를 손에 쥐면서 일이 시작되는 줄 안다. 그러나 100명 중 99명의 저자와 원고 없이 작업을 시작한다. 때로는 저자와 무심코 나눈 '단 하나의 단어'나 몇 달 전에 기고한 '8매의 글'에서 시작하기도 한다. 내가 만난 1,000여 명의 저자 가운데 '거의 완전한 원고'로 말문을 연 저자는 딱 한 명이었다.

– 수십, 수백 종의 책을 펴내다 보면, 어느 날 초고를 읽으며 '완성된 책'과 서점에서 이 책을 집어 든 '독자의 표정'이 떠오르는 경험을 하게 된다.

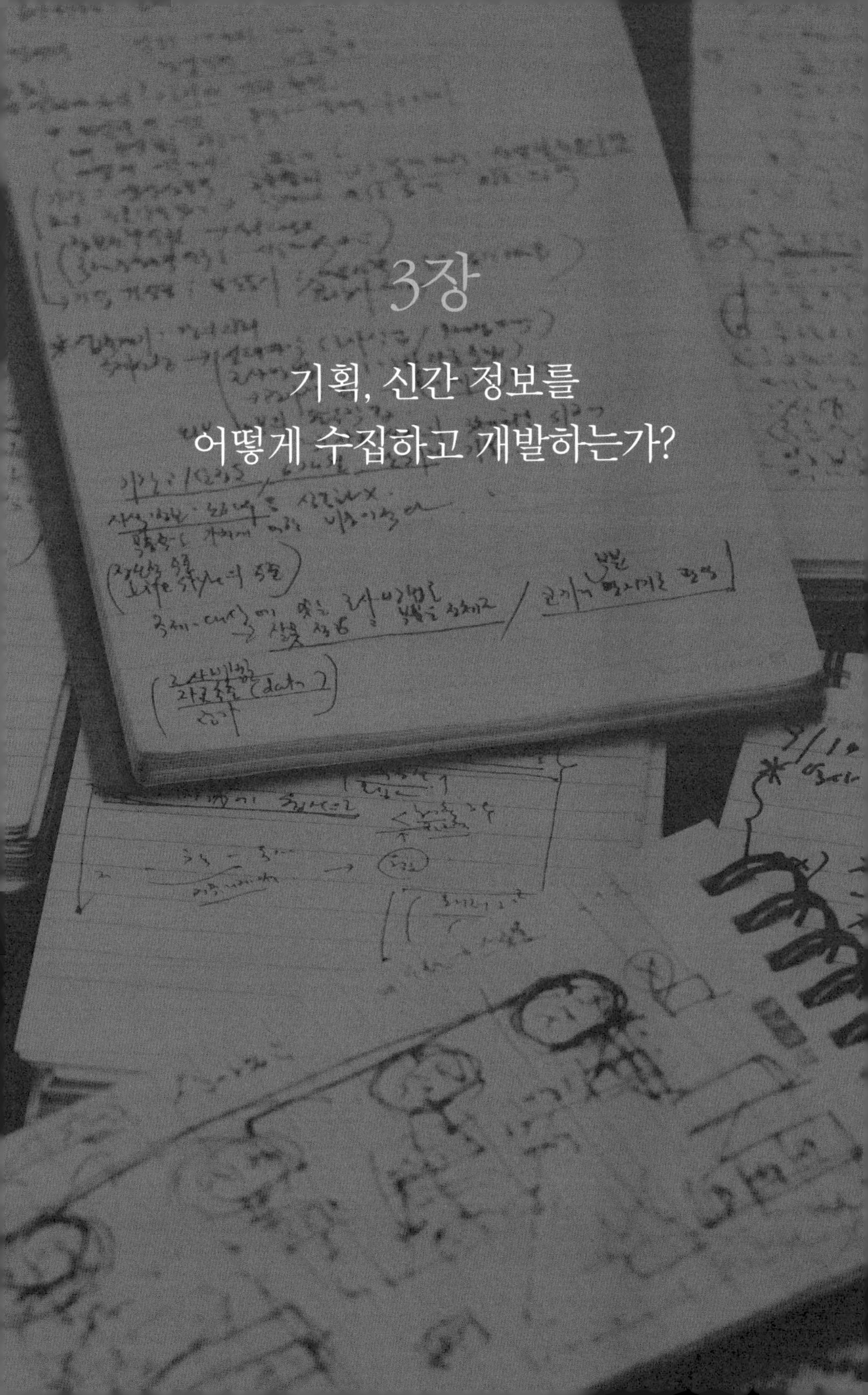

3장

기획, 신간 정보를 어떻게 수집하고 개발하는가?

우수한 신간을 끊임없이 펴내는 출판사는 남다른 기획 및 편집 역량을 가진 인력과 좋은 기획 시스템과 환경을 갖고 있다. 어떻게 하면 기획 역량을 키울 수 있을까? 남다른 기획 시스템과 환경을 어떻게 만들까? 기획을 담당한 편집자는 밭을 가는 농부와 같다. 먼저 땅을 갈고 기름지도록 공을 들인다. 기획 정보와 아이디어를 왕성하게 수집하고 공유하여 활발하게 논의한다.

어떤 책을 낼 것인가? 아이디어를 신간 기획에 한정하지 마라. 좋은 책을 펴내는 데 필요한 모든 창조적인 생각이 싹트고 꽃피는 토질과 공기, 환경을 만들어야 한다. 편집자는 출판사 안팎으로 부지런히 오가며 잡초를 뽑고 거름을 주며 창조적인 생각을 활발하게 교류하고, 출판사는 이들에게 양질의 흙과 공기, 햇빛을 제공해야 한다.

베스트셀러 편집자 100명에게 물었다

일본의 격월간지 〈편집회의(編集會議)〉 2000년 12월호에 흥미로운 특집 기사가 실렸다. 1995년부터 2000년까지 종합 베스트셀러 30위 안에 들었던 신간을 기획한 일본의 편집자 100명에게 설문조사를 실시하여 베스트셀러의 탄생 과정과 신간 정보를 얻는 방법을 구체적으로 정리하여 발표했다.

우선 "베스트셀러 기획은 어떻게 시작되었나?"라는 첫 번째 질문의 대표적인 답변을 유형별로 정리했다.

- 저자와 출판사 부사장의 깊은 우정에서 시작됐다. 문학상 수상식 직후에 있었던 자리에서 저자와 부사장이 대화를 나누었다. 그 과정에서 이 책의 기획이 싹텄다.
- TV 특강 프로그램을 시청하면서 '책으로 기획하면 반드시 성공한다'는 확신이 들었다. 바로 저자를 만났다.
- 경쟁사의 성공작을 보고 착안했다. '공간의 정리법'이라 할 수 있는《초정리법(超整理法)》이 크게 성공하자, 다음은 '시간의 정리법'이 꼭 필요하다고 생각해서 저자에게 제안했다.
- 기존 컴퓨터 해설서는 그래픽이 많은 컴퓨터의 조작법을 문자를 중심으로 해설하고 있어서 독자들이 불편을 느낀다는 점에 착안했다. 생각을 바꾸어 컴퓨터 화면을 종이에 어떻게 재현하여 좀 더 쉽고 생생하게 조작법을 익힐 수 있을지 고민했고, 그것이《할 수 있다! 윈도우 95》를 낳았다. 이 책으로 컴퓨터 안내서의 새로운 붐이 일어났고, 이를 계기로 연작물로 확장, 대중적인 폭발력으로 널리 퍼졌다.
- 저자와 차를 마시며 이야기를 듣다가 감명을 받았다. 책으로 쓰면 화제작이 될 것이라는 확신이 들었다.
- 알고 지내던 어느 경영 컨설턴트와 대화를 나누다 "주목할 만한 의사가 있는데, 플러스 발상이 몸과 마음에 최고의 보약이라는 사실을 의학적이고 과학적으로 아주 명쾌하게 설명하는 의사"라는 말을 듣고 바로 인터뷰했다. 취재해보니 열정적인 실천가이자

명쾌한 이론가여서 특별한 관심을 가지고 기획에 착수했다. 당시 저자가 무명이어서 저자의 이론을 인지도가 높은 지면에 먼저 싣고, 몇 개월 후에 저서를 내는 길을 선택했다.

- 해외에 있는 친구가 정보를 주었다. 해외에서 호평을 받고 있어서 출간을 결정했다.
- 당시 세계적으로 가장 주목받고 있던 빌 게이츠가 처음으로 자기의 책을 출간할 것이라는 이야기를 들었다. 정식으로 여러 출판사에서 신청서를 넣었는데, 사장이 빌 게이츠와 개인적으로 친한 사이여서 우리 출판사에서 번역해 출간하기로 했다. 우리 출판사 사장은 일본에서 유일하게 빌 게이츠의 결혼식에도 초대받은 사람이다.

이어서 "기획 정보는 주로 어디에서 얻는가? 기획 정보원 베스트 3을 적어라"라는 물음에 대한 편집자의 답변을 추렸다. 앞의 답변과 마찬가지로 '사람으로부터 얻은 정보', '남다른 인간관계로 시작한 기획 정보'가 가장 많았다.

- 편집자가 관심이 있는 특정 분야와 화제에 관해서 정통한 사람을 만나 의견을 듣다 보면 전체를 파악하고 그리는 안목을 배울 수 있다.
- 믿을 만한 지인들과의 네트워크를 통해 기획거리를 발견한다.
- 두 살 난 딸, 일곱 살짜리 조카, 고등학교 2학년 아들 등 가족도 중요한 기획 정보원의 역할을 한다.
- 이메일이나 팩스, 전화 통화도 중요하다. 결국 사람이 사람을 소

개한다.

- 특별한 사람들과의 만남, 특히 술자리에서 실속 있는 기획 정보를 얻는다.
- 기획 관련 분야와 주제를 다룬 책이나 잡지를 읽으며 메모한다.
- 신문이나 라디오, TV 등 일상에서 보고 듣는 대중매체를 통해 얻는다.
- 인터넷, 특히 아마존이나 웹사이트, 웹 게시판 등에서 기획 정보를 얻는다.
- 번역서의 경우, 해외 출판사의 카탈로그, 에이전시에서 제공하는 정보, 번역자의 소개, 해외 스카우터가 전하는 정보, 해외 출판 정보지, 잡지, 인터넷 등의 순서로 정보를 얻는다.
- 백화점이나 편의점에서, 혹은 길을 걷다가 떠오른 착상이 기획으로 이어진다.
- 편집자의 일상 활동 전부가 기획 정보원이다.

'기획의 감각'은 어떻게 성장하는가?

1972년, 런던의 한 출판사에 편집 비서로 입사하여 영국 최고의 지성으로 손꼽히는 루트리지의 출판부장을 거친 질 데이비스는 저서《출판 기획, 원고의 의뢰와 입수》에서 기획을 담당하는 편집자가 신간 기획의 정보를 얻는 경로와 방법에 관해 기술했다. 1990년에 여성 편집자로는 최초로 영국출판협회 학술 부문 의장으로 선출된 후 옥스퍼드 브룩스대학과 런던시립대학, 출판교육센터에서 출판 기획과 편집을 가르치는 그녀의 저서와 강의는 아직도 영국 편집자들이 현장의 지침으로 삼고 있어 그 주요 대목을 소개한다.

질 데이비스는 편집자가 새로운 책을 기획할 때 "출판사의 출판 방향과 모든 조건", 그리고 신간들이 마주하게 될 "출판 시장의 모든 조건과 사정"을 "지속해서 고려하지 않으면 심각한 상황과 결과"에 부딪힐 수 있다고 경고하면서 다음과 같은 활동을 통해 "출판을 위한 신간 기획을 심사하고 판단하는 눈, 감각을 쉬지 않고 개발하라"고 조언한다.

- 학술지, 전문지, 대중지, 신문, 잡지를 읽는다.
- 일간지나 서평지 등의 서평을 읽는다.
- 다른 출판사의 도서 목록을 자세히 검토한다.
- 라디오와 TV의 관련 프로그램을 듣고 시청한다.
- 저자들이 모이는 각종 학술회의에 참가한다.
- 작가들이 모이는 문학 행사나 강연, 시독회 등에 참여한다.
- 대학이나 학교, 단체, 기관의 저자들을 방문한다.
- 전문가들과 정기적으로 연락한다.
- 저작권 에이전트와 정기적으로 접촉한다.
- 정기적으로 서점에 가서 신간을 검토하고 시장조사를 한다.
- 마케팅 담당자와 함께 서점을 방문하여 그곳 담당자들의 의견을 듣는다.

(《출판 기획, 원고의 의뢰와 입수》, 루트리지, 2007, p. 17.)

신간 정보를 어떻게 수집하는가?

일본과 영국의 두 사례를 먼저 구체적으로 소개한 이유가 있다. 강의할 때마다 사례를 들어 충분히 설명해도, "기획을 잘하려면 어떻게 해야 하죠?" 같은 질문이 끊이지 않기 때문이다. '그거 말고 다른, 좀 더 빠르고 분명한' 기획의 비결을 원하는가? 무언가 말하지 않은 출판 기획의 비밀스러운 '블랙박스'의 뚜껑을 열고 싶은가?

좁은 의미의 편집, 즉 탈고한 원고를 만지기 시작하는 편집자에게 가장 중요한 것은 편집의 기초를 실전에서 익히는 것이다. 그 과정을 아주 깊게 경험하면서 편집의 감각이 성장한다. 이유 있는 편집의 과정을 경험해야 막연한 감이나 포장하고 치장하는 감각이 아니라 원고의 특징을 살리는, 읽는 책을 향한 전문가의 오감을 키울 수 있다.

넓은 의미의 편집, 즉 원고의 탄생과 탈고를 담당하는 편집자에게 가장 중요한 것도 기획의 기초를 실전에서 익히는 것이다. 그 과정에서 기획의 감각이 성장한다. 기획은 책의 탄생 이유를 정확하게 설명하는 것으로 시작한다. 왜 이 책을 이 출판사에서 지금 출간하는가? 이에 대해 독자의 언어로 주저 없이 명확하게 설명해야 한다. 신간 정보를 수집하는 것은 기획 활동의 기초다. 많이 읽고 만나고 들으면서 지식과 인간관계의 넓이와 깊이를 다져야 한다. 신간 정보를 수집하는 활동과 관련한 기획 활동의 기초를 정리한다.

저자가 쓴 것을 읽는다

출판하고자 하는 부문이나 주제와 관련한 주요 저자들의 저서를 읽는다. 검토할 저서를 '출판사의 저자'나 '섭외할 저자'에 한정하지 마라. 폭넓게 읽고, 책은 물론 학술지와 대중지 등 관련 저널을 읽으면서 관심 분야의 흐름과 지식, 정보를 얻고 주목할 만한 저자들을 점검한다.

푸른숲의 자회사로 푸른역사를 만들 때 주간을 겸임하며 역사 분야의 주요 저서와 저널을 검토하는 일부터 시작했다. 이미 출간된《당쟁으로 보는 조선 역사》(이덕일)에 대한 검토는《사도세자의 고백》의 출간으로 이어졌다. 이미 출간된 도서를 검토하는 과정에서 드러난 저자의 집필 역량은 편집이나 독자의 반응에 비해 뛰어났다. 저자를 직접 만나보니 열정도 대단했다. 그래서 몇 차례의 개고 과정을 거쳐 출간한《사도세자의 고백》은 당시 역사 교양서의 새로운 전범으로 평가받았다.

〈역사비평〉을 검토하며 만난 저자는《영조와 정조의 나라》(박광용)의 원고를 선사했다. 연재 글은 드라마나 소설 등에 나타난 역사 인식이었으나, 이를 계기로 필자의 집필 계획을 들을 수 있었고, 이는 역작의 편집으로 이어졌다.《18세기 조선 지식인의 발견》(정민)은 학술 논문에서,《벽광나치오》(안대회)는 〈월간 신동아〉의 연재에서 시작했다.《식탁 위의 한국사》(주영하)는 〈경향신문〉,《고려사의 재발견》(박종기)은 〈중앙선데이〉의 연재에서 시작했고,《코로나 시대의 페미니즘》은 〈한겨레〉와 〈한국일보〉의 연재 글에 추가 원고를 더해 13명의 공저로 탄생했다.

교양서만이 아니다. 경제경영서인《오늘 눈부신 하루를 위하여》,《마흔세 살에 다시 시작하다》,《코리아니티》(구본형) 3종은 저자의 첫 저서인《익숙한 것과의 결별》에서 시작했다. 첫 책을 감명 깊게 읽은 수많은 편집자 가운데 10여 명이 그를 찾았다. 나도 그중 한 명이었다. 비록 당시에는 다음 저서를 두고 벌어진 몇몇 출판사의 경쟁에서 탈락했지만, 그 인연으로 2년 후에 그의 신간 3종을 연이어 출간하는 행운을 안았다.

각종 저서와 자료를 정기적으로 검토할 수 있는 기획의 웹 네트워크를 만든다. 국내외 서점, 학교, 연구소, 공공기관의 도서관, 학술 및 전문 단체나 조직, 저널 발행 기관이나 저널, 저자와 작가의 조직이나 커뮤니티 등 인터넷 환경 덕으로 편집자는 컴퓨터로 이 모든 것과 언제든지 만날 수 있다. 또한 관련 저널을 비롯한 정기, 부정기 간행물을 한꺼번에 볼 수 있는 도서관에 단골 자리를 만든다. 한 달에 한두 번쯤은 학위논문을 쓰는 젊은 연구자처럼 출판사나 집에서 가까운 도서관에 파묻혀도 좋다.

2000년대에 들어서면서 기존 매체와 더불어 블로그, 트위터, 페이스북 등 소셜네크워크서비스(SNS) 미디어를 통해 저자나 기획 정보를 검색하는 사례가 급격히 늘었다. 2018년 6월에 출간되어 젊은 세대의 입소문을 타고 종합 베스트셀러에 오른《죽고 싶지만 떡볶이는 먹고 싶어》(백세희)는 2011년에 설립된 크라우드 펀딩 플랫폼인 텀블벅에서 시작했다. 1,292명의 후원으로 2,000만 원을 모으는 데 성공한 이 프로젝트가 전국의 동네 서점은 물론이고, 주요 대형 서점의 종합 베스트셀러 1위를 차지하며 화제의 중심에 설 수 있었던 것은 바로 저자와 편집자의 남다른 소통 덕이었다.

저자가 강의하고 토론하는 것을 듣는다

저자들이 참석하는 학술회의나 토론회, 정기 강의, 특강, 시상식, 독자와의 만남 등은 저자를 직접 만나 대화를 나누고 인연을 쌓는 기획의 현장이다. 이들의 강의를 듣고, 질문하고, 함께 토론하며, 별도의 만남이나 취재, 인터뷰를 제안한다. 특히 주목할 만한 강의는 책의 중요한 원천이다. 휴머니스트에서는 저자와의 긴밀한 파트너십을 기초로 강의·녹취·구성·집필·탈고의 과정을 제안하여 《노마디즘》 1·2(이진경), 《뇌, 생각의 출현》(박문호) 등 여러 화제작을 출간했다.

주요 저자들이 참가하는 학술회의나 행사 등은 그들을 한꺼번에 만날 좋은 기회이므로 적극적으로 참가하는 것이 좋다. 미국 편집자들은 주로 학술회의 등에서 기획 활동을 한다. 미국에서는 전문 분야별로 매년 상당한 규모의 다양한 학술회의가 정기적으로 열린다. 저명한 저자나 학자, 전문가에서 젊은 연구자, 저자 지망생까지 참여한다. 관련 편집자가 대거 몰려들고, 출판사들은 부스를 설치해 관련 서적들을 홍보하고 판매한다. 이는 소설 분야도 마찬가지다.

미국의 저명한 미스터리 편집자인 마이클 세이드먼(Michael Seidman)은 〈'작가들의 협의회'에 편집자와 저자는 왜 참여하고, 무엇을 하는가?(The Editor and the Author at 'the Writer's Conference', Why They go, What They Do)〉라는 기고문에서 "계약을 맺으려면 협의회에 가라"며 편집자가 어떻게 협의회에 참가하고 무엇을 하는지 상세하게 설명한다. 그는 자신의 오랜 경험을 바탕으로 '미리 웹사이트와 경험 있는 편집자를 통해 정보를 모으고, 필기구를 늘 가지고 다니면서 듣고 메모하며, 미리 허락을 받아 주요 강의를 녹음하고, 저자들의 글과 강의는 물론 태도나 성격을 파악하여 기록하고, 사소한 도움이라도 받으면 그날 바로 감사의 이메일을 보내는 편집자의 협의회 참가 행동 수칙'에 관해 노련한 편집자답게 지나칠 정도로 꼼꼼하게 기록했다.(Gerald Gross ed., *Editors on Editing*, Grove Press, 1933, pp. 101-108.)

이런 열정과 정성으로 30년 넘게 매년 10개 이상의 작가협의회에 참가하며 저명한 저자들의 작품을 기획하고 신예 저자들을 발굴한 그는 이 분야 최고의 편집자에게 주는 '미국 미스터리 상(the America Mystery Award as Best Book Editor)'을 받았다.

'책과 사는 사람들'을 취재한다

신간 기획의 정보와 아이디어는 주로 대화에서 얻는다. 지식과 정보가 왕성한 현장, 즉 학계나 교육계, 문단, 연구소의 전문가들은 물론이고 도서관의 사서, 언론사의 기자, 각종 독서 단체의 전문가들은 편집자의 주요 취재원이다.

걸러진 정보, 재가공한 정보, 특별한 정보는 쉽게 드러나지 않는다. 그 분야의 다양한 전문가를 만나는 과정에서 공을 들여야 얻을 수 있다. 일방적으로, 노력 없이 얻으려 하지 마라. 한번은 지인이 찾아와 주간지를 창간한다며 도움을 청했다. 프랑스와 독일, 미국 등 세계의 주목할 만한 기획 기사들을 빠르게 번역하여 편집한 주간지였다. 시장성은 극히 취약했지만, 무보수의 발기인과 편집위원으로 참여하여 지면의 구성과 기획, 편집에 여러 차례 도움을 드렸다. 그때 창간호부터 기획 연재한 '바칼로레아의 질문과 대답'이 《세계의 교양을 읽는다》의 기획으로 이어졌고, 독자의 반응에 힘입어 한국과 미국, 중국 편으로 이어졌다.

전문가들과 만나서 먼저 정보를 주려면 스스로 다양한 지식과 정보를 수집해놓아야 한다. 때로는 관련 서적이나 자료를 지원하는 것도 좋은 방법이다. 그들과 만나면서 얻는 좋은 정보들을 공유하고 적극적으로 연구하며 취재하라. 주는 만큼, 공을 들인 만큼 얻는다. 언론사

기자들과의 교류도 마찬가지다. 당장 책을 홍보하려고 애쓰기보다 그들의 글을 먼저 읽고 그들의 말을 들어라. 청탁보다 그들을 취재하라. 문화부 기자는 독자의 시선을 대변하는 오피니언 리더다. 그 과정에서 또 하나의 흐름, 시선을 읽을 수 있다.

책과 관련한 모든 전문가에게 유익한 정보를 제공하고 꾸준히 교류하면서 신뢰의 인연을 쌓아야 한다. 관심 영역으로 자연스레 화제를 바꾸거나 주의를 기울여 듣는 대화의 기술도 익혀야 한다. 적절하게 묻고 정리하며 원하는 것을 얻는 취재 기술도 필요하다. 출판 기획은 달걀을 품은 에디슨의 엉뚱한 상상보다 신대륙을 찾아 떠난 콜럼버스의 항해와 같다. 새로운 것을 찾아 만나고 묻고 듣고 배우고 대화하는 과정에서 싹튼다. 알을 품지 말고 찾아 나서라.

독자의 목소리를 듣는다

독자의 목소리를 듣기 위해 안테나를 세워라. 서점은 중요한 채널이다. 주파수를 맞추고 정기적으로 들어야 한다. 독자 서평을 폭넓고 주의 깊게 살펴 읽고, 서점에 가서 독자의 반응을 점검한다. 서점 MD는 독자가 누구이며, 그들이 무엇을 찾고, 어떤 기대와 불만이 있는지 매일 목격한다. 예를 들어 국내 시장의 절반 이상을 차지하고 있는 열 곳의 서점에서 일하는 과학 분야의 담당자 열 명과 연결된 정보망을 가지고 있다고 하자. 그들에게서 한 달에 한 번 국내 과학 출판 시장의 흐름과 정보, 독자의 반응, 기대, 불만, 실망을 듣고 종합하면 수많은 정보와 아이디어가 쌓인다.

독자의 목소리는 혁신적인 신간 아이디어의 텃밭이다. 공들여 펴낸 신간에 대한 독자의 찬사는 편집자에게 최고의 격려다. 그러나 문제작은 독자의 불만에 주의를 기울일 때 싹튼다. 불평은 구체적이며 불만은 근본적이다. 마케팅에서 말하는 독자의 요구사항(reader's needs)을 편집자의 시각으로 정의하면 현재의 독서 시장에 대한 독자의 '불평과 불만의 누적'이다. 이것이 오래 쌓이면 '조금 더 나은'이 아니라 '완전히 새로운', 즉 혁명적인 기획이 필요하다는 암시다. 눈에 보이지 않는 독자의 갈증과 대화하라.

《살아있는 한국사 교과서》는 오랜 갈증의 산물이다. 이 책은 어느 한 사람의 기획이 아니었다. 해방 후 오늘날까지 부분적 개선과 혁신은 있었지만, 국정과 검인정 교과서에 대한 학생과 교사, 학부모의 문제의식은 깊고 오랜 것이었다. 의식 있는 교사들이 10년 이상 이 문제에 대한 대안을 연구했다. 텍스트의 관점, 서술 방식은 물론이고 낡은 검열의 잣대에서 해방된, 전혀 다른 길을 모색했다. 그 결과, 학교 현장 교사들이 직접 쓴 새로운 개념의 대안 교과서가 탄생할 수 있었다. 나는 이를 '위대한 기획 혁명'이라 부른다.

저자도 편집자도 책의 세계에서는 결국 모두 독자다. '시장성이냐, 작품성이냐'라는 낡은 대립이 아니라, '독서의 가치가 충분한 책'의 탄생을 위해 독자와 교감할 수 있어야 한다. 그런 점에서 "작가가 단지 자기 당대만 위해 글을 써야 한다면 나는 펜을 꺾어 던졌을 것이다."라고 한 빅토르 위고의 신념이나, "내가 글을 쓰는 가장 큰 목적은 독자의 마음에 드는 작품을 쓰는 것이다."라는 베르나르 베르베르의 고백은 모두 책의 가치를 드높이는 눈에 보이지 않는 독자와의 교감과 시대정신의 산물이다.

정보와 아이디어는 기획의 시작일 뿐이다

기획은 수많은 아이디어의 창고에서 싹튼다. 3M은 '15퍼센트 법칙(15 percent rule)'이라는 신제품 아이디어 개발 프로그램을 운영한다. 직원 모두가 업무시간의 15퍼센트를 신제품 아이디어 개발에 쓰도록 하고, 이를 관리하는 부서를 만들었다. 출판사의 기획부인 셈이다. 편집자가 즐겨 쓰는 '포스트잇 노트(Post-it note)'는 이 '15퍼센트 법칙'을 통해 평사원이 제안한 아이디어에서 시작했다.

새로운 상품 하나를 시장에 내놓으려면 얼마나 많은 아이디어가 필요할까? 신제품 개발 담당자들의 필독서인 《마케팅의 법칙(Principles of Marketing)》(필립 코틀러, 게리 암스트롱)에 따르면, 일반적으로 "1,000개의 매력적인 아이디어 가운데 100개가 소규모 심사를 받을 만한 상업적 가능성이 있고, 그 가운데 10개만 실질적인 개발 단계에 들어가며, 최종적으로 1~2개만 상품화 단계"에 이른다. 그래서 이 책에서는 신상품 개발자가 "소비자를 매료시킬 만한 아이디어를 찾았다면, 경쟁자들을 물리치고 투자자의 심장을 두근거리게 만들기 위해 수천 가지의 창조적인 아이디어로 이를 발전시켜야 한다"고 강조한다.(프렌티스홀, 2006, p. 260.)

출판 기획도 마찬가지다. 한 사람의 저자와 계약하기 위해서는 수십 명의 저자와 전문가를 만나고, 그 이상의 책들을 검토해야 한다. 그 과정에서 수백 가지의 아이디어를 메모한다. 출판계약을 체결한 후에도 개발과 편집, 제작까지 수천 개의 아이디어가 필요하다. 따라서 아이디어 한두 개에 호들갑을 떨거나 몇 번의 섭외 실패로 주눅들 필요는 없다. 대략 1년에 20종씩, 10년 동안 200종을 펴낸다면 수천 종의 신간 아이디어를 기획 창고에 차곡차곡 저장해두어야 한다.

신간 아이디어가 많다고 유능한 편집자는 아니다. 이를 선별하는 안목, 개발로 옮기는 실천 과정이 더 중요하다. 간혹 아이디어가 풍부한 사람들을 기획위원으로 조직하여 운영하는 출판사도 있다. 특정한 목적을 위해 전문가들로 구성한 편집위원회와 달리 기획회의는 실제 기획을 담당하는 편집자가 이끌어야 한다. 실무 경험이 부족한 기획위원들이 '이런 거 내면 대박날 것 같다'며 내놓은 아이디어들을 기획의 필터로 걸러내면 남는 것이 없는 경우가 많다. 설혹 쓸 만한 아이디어라 해도 책으로 가는 과정에는 수천 가지의 일을 보태야 한다.

정보의 수집과 착상을 포함하여 아이디어 발상(Idea Generation)으로 시작된 수천 개의 신간 아이디어는 우선 선별 작업(Idea Screening)을 거친다. 이 과정에서 걸러진 아이디어는 핵심 요소 개발(Concept Development)과 편집회의 상정으로 발전한다. 핵심 요소 개발은 신간 기획안 또는 신간 제안서로 정리하고, 이를 기초로 편집회의에서 발표하여 의견을 모은다. 그리고 편집회의의 의견을 종합하여 결재 과정을 거친 후 발행인의 최종 재가를 받는다.

아이디어를 선별하는 다섯 가지 기준

그렇다면 어떤 기준으로 아이디어를 선별하는가? 편집자에게 아이디어 선별 작업은 '기획 활동에 들어갈 것인가?'에 대한 답변과 같다. 설혹 편집자의 심장을 두근거리게 하는 아이템일지라도 선별 작업은 필수다. 기획 활동의 착수는 본격적인 투자의 시작, 즉 비용 지출의 시작을 의미한다. 물론 기획의 착수가 곧 계약을 의미하지는 않는다. 명심하자. 출판 기획에서는 일반적으로 100개의 아이디어 가운데 선별 과정을 거쳐 정리된 열 개의 기획안 중에서 편집회의와 발행인의 재가를 거쳐 계약으로 최종 성사되는 것은 두 개 정도다. 사실 아이디어와 제안이 많을수록, 그리고 채택률이 낮을수록 좋은 출판사일 가능성이 크다.

아이디어 선별 과정에서 편집자는 아이템과 거리를 두고 다음의 다섯 가지 질문의 답을 찾는다.

- 독자에게 유익한가? 사회적으로 유익한가?
- 출판사의 편집 방향에 맞는가?
- 저자의 섭외와 집필이 가능한가?
- 인력과 예산이 가능한가?
- 채산성이 있는가?

나는 이를 '기획 아이디어 선별의 다섯 가지 별표'라 부른다. 기획에 들어가기 전에 노트에 별표 하나를 그려놓고 다섯 꼭짓점을 돌아가며 묻고 점검하는 과정에서 생긴 별칭이다. 다섯 가지는 다시 세 가지로 압축할 수 있다. 삼각형을 그리고 각 꼭짓점에 첫째, 개발 가치(독자·사회·출판사), 둘째, 개발 가능성(저자·인력·예산), 셋째, 채산성(총비용 대비 예상 손익)을 적는다. 이것을 나는 '기획 아이디어 선별의 삼각형'이라고 부른다. 기획을 시작할 때 이 세 가지 기준에 따라 신간 아이디어를 점검하고, 다섯 가지로 확장하여 질문하고 답하는 과정에서 떠오르는 다양한 생각을 메모한다. 출판 기획의 착수는 곧 출판 비즈니스의 시작이다. 편집의 기초, 기획의 기초를 착실하게 다져야 하듯, 기획 활동도 첫 단추부터 제대로 끼워야 한다.

빠지기 쉬운 기획의 함정

앞에서 정리한 기획 활동은 출판의 세계를 여행하는 지도다. 밭을 갈고, 도랑을 파는 농사의 기초다. 기획의 여정에서 무엇인가를 찾으려면 지도만이 아니라 나침반도 가져야 한다. 기획의 텃밭에 씨를 뿌려 수확의 결실을 맛보려면 잡초를 뽑고 병충해를 막는 노력과 지혜가 필요하다. 기획 아이디어를 수집하고 개발하는 과정에서 빠질 수 있는 몇 가지 함정을 정리한다.

'보는 책'의 함정

본문의 원고는 글, 그림, 사진, 도표 등 여러 가지 재료로 구성한다. 이 모든 재료를 구성하는 편집의 기본 원칙은 무엇일까? 그것은 바로 '읽기의 몰입'이다. 읽기의 몰입으로 지적인 체험과 상상을 도와주고, 방해물을 없애는 것은 편집의 기본 중 첫째다.

기획을 과신하면 종종 편집의 기본을 무시하게 된다. 그 가운데 하나가 '보는 책'의 함정에 빠지는 것이다. '보는 책'은 과연 무엇일까? 사진이나 그림의 비중이 많은 책인가? 그럼 본문 전체에서 글보다 사진이나 그림, 도표 등이 더 많은 역사책이나 과학책은 보는 책인가? 글은 읽는 책의 재료이고, 그림은 보는 책의 재료인가? 그렇다면 소설은 읽는 책이고 사진집이나 화집은 보는 책인가? 그림이 본문의 70퍼센트 이상을 차지하는 동화책은 보는 책의 전형적인 사례인가?

드라마나 다큐멘터리, 영화, 공연, 전시회에서 쓰는 '보다', '보러 가자', '볼거리', '볼만한 것'이라는 말을 표피적으로 이해하여 차용한 '보는 책'의 등장은 영상시대, 디지털 시대에 책의 진보가 아니라 그 반대 방향으로 후퇴하는 것이다. 보다가 조는 영화가 있는가 하면 감동하여 몰입하는 영화도 있고, 휙 지나치는 그림이 있는가 하면 이리저리 감상하는 그림도 있다.

책의 본문은 모두 읽는 것이다. 단어, 문장, 단락이 서로 맥락으로 이어지듯 글, 사진, 그림도 읽기의 확장 과정으로 서로 긴밀한 연관성을 갖도록 치밀하게 짜야 한다. 사진이나 그림이 없어야 할 곳에 등장함으로써 오히려 상상력을 방해하기도 한다. 글의 오탈자만이 아니라 본문 전체의 구성에서도 불필요한 치장을 걷어내야 한다. 잘 썼지만 메시지가 약한 글이 있다. 잘 쓴 글이 아니다. 잘 만든 책 같지만 읽는 힘이 약하다. 잘 만든 책이 아니다. 기획은 책의 장점을 최대한 살리는 방향으로 진보해야 한다.

시장의 함정

시장조사는 기획 활동의 필수 항목이다. 특히 서점을 찾아가 조사하는 것은 정기적으로, 자주 할수록 좋다. 단, 책들을 통해 시장의 흐름을 읽고 독자의 욕구를 파악할 때 시장의 함정에 주의한다. 서점의 모든 책은 구간이다. 오늘 나온 신간일지라도 이미 시장에 나온 책이다. 특히 유행(fashion)이나 흐름(trend), 베스트셀러의 동향을 파악할 때는 비판적으로, 분석적으로, 맥락으로 읽어야 한다. 시장 '보기'가 아니라

'읽기'가 필요하다.

시장의 함정은 첫째, 시장을 '최선의 결과로 보는 착각'이다. 시장은 결코 최선이 아니다. 어제의 시장은 차선의 결과다. 오늘의 시장은 어쩔 수 없는 차선의 과정이다. 상업적으로 성공한 구간을 따라 하는 것은 시장의 첫 번째 함정에 빠진 대표적인 결과다.

시장의 두 번째 함정은 '눈에 보이는 시장이 전부'라는 착각이다. 눈에 보이지 않는 시장은 '시장성이 없다'고 단정한다. 이 착각은 시선을 눈에 확연히 보이는, 장사가 잘되는 평대에 고정하게 만든다.

편집자가 시장의 두 가지 함정에 다 빠지면 기획의 방향과 특징, 장점, 차별성, 개성 모두를 잃는다. 시장보다 중요한 것은 분야다. 한 분야가 지식을 어떻게 창조하고 교류하고 축적하는지, 그 입체적인 활동의 과정을 읽고 그 산물의 하나로 시장을 읽어야 한다.

단행본의 함정

한때 출판인들 사이에 '출판의 꽃은 단행본'이라는 말이 회자된 적이 있다. 여기서 단행본(單行本)이란 '전집이나 총서와 달리 단독으로 출판한 책, 즉 단권책'이라는 사전적 의미를 넘어, 학술이나 전문, 교재 출판물과 비교하여 '서점에서 시판하는, 일반 독자를 위한 일반 출판물'을 의미한다. 영국과 미국의 'trade book'과 같은 개념이며, 이를 다루는 출판을 '일반 단행본 출판(trade publishing)', 줄여서 단행본 출판이라 부른다.

단행본 출판은 목적과 용도, 독자가 특정한 교과서나 전집, 교재와는 다르다. 우선 일반 독자를 대상으로 삼기 때문에 더욱 폭넓게 영향을 미칠 수 있고, 제약이 없어서 더욱 자유로운 집필과 기획, 편집의 가능성이 열려 있다는 특징을 가진다. 따라서 단행본 출판이 가장 흥미로운 출판 부문이라는 말은《전태일 평전》이나《나의 문화유산답사기》,《82년생 김지영》처럼 한 권의 책이 일반 독자와 사회 전체에 큰 영향을 미칠 수 있으며,《세계문학전집》(민음사),《한국생활사박물관》(사계절),《책세상문고》(책세상)의 사례처럼 시리즈나 특별 기획, 문고 등의 형식을 빌려 단행본 출판의 묘미를 살릴 수 있다는 장점을 표현하는 것이다.

두 번째 사례에 관해 설명을 보충하면, 민음사의《세계문학전집》은 비록 세계문학을 대상으로 한 시리즈이지만, 일반 서점과 독자를 대상으로 한 종 또는 몇 종씩 출간하는 단행본 출판의 방식으로 기획하고 편집했다. 을유문화사를 시작으로 창비, 한길사, 사계절 등으로 이어진 총서·신서·시선·소설선·청소년문고·아동문고 등도 같은 맥락의 사례다.

단행본의 함정은 이러한 단행본 출판의 장점을 살리지 못하고 '한 권의 책'에 근시안적으로 다가가는 오류의 가능성을 말한다. 단행본 기획을 방향이나 계열성이 없는 '한 종의 낱권 기획'으로만 사고하지 말아야 한다. 단행본 기획의 핵심은 '당대의 사회적 맥락에서 포착한, 유의미한 하나의 편집 방향'에 있다. 한 종 한 종을 새롭게 주목하는 차별적인 출판의 방향이나 줄기야말로 단행본 출판의 가장 큰 장점이다. 이를 한 권의 책에 담을 수도 있고, 앞선 사례에서 보듯 다양한 방식으로 그 줄기를 이어갈 수도 있으며, 특정한 방식으로 주목도를 높여줄 수도 있다.

기획을 활성화하기 위한 출판사의 노력

척박한 자갈밭에는 아무리 좋은 기획의 씨를 뿌려도 뿌리를 내리고 꽃을 피울 수 없다. 출판사는 창의적인 저자와 편집자가 모이고, 다양한 정보와 아이디어가 샘솟는 환경을 위해 여러 노력을 지속해서 기울여야 한다. 기획을 활성화하기 위해 출판사가 힘써야 할 것들을 정리한다.

첫째, 창조적인 기업문화를 조성한다. 공유하고 소통하라. 아주 간단하지만, 이것이 선행되어야 한다. 정보와 아이디어는 고여 있으면 썩는다. 독점하면 불필요한 권위가 자란다. 직원이 적다고 소규모 출판사라 한계 짓지 마라. 사장을 포함해서 서너 명이 전부일지라도 100종의 목록이 있다면 이 목록에 관여한 모든 저자와 인력이 출판사의 규모와 영향력을 대변한다. 저자와 편집자는 말할 것도 없고, 내적으로는 마케팅 담당자와 총무까지, 외적으로는 외주 인력, 제작업체, 서점 등 출판사가 활동하는 모든 공간과 통로를 하나의 정보망으로 연결해 정보와 아이디어가 흐르게 하라. 사장이 가장 먼저 변해야 한다. 저자와의 친분을 내세워 사내에서 권위를 행사하는 사장은 버려야 할 지난 시대의 잔상이다. 같이 논의하고 저자와 편집자의 소통을 지원하라. 정보를 독점하지 말고 사내 인트라넷, 메신저를 활용해 소통의 문을 활짝 열어라.

둘째, 연구나 학습, 조사, 세미나 프로그램 등을 활성화한다. 마감에 쫓기는 상황은 모든 출판사가 처한 현실이다. 출판사의 조건에 맞게 다양한 연구와 토론의 장을 만들어 창의적인 생각이 싹트도록 지원한다. 편집회의나 기획회의를 활용해도 좋고, 별도의 모임을 만들어도 좋다. 저자를 초대해 특강과 토론회를 열 수도 있고, 편집자와 마케터가 '새로운 독자와의 소통 프로그램 개발'을 놓고 공동 세미나를 기획할 수도 있다. 연구와 학습은 활발한 취재, 조사 활동과 함께 이루어지는 것이 좋다. 출판은 지식의 건강한 소통을 매개하고 조직하면서 시작한다. 출판사는 다양한 지식 공동체의 활동을 취재, 조사하고 이들과 소통하면서 연구하고 학습하는 것을 장려해야 한다. 이것이 일반 학자와 다른, 출판인의 연구 방법이다. 이 과정에서 다양한 정보와 아이디어가 출판사 안에 흐를 수 있다.

셋째, 전문가를 양성한다. 수많은 정보와 아이디어가 모이는 곳, 흐르는 방향이 있다. 그곳을 거치면 새로운 것으로 재창조되는, 수많은 창조의 원천인 그곳은 바로 남다른 안목을 가진 전문 편집자들이다. 출판사는 이들의 활동을 지원하고 성장을 도모해야 한다. 출판사는 끊임없는 신간 제조기다. 출판사가 편집자의 성장을 지원해 역량 있는 편집자들을 보유하면 기획력의 엔진을 장착하는 것과 같다. 출판사가 '기획력을 보유하고 있다'는 말은 기획력이 있는 편집자와 이들의 활동을 지원하는 시스템과 환경을 갖고 있다는 의미다.

넷째, 출판사 사장은 편집자의 활동을 지원한다. 출판사의 사장은 두 가지 역할을 한다. 사장과 발행인의 역할이다. 두 역할을 균형 있게 충실히 수행할 때 출판사는 경제적 기반과 문화적 명성을 얻을 수 있다. 발행인의 고객은 편집자와 저자, 마케터, 스태프 등 발행인이 다루는 지식 커뮤니티의 모든 사람이지만, 사장의 고객은 직원이다. 사장은 편집자의 활동을 지원하고 그들의 목소리를 귀담아들어야 한다. 기획, 개발, 편집의 현장에서 3,000가지의 다양한 의사 결정을 통해 신간의 수준을 높이는 그들이야말로 출판사 사장의 최고 고객이기 때문이다.

놓치기 쉬운 결정적인 실수

– 저자와 좋은 관계를 맺으며 신간을 냈는데 반응이 아주 좋았다. 저자, 출판사, 편집자, 독자 모두 만족했다. 편집자에게는 가장 행복한 결과다. 편집자는 또 다른 발행 예정 도서에 전념하느라 저자를 잠시 잊었다. 몇 개월 후 그 저자가 다른 출판사와 새로운 책을 집필 중이라는 소식을 들었다. 한국에서는 빈번하게 일어나는 일이다. 축구에서 수비할 때 '공 쫓다가 사람 놓치지 마라'는 지침이 있다. 기획의 운동장에서도 마찬가지다. 원고를 탈고하여 편집에 들어가면 완성도 높은 책에 집중하는 것이 우선이다. 책(공)을 쫓아야 할 때다. 그러나 책이 나와 아주 좋은 반응을 얻으면 책을 쫓다 저자(사람)를 놓치는 실수를 범하지 않도록 주의한다. 주목받은 책의 저자에게는 일주일 안에 적어도 대여섯 출판사의 편집자들이 연락했다고 단정하는 게 좋다. 항상 다음 책을 미리 논의한다.

– 좋은 저자, 원고, 원서를 추천받거나 결정적인 신간 정보나 아이디어를 얻으면 반드시 수첩에 적고, 편집일지에 기록하고, 감사의 이메일을 보낸다. 성과가 좋았다면 이 사실을 정보원에게 알리고 그로 인해 탄생한 책과 감사의 서신으로 화답해야 한다. 보물을 손에 넣으면 지도를 준 사람을 잊는다. 간혹 의도적으로 또는 습관적으로 정보

원을 기록하지 않는 편집자가 있다. 깊고 넓은 신뢰의 네트워크에 부적격인 사람이다.

– 아이디어 선별의 별표와 삼각형 모두에 만족해야 기획안을 제안하는 것은 아니다. 개발 가치에 관한 판단과 의지가 확고하면 채산성이 기준 이하일지라도 추진할 때가 있다. 물론 그 반대의 경우도 있다. 그러나 결국 편집자로서의 명성과 타율은 이 '별표'에서 대부분 결정된다. 안목과 기준이 초기부터 무너지면 편집자의 신뢰와 명성, 타율, 연봉 모두가 무너진다.

절대 하지 말아야 할 것

– 서점을 흙탕물로 만들지 말아야 한다. 우리가 일상에서 만나는 수많은 판매점(Store) 중에서 한 가지 종류만 전문적으로 취급하는 판매점은 서점이 거의 유일하다. 서점은 출판 시장의 거의 모든 것으로, 편집자가 독자 정보, 판매 정보, 구매 정보 등 기획의 아이디어를 얻는 시장 정보의 원천지이자 기획의 운동장이다. 눈에 보이지 않는 사재기, 서평이나 별점 조작은 우리의 경기장을 우리 스스로 더럽히는 일이다. 매장을 가진 오프라인 서점이든 화면에 펼쳐지는 온라인 서점이든 독자에게 신뢰받는 운동장을 관리하는 데 힘써야 한다.

– 독자가 '꼬꼬댁'을 원한다고 해서 '멍멍'을 외치는 저자에게 '꼬꼬댁'을 강요해서는 안 된다. 이것은 기획이 아니라 고문이다. 기획은

저자가 쓰고자 열망하는 것을 쓰도록 하고, 독자가 읽고자 열망하는 것을 읽을 수 있도록 적절하게 연결해주고, 그들이 책을 매개로 서로 유익한 대화를 나눌 수 있도록 도와주는 것이다.

현장에서 쓴 편집자 노트

– "텔레비전과 인터넷과 비디오게임과 스포츠와 나이트클럽과 잠의 유혹에도 불구하고, 또 말다툼이 끊이지 않는 가정생활에도 불구하고 함께 꿈꾸기 위해 소중한 몇 시간을 내주신 모든 독자에게." 베르나르 베르베르가 자신의 《신》 연작물 중 '신들의 신비'에 남긴 헌사다. 그의 작품을 읽으면 이 헌사가 결코 겉치레가 아님이 느껴진다. 편집자는 이런 마음으로 독자에게 다가가야 한다.

– 비슷한 주제로 다른 출판사에서 먼저 책이 나왔다고 실망하지 마라. 단행본은 대체할 수 있는 상품이 아니다. 편집자에게는 '최초'나 '먼저'도 중요하지만 '최고'나 '최선'의 자세로 내놓은 '남다른 매력'이 더 중요하다.

– 저자 섭외에서는 최초의 선택이 가장 중요하다. 일시적인 관심과 흥미가 아니라 저자의 저서들을 찾아 읽는 마니아의 시각과 저자에 대한 근거 있는 확신이 필요하다. 편집자는 비평가가 아니다. 비평가는 한계와 문제점, 아쉬움을 지적하지만, 편집자는 일단 선택하면 가능성을 찾고 잠재력에 주목한다. 성급하게 결정하지 말고 주의 깊

게 판단해야 할 이유다.

— 잘 쓴 글은 멋스러워 보이지만 내면을 자극하지 못한다. 반면 훌륭한 글은 가슴을 뛰게 한다. 감각적인 기획은 사람의 시선을 일시적으로 붙잡는 매력이 있다. 그러나 훌륭한 기획은 오래도록 사람의 마음을 움직인다. 그 차이는 어디에서 오는가? 훌륭한 글과 기획은 위대한 품성을 가지고 있다. 기획의 위대한 품성은 어떻게 만들어지는가? 기획의 취지와 배경, 의도는 기획의 품성이다. 그 품성을 위대한 것으로 키워라.

— 머리말이 분명하면 본문이 탄력을 받는다. 신간 기획안은 분명한 취지와 개념에서 시작한다. 이것이 얄팍하고 모호하면 스테디셀러가 될 수 없다. 학창 시절에《강독을 위한 일문법》이라는 소책자를 접했다. 일본어 문법의 핵심을 놀랄 정도로 압축해 구성했는데, 한 달이면 일본어책을 읽을 수 있었다. 목적이 분명하고 오랜 경험이 쌓인 결과였다. 지금 보아도 최고의 실용서 기획이다. 이 책자로 일본어 독해를 공부했고 후배들을 가르쳤다. 가격도 출판사도 저자도 없었던 이 소책자야말로 훌륭한 기획의 사례다.

— 기획의 위대한 품성은 평범한 사람들이 갈망하는 일상의 진보적 대안에서 나온다. 삶에 가장 영향을 미친 책 한 권을 꼽으라는 질문에 답하는 책들을 보라. 정치인들이 즐겨 꼽는《백범일지》,《난중일기》, 1970~1980년대 세대의《전태일 평전》, 1990년대 청소년의 가슴을 두근거리게 한《지도 밖으로 행군하라》, 71세에 유튜브 크리에이터로

전직한 박막례 할머니와 PD 손녀 김유라가 함께 집필한 2019년의 화제작 《박막례, 이대로 죽을 순 없다》는 모두 평범하지만 위대한 품성에서 비롯한 책이다.

– 나는 아직도 가끔 편의점에 들러 빙그레 바나나맛우유를 사 먹는다. 그때마다 그 우유는 브랜드 네임 그대로 빙그레, 웃음을 선사한다. 오랫동안 한국인에게 사랑을 받아온 노란색 바나나맛우유는 나처럼 우유만 먹으면 배탈이 나는 사람을 위한 배려였다. 누구의 아이디어인지는 모르지만 위대한 품성을 지닌 기획의 결실이다.

– 이 기획으로 나와 이웃, 세상 사람들이 더 행복해질 수 있는가? 건강한 진보의 한 걸음을 내디딜 수 있는가? 인류애를 향한 물음은 먼 훗날로 유보하지 않아도 좋다. 개처럼 벌어서 정승처럼 쓰라는 부자들의 논리는 참혹할 정도로 안쓰럽다. 아름다운 기획은 더운 여름날 연거푸 아이스크림을 찾는 아이에게 배탈 나니 오늘은 그만 먹으라며 돌려보낸 내 어린 시절 동네 가게 아주머니의 배려처럼 일상의 일과 삶에서, 이 순간에 살아 있어야 한다. 지금은 어쩔 수 없이 '팔리는 책'을 만들고, 훗날 '좋은 책'을 만들자며 훌륭한 기획을 미루지 말아야 한다.

4장

신간 기획안, 어떻게 입안하고 결정하는가?

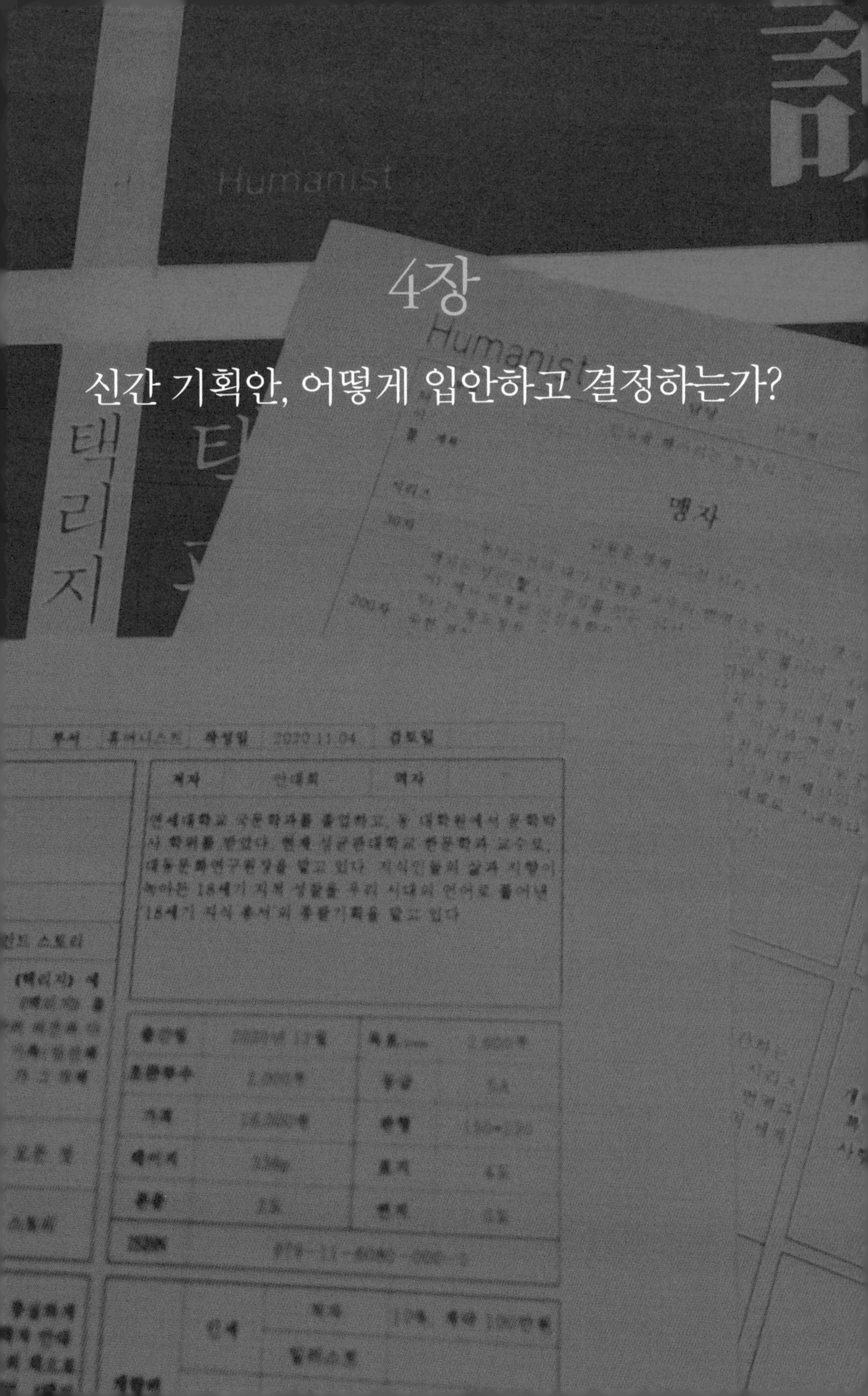

왜 이 책을 출간하려고 하는가? 출간 의사를 어떻게 결정하는가? 겉으로 보기에, 또한 결과적으로 보면 이는 선택의 문제다. 그러나 단순한 선택의 문제를 넘어 편집자와 발행인, 출판사 모두의 생존과 성장, 신뢰와 명성에 결정적인 영향을 미친다. '출간 의사 결정'은 한마디로 출판사에서 진행하는 3,000가지의 창조적인 논의와 결정 과정에서 '가장 중요하면서도 결정적인 사안'이다.

출판사의 특징과 수준을 알고 싶은가? 그 출판사가 어떤 기준으로 어떻게 출간 의사를 결정하는지 살펴보라. 그것이 그 출판사의 도서 목록을 결정하기 때문이다. 기획을 다루는 편집자의 안목과 역량이 궁금한가? 그가 쓴 편집회의 제출용 신간 기획안과 제안서, 원고 검토서, 저자 섭외용 서신과 청탁서를 검토하라. 그것이 그가 편집한 책의 모든 것을 대변하기 때문이다. 명심하자. 이제부터 다루는 '출간에 대한 기준과 의사 결정'에 편집자와 출판사의 생존과 명성이 달려 있다.

미시 출판과 출간 결정

출판사의 철학과 전망, 출판 방향 그리고 편집과 디자인, 가격, 유통 정책 등은 거시 출판(Macro Publishing)의 주요 내용이다. 주로 발행인과 편집장은 이 거시 출판에 기초하여 업무를 지휘하고 관장한다. 반면 편집자는 거시 출판에 대한 이해와 출판사의 지침에 기초해 미시 출판(Micro Publishing)의 내용을 실무적으로 실행한다. 미시 출판이란 한 권의 책을 기획하고 개발, 편집, 제작, 홍보, 판매하는 전체의 과정에서 실행하는 주요 업무를 말한다. 미시 출판의 과정에서 논의하고 결정해야 할 주요 사항을 정리한다.

- 원고와 저자 선별, 소견, 출간에 관한 결정
- 책의 이미지, 즉 콘셉트(가제, 독자, 핵심 내용), 사양(쪽수, 판형, 장정)의 설계와 결정
- 편집, 디자인, 제작
- 가격, 초판 발행 부수, 비용, 인세, 판매 예상 및 손익
- 홍보, 마케팅 계획
- 2차 저작권(the subsidiary copyrights), 추가 계획 등 파생 이점

미시 출판은 이처럼 원고의 출간 의사 결정만이 아니라 책의 이미지를 결정하는 콘셉트와 구성, 편집, 디자인 체제(format)뿐만 아니라 비용과 가격, 손익 예상과 마케팅 계획 등 한 권의 신간에 대한 총괄적인 출판 계획을 다룬다. 그런 의미에서 미국의 일부 출판사에서는 미시 출판을 '타이틀 출판(Title Publishing)'이라고도 부른다.

출간에 관한 결정은 미시 출판에서 가장 중요한 논의 사항인데, 보통 두 가지 경로가 있다. 첫째는 저자가 쓴 원고에 관한 논의이고, 둘째는 저자가 쓸 원고에 관한 청탁이다.

첫째, 예외적인 경우를 제외하고 완전 또는 일부 원고에 관한 소견서와 신간 기획안에 기초해 논의를 진행한다. 예외적인 경우는 주로

이미 검증된 저자와 계약할 때를 말한다. 저명한 작가의 경우에는 원고 없이 계약할 때가 많다. 대략의 주제와 탈고 일정을 교감한 후 이를 신간 기획안으로 정리하여 편집장과 논의, 발행인의 결정을 거쳐 바로 계약한다.

둘째, 청탁은 출간을 전제로 하거나 적극적으로 고려한 상태를 의미한다. 저자가 편집자의 원고 청탁을 수락했는데 '개인 사정으로 출간하기 힘들다'고 하면 관계가 끝난다는 의미다. 따라서 청탁의 과정은 3장에서 기술한 아이디어의 선별 과정처럼 취재와 인터뷰, 기획 논의, 제안, 청탁, 계약 협의, 계약 등 몇 가지 단계를 거친다. 이때 최소한 제안이나 청탁의 과정에서 신간 기획안을 작성하여 논의한 후 진행한다. 저자와 주고받은 서신과 제안서 등을 첨부한다. 저자의 승낙만 기다리다 출판사에서 적절한 결정 시기를 놓칠 수 있다.

뛰어난 편집자일수록 출간 결정을 위한 논의 단계에서 미시 출판에서 다루는 주요 항목들을 미리 설계하여 발표한다. 편집자라면 원고가 없다 해도, 또는 초고 일부만으로도 건축가가 설계 도면을 그리듯 책의 완성된 모습을 그려낼 수 있어야 한다. 그 설계도를 신간 기획안 또는 출간 제안서라고 한다.

신간 기획안은 꼭 써야 하는가?

꼭 써야 한다. 첫 출판사에서 주간이 된 후 기획안을 제출한 안건만 편집회의에서 논의하도록 했다. 처음에는 대부분 어리둥절해했다. 왜 써야 하는지 설득하고 작성 요령도 알려주었다. 그동안 자신의 방식대로 일해온 경력자들이 더 문제였다. 그들은 생각도, 결정도, 평가도 모두 혼자 했다. 그래서 내가 먼저 모범을 보였고, 몇 개월 후 회의가 달라졌다. 편집부와 마케팅부 직원들이 난생처음 신간을 놓고 함께 토론했다. 얼마 후 편집자가 마케팅부의 도움을 받아 기획안을 쓰기 시작했다. 작지만 엄청난 변화였다.

1993년 당시 작성한 문건을 바탕으로 신간 기획안을 꼭 써야 하는 이유를 정리하면 이렇다.

첫째, 신간 기획안의 입안은 기획의 근거와 목표를 분명히 하는 과정이다. "왜 이 작품을 쓰게 되었는가?"라는 질문은 저자 인터뷰의 기본 사항이다. 기획을 담당한 편집자에게 "왜 이 책을 펴내고자 하는가?", "출판사에서 왜 이 책을 펴내야 하는가?"라는 질문은 필수적이다. 설혹 다 알고 있다고 해도, 말로 이미 설명했다고 해도, 글로 명확하게 표현하는 것은 다르다. 이 과정에서 '저자 - 원고 - 책 - 독자'와 각각의 환경을 이해할 수 있으며, 그 관계 속에서 출간의 의의를 파악하는 안목을 키워준다.

둘째, 책의 이미지나 특징, 매력을 설계하고, 주요 개발 요소들을 미리 점검하는 과정이다. 독자는 원고가 아니라 책을 읽는다. 같은 원고를 제목과 표지, 판형, 편집, 장정을 달리하면 책의 성격과 쓰임새, 독자의 반응과 독자층이 달라진다. 고전들은 세계적으로 수없이 다양한 편집으로 다양한 독자층을 흡수한다. 특히 《성서》는 수천 종의 서로 다른 장정과 판형을 선보였다. 원고 분량은 책의 본문 쪽수를 결정하고, 쪽수는 가격을 결정한다. 편집자는 이 과정에서 책의 구매력을 결정짓는 주요 편집 요소들을 종합적으로 설계한다. 기획안은 원고로 책을 설계하는 과정이다. 이 경험이 쌓이면 원고 없이도 기획안을 쓰는 능력, 즉 원고 없이 책을 상상하고 설계하는 능력이 길러진다.

셋째, 현재의 단계를 파악하고, 예상하는 문제 상황과 기획 요소를 짐작하여 손실을 줄이고, 최적의 실행 계획을 찾는 과정이다. 적절한 번역자를 찾지 못해 원서를 계약해놓고도 몇 개월 늦어지는 등, 중요한 기획의 경우 저자나 스태프에게서 문제가 생길 수도 있다. 이처럼 예상되는 중요한 문제들을 미리 점검한다. 반면에 아이템마다 특별한 기회들이 있다. 저자의 TV 특강이 신간 출간과 맞물리면 기대 이상의 효과를 거둘 수 있다. '과학의 달'을 고려하여 과학 분야의 책을 출간하면 상승효과가 있다. 신간 기획안은 편집자의 '기획 시나리오'다. 야유회를 떠날 때 더 즐겁게 놀기 위해 계획을 미리 세우고 사전 답사까지 다녀오듯이, 기획안 작성은 신간의 모든 과정에 대한 사전 답사다. 기획의 효과적인 실행을 위해 사전 답사를 떠나지 않을 이유가 없다.

넷째, 기획안은 평가 분석의 중요한 기초다. 기획력은 입안, 실행, 평가가 철저할수록 빨리 성장한다. 특히 월·분기·연간별로 자신의 작업을 철저히 분석하고 평가하는 편집자는 그러지 않는 편집자보다 세 배 이상 빨리 성장한다. 기획은 말 그대로 계획, 실행, 평가의 통합 과정이기 때문이다. 신간 기획안의 입안과 논의 과정을 거쳐 재가를 받아 진행한 신간은 일정 시기가 지나면 반드시 과정과 결과를 평가한다. 이때 무엇을 기준으로 평가하는가? 바로 신간 기획안이다. 신간 기획안은 평가서의 첫 장이다.

기획안의 주요 내용과 작성법

이제 한 장의 신간 기획안, 1쪽의 출간 제안서 입안 과정이 얼마나 중요한지 이해했을 것이다. 기획안을 작성해야 하는 이유를 설명하니, "기획안 양식 좀 달라. 이제부터 써보겠다"는 편집자가 있다. 신간 기획안은 양식에 맞춰 써넣는 결재용 문서나 자금 대출용 서류가 아니다. 다시 말하지만, 우리가 다루는 신간 기획안은 내고자 하는 '책의 설계도'이며 '신간 기획의 시나리오'다. 중요한 것은 설계의 방법과 과정이지, 기재 양식이 아니다.

입안 과정으로 들어가기 전에 먼저 신간 아이디어, 콘셉트, 이미지의 개념이 각각 어떻게 다른지 이해해야 한다. 첫째, 신간 아이디어(new title idea)란 출판사가 시장에 내놓을 만한 신간에 대한 새로운 구상을 말한다. 둘째, 책의 콘셉트(book concept)란 독자의 욕구에 기초해 독자의 표현으로 기술한 책의 핵심 내용과 특징을 말한다. 셋째, 책의 이미지(book image)란 책의 생김새를 말한다. 독자는 서점에서 책을 보고, 손에 쥐고, 이리저리 펼쳐보면서 책을 지각한다. 인터넷 서점에서 제목과 표지, 소개 글, 미리 보기 등을 통해 어떤 책인지 파악한다. 책의 이미지란 이러한 과정에서 독자가 파악하고 지각하는 책의 실제 모습을 말한다. 가격, 판형, 장정도 모두 책의 이미지를 구성하는 요소다. 추상적인 것과 정반대의 개념이니 혼동하지 말자.

이 가운데 책의 콘셉트는 편집자들이 가장 헷갈리는 개념이다. 책의 콘셉트는 동적인 개념이다. 책의 설계는 신간 아이디어→책의 콘셉트→책의 이미지로 발전한다. 콘셉트는 책의 이미지를 설계하는 핵심 개념(core concept), 즉 책의 내용과 특징, 장점을 최대한 압축한 것을 말한다. '엄마가 아이에게 잠들기 전에 읽어주는 동화책'의 사례처럼 책의 기본 개념을 정확하게 포착하여 이를 독자가 한눈에 읽고 책의 이미지를 떠올릴 수 있도록 표현한다. 장황하게 설명하면 '핵심이 없다', '핵심이 명확하지 않다'는 의미다. 책의 핵심 개념은 독자의 언어로 말한 책의 특징이기도 하다. 책의 이미지를 설계하려면 책의 특징을 독자 지향의 개념(reader-oriented concept)으로 바꾸는 과정이 필요하다. 독자가 필요로 하는 것을 파악하고, 그에 따라 독자의 언어로 책의 핵심적인 특징을 표현한 것이 바로 책의 핵심 개념, 즉 콘셉트다. '난 엄마처럼 살지 않을 거야! 세상의 모든 딸들의 이야기'처럼 지어낸 것이 아니라 독자들의 내면에 자리 자리 잡은 현실의 갈증을 표현할 수 있어야 한다.

책의 콘셉트를 독자의 시선으로 정확하게 포착하고 독자의 갈증에 기초한 오감으로 담아내려면 독자 대상을 명확하게 설정해야 할 뿐만 아니라 그들을 생생하게 그릴 수 있어야 한다. 자신이 다루는 분야, 책의 독자, 독자의 생생한 환경을 취재하거나 조사, 인터뷰, 정보의 수집이 필요하다. 책은 결국 독자가 서점에서 보고 구매하면서 전파된다. 책의 콘셉트를 파악하고 정리하는 방법 중에 가장 효과적인 것은 서점을 찾아가 책이 진열된 평대를 직접 살펴보며 구상하는 것이다. 만들고자 하는 책의 독자가 있는 현장에서 책의 콘셉트를 찾아보라.

이제 신간 기획안의 주요 내용과 작성 방법을 정리한다. 작성하기 다소 어려운 항목은 가상의 작성 사례를 덧붙여 이해를 도왔다.

1) 가제

예) (가제)《최첨단 교수의 물리학 특강》

- 생물·화학·유전자학·천문학 등 전 5권 시리즈

2) 기획의 목표, 배경과 의의

- 목표: 신간을 통해 무엇을 얻고자 하는지 간결하게 기술한다.
- 배경과 의의: 신간의 출간이 '저자-출판사-독자'와 각각의 환경 및 사회 맥락에서 어떤 의미가 있는지 세 가지 이내로 정리한다.

예)

- 잠재적 욕구는 강하지만 만족할 만한 출판물이 적은 자연과학 분야의 교양서 시장을 겨냥, 주목도 높은 대표 출판물을 기획함으로써 브랜드 가치를 높여 시장 진입의 교두보를 마련한다.
- 기초 과학에 대한 사회적 관심과 투자가 높아지고 있고, 특히 최근 교과 과정 개편안에서 비중이 커지면서 초등과 청소년을 기반으로 한 대학, 직장, 일반인의 과학 교양에 대한 관심과 수요가 계속 늘어날 전망.
- 역사나 철학 등 인문 교양 시장의 브랜드 인지도를 과학 교양으로 확장하기 위해서는 좀 더 차별적인 대표 브랜드의 개발이 이 분야 진출의 1단계 핵심 사업으로 판단됨.
- 중·고등생을 타깃으로 삼고, 위로는 대학생과 일반인, 아래로는 초등 고학년까지 확장할 수 있도록 명성과 권위를 가진 전공 교수 다섯 명의 대중용 특강 시리즈 5권(각 권 15,000원, 세트 7만 5,000원, 320쪽, 4도)으로 교양 과학 시장에 진입할 초기 전략 브랜드를 만든다.

3) 책의 콘셉트와 특징

- 콘셉트: 책의 핵심 내용과 차별적 개념을 독자의 시선으로 간결하고 분명하게 한두 문장으로 정리한다. 저자나 편집자가 아닌 독자의 언어와 문법으로 쉽게 전달한다.
- 특징: 독자의 시각에서 본 책의 특장점이나 매력, 비교 대상의 다른 책들과 다른 강점을 세 가지 이내로 정리한다. 콘셉트와 특징은 편집자가 쓰는 서평이나 보도자료의 주요 내용으로 이루어진다.

예)

- 물리학 분야의 대표적인 학자이자 대중적 인지도가 높은 최첨단 교수가 전공자만이 아니라 과학 교양이 필요한 비전공자나 청소년을 위해 펼치는 특강 형식의 깊이 있고 흥미로운 물리학 입문서.
- 쉽고 친절하지만, 기존 입문서와 달리 깊이가 있다.
- 특강의 형식, 즉 청중과 호흡하는 대화체의 전개 방식, 생생한 구어체, 사례 등을 적절하게 활용하여 수준 있는 대학의 한 학기 강의를 듣는 효과를 얻는다.
- 정확한 도표와 그래픽, 사진, 초점을 살린 대화식 설명을 통해 이해력, 공감, 생생함을 살린다.

4) 책의 이미지와 개발 요소

- 이미지: 책의 전체적인 인상과 느낌을 한 문장으로 정리한다. 제목·표지·차례·본문·쪽수·편집·디자인·판형·장정·지질·색감·인쇄·제본 과정에서 특징적인 이미지 구성 요소들을 정리한다.
- 개발 요소: 기획의 목표와 의도를 책의 콘셉트와 특징으로 최대

한 살리려면 어떤 개발 요소들이 필요한지 정리한다. 책의 이미지와 개발 요소는 '편집 개발안'과 같다. 특별한 지출이 필요한 개발비, 제작비는 간략하게 덧붙이고 필요하다면 별첨한다.

5) 저자, 역자 소개와 현재 상태

- 저자, 역자: 국내서의 경우 저자를, 해외서의 경우 저자와 역자를 소개한다. 간단한 프로필과 특징, 집필 또는 번역 역량, 인지도, 개성 등 기획 편집 과정에서 고려할 사항을 덧붙인다.
- 현재 상태: 섭외, 계약의 가능성, 원고 진행의 정도, 원고 입수의 상태 등 현재의 상태를 정리하고, 기획을 실행할 방법과 대안, 예를 들면 후보 저자나 역자에 대해 덧붙인다.

6) 분야와 독자, 시장조사와 유사 도서 분석

- 분야: 목표 시장(target market)을 말하는데, 서점의 일반적인 도서 분류 방법에 기초한 분야와 분류, 평대와 서가 등 세분화한 시장을 정리한다. 이와 연관하여 확장할 만한 세분 시장을 덧붙인다.

예)

- 자연과학 분야의 과학 교양서 소분류와 평대, 책의 성격으로 보아 청소년 교양서 분류로 중복 또는 확장할 수 있다.
- 독자층: 주 독자층(main readership)을 말하는데, 분야별로 서로 다른 독자층 파악은 물론이고, 전문가나 마니아, 대중 등 책의 성격과 난이도에 따른 독자 분류, 영유아에서 중장년까지 나이와 세대별 독자 분류, 주부나 교사, 직장인, CEO 등 직업이나 사회적 역할과 지위에 따른 독자 분류 등을 고려하여 책의 예상 독자층

을 정리한다. 영유아나 초등학생용 도서는 책의 구매 결정에 직접적인 영향을 행사하는 대상 구매자(target buyer)와 구매한 책을 읽는 대상 독자(target reader)가 다를 수 있다.

- 시장조사와 유사 도서 분석: 목표 시장과 주 독자층의 흐름과 최근 경향, 편집 개발과 마케팅에 유용한 시장 정보를 정리한다. 참고할 만한 국내외 도서의 분석과 평가도 덧붙인다.

7) 정가, 발행 부수, 손익

- 제작, 관리, 마케팅부와 상의하여 예상 정가를 정하고, 시장의 관련 자료와 출판사의 유사 도서 판매 자료 등을 기초로 출고 후 1개월, 3개월, 1년의 예상 판매 부수를 예측하여 초판 발행 부수를 결정한다.
- 정가와 예상 판매 부수를 결정하면 예상 매출액을 산출한다. 일반적으로 예상 매출액은 정가(원)×예상 출고 부수(부)×정가 대비 평균 공급 비율 0.60(%)이다. 평균 공급률은 출판사마다 분야마다 차이가 있으니 고려해서 산출한다. 하지만 매출은 기본적으로 반품이나 폐기 부수를 제외하고 평균 회전율을 반영한 순수 매출액(예상 총매출액×평균 회전율 0.9%)이나 평균 수금 비율을 반영한 예상 수금액(순수 매출액×평균 수금 비율 0.9%)으로 산출해야 좀 더 사실에 근접한 수치다. 평균 공급 비율이나 수금 비율은 출판사마다 차이가 있다. 보통 출고 후 3개월, 6개월, 1년의 단위로 산정하지만, 시리즈처럼 좀 더 장기적인 기간을 고려하는 특별 기획의 경우 2~3년 단위로 산정하기도 한다.
- 개발 기간과 비용(development time & costs), 제작비(manufacturing

costs)를 산출한다. 속도, 즉 개발 기간은 중요한 비용 요소다. 개발에서 출간의 시간을 예측하고 소요되는 인건비를 포함한 개발비와 제작비를 산출한다. 통상적인 기준 이상의 비용이 추가되는 신간 기획, 시리즈나 특별 기획의 경우에는 개발비와 제작비를 세심하게 점검하여 별도의 견적서를 덧붙인다.

- 손익분기점(the break-even point)은 신간의 기획과 개발, 제작 과정에서 발생하는 모든 비용(인세 포함)이 회수되는 비용과 수입의 제로 포인트를 말하는데, 이 손익분기점에 도달하는 예상 매출액과 이에 상응하는 판매 부수를 산정하여 정리한다. 손익 판매 부수의 예상과 산출은 편집자에게 상당히 중요하다. 편집자는 이 과정에서 '책이 최소 몇 부가 팔려야 손익이 제로인가?'를 예상하고 이를 염두에 두고 기획을 관리할 수 있다. 물론 이 손익 예측과 함께 예상 이익 및 이익률(rate of return)을 산정한다.

8) 그 외

- 의사 결정의 초점과 필요성에 따라 제목·차례·구성·편집 등에 대한 구체안, 각종 견적서, 원고 소견서, 청탁서, 제안서, 서신, 원고 샘플, 계약서, 추천서 등을 첨부할 수 있다.

기획과 개발, 편집, 홍보의 실행 과정에서 편집자는 집필 제안서와 청탁서(저자와의 소통), 제목·표지·표지 문안 등 신간에 들어갈 각종 문안(스태프, 디자이너와의 소통), 다양한 종류의 보도자료(대중매체, 서점과의 소통), 도서 소개, 편집자 서평, 홍보와 광고 문안(독자와의 소통), 분기 및 연말 결산 평가서(편집장, 마케팅부장, 발행인과의 소통) 등 수많은 업무 관련 문안을 작성해야 한다. 신간 기획안은 이러한 문안들의 기초가 된다.

한 장의 제안서

신간 기획안 한 장은 최소한 1,000만 원이다. 보통 3,000만~4,000만 원이고, 특별 기획의 경우 권당 1억 원짜리 기획안도 많다. 내가 편집주간을 맡고 나서 8년 이상 책을 만들며 쓴 비용을 대략 계산해보니 평균 연간 30종을 만들었으며, 적게는 12억 원, 많게는 30억 원 이상을 썼다. 권당 평균 3,000만 원을 쓴 것이다. 휴머니스트의 경우에는 더 높다. 3,000만 원이 기본이며, 대안 교과서는 권당 최소 1억 원의 개발, 제작비가 들어갔다.

지금 당신이 입안하는 신간 기획안 한 장이 적게는 1,000만 원, 많게는 3,000만 원이 투여되는 프로젝트라는 사실을 알고 있는가? 내가 서른두 살에 편집주간이 되어 8년 동안 베스트셀러와 스테디셀러를 이어가며 타율을 유지했던 요인은 신간 기획안을 쓸 때마다 이 사실을 직시했기 때문이다. 3~4종을 연이어 실패하면 최소한 1억 원을 날리는 셈이다. 긴장감으로 새벽에 깨어 출근한 날이 셀 수 없을 정도였다. 기획을 담당하는 편집자는 처음부터 비즈니스의 짐을 기꺼이 짊어질 줄 알아야 한다.

'한 장의 제안서'라는 비법으로 퍼시픽아메리칸(Pacific American Corporation)을 설립하여 수많은 프로젝트 입안을 도운 패트릭 라일리(Patrick G. Riley)는 자신의 책 《한 장의 제안서(The One Page Proposal)》

에서 "읽히지 않는 기획안을 쓰지 말고, 강력하고 간결한 한 장의 기획안을 쓰라"고 제안한다. 나는 그의 주장에 전적으로 동의한다. 성공한 경험이 쌓일수록 기획안은 짧고 명확해진다. 100종을 넘으면 '단 한 장'에 모든 것을 표현한다. 내 경우가 그랬다. 처음에는 자세하고, 치밀하고, 길게 쓰다가 어느 순간이 되자 명확한 것만 적었다. 내가 꽤 오래전부터 써온 '한 장의 신간 기획안' 비법을 정리한다.

1) 표지를 떠올리고 제목과 부제를 쓴다.
: 책의 세계에서 제목과 부제는 '한 장'이 아니라 '단 한 단어의 제안(One Word Proposal)'이다. 제목은 그 자체로, 때로는 부제와 함께 책의 이미지 모두를 결정한다.
2) 한 줄로 책을 소개한다.
: 두 문장을 넘기지 않는다. 관련 도서의 뒷날개용 '두 줄 이내의 책 소개'를 마감한다고 생각하며 쓴다. 두 문장으로 독자에게 책의 모든 것을 말한다.
3) 책의 특징을 세 가지 이내로, 각각 한 줄로 쓴다.
: 다섯 가지를 쓰면 모두 잊는다. '금, 은, 동'만 쓴다. '최초의', '최고의', '독보적인' 등을 상투적으로 쓰지 않는다. 한 줄로 써야 각각의 특징과 매력이 분명해진다.
4) 300자 이내로 책을 소개한다.
: 200자 원고지 1.5매로 편집자 프리뷰(editorial preview)를 쓴다. 위의 '한 줄 소개', 책의 특징에 저자 소개를 더해 독자층을 염두에 두고 쓴다. 도서 목록을 마감한다고 생각하며 쓴다.
5) 책의 사양과 편집 개발 요소를 정리한다.

: 판형과 쪽수, 인쇄, 제본, 가격 등 책의 제작 사양을 먼저 적고, 편집과 디자인 관련 주요 개발 요소를 추가한다. 평균 이상의 개발비를 덧붙인다.

6) 예상 판매와 손익을 산출하여 정리한다.

: 손익분기의 판매 부수, 최소 예상치, 기대와 목표치를 서너 줄 이내로 압축하여 정리한다.

7) 현재 상태를 개괄하고 최종 의견을 덧붙인다.

: 기획과 관련한 현재의 상태, 예측 시나리오, 특별히 고려할 사항, 요청 사항, 편집자의 최종 의견을 정리한다.

8) 위의 모든 내용을 1쪽으로 편집한다. 차례를 추가하면 아주 효과적이다. 개발비와 제작비를 덧붙이면 과정과 결과를 분명히 예측할 수 있다.

신간 기획안은 최종적으로 독자를 위한 것이다. 입안 과정에서 처음부터 끝까지 책과 독자를 떠올리며 쓴다. 기획안은 저자와 사장을 설득해야 한다. 저자의 집필 열정과 욕망을 충동하는 기획안을, 사장의 엄격한 출판 기준을 뛰어넘는 기획안을 쓰라. 기획안은 편집회의에 참석한 편집장, 마케팅부장, 관리부장, 팀장을 고려해야 한다. 그들의 시간은 곧 내 시간이다. 반복, 군더더기, 모호함을 털고 깔끔하게 편집하자. 기획안은 무엇보다 출간 결정의 논의와 심사를 위한 것이다. 최종 결정권자인 사장이나 발행인의 마음을 투자로 이끄는 '강력한 무엇과 그 근거'를 명확히 담자.

편집회의와 최종 결정

편집자가 작성한 신간 기획안의 주요 내용은 미시 출판의 주요 내용과 일치한다. 이를 논의하고 결정하는 회의를 편집회의라 한다. 출판회의, 기획회의, 기획편집회의라 부르기도 한다. 일반적으로 출간 의사 결정을 제외한 편집과 디자인, 정가, 초판 발행 부수 등의 안건들은 편집회의에서 논의하고 최종 결정을 한다. 때로는 편집회의 없이 편집장이 최종적으로 결정하여 실행하기도 한다. 반면 출간 의사 결정은 편집회의에서 논의하여 1차 가결한 후 최종 결정 절차를 밟는 경우가 많다. 출판사의 가장 중요한 결정 사항이기 때문이다.

일본의 경우 전통적으로 출간 의사를 결정하는 절차가 아주 엄격하다. 인문과 사회과학 출판의 대명사로 불리는 이와나미쇼텐(岩波書店)이 대표적인 사례다. 먼저 해당 편집부의 편집회의에서 편집자가 입안한 기획안을 놓고 채택 여부를 결정한다. 여기서 '가결'된 기획안을 출판사의 최고 기획 결정기관인 편집회의에 제출한다. 편집회의는 주 2회 열린다. 편집주간을 의장으로 하여 회장, 사장, 편집 고문, 각 출판 부문 편집장(단행본·문고·신서·아동서·사전), 마케팅부장, 제작부장 등 12~15명이 참석한다. 이 회의에서는 각 출판 부문에서 1차 가결한 신간 기획, 총서, 강좌, 사전, 시리즈, 전집의 출간과 제목을 결정한다. 논의를 거쳐 '가결'과 '부결', '보류'를 최종적으로 결정하며, 긍정적이지만 근거가 취약해서 '보류'로 처리된 기획안은 추가 작업을 거친 후에 다시 심사한다. 물론 고단샤나 쇼가쿠칸(小學館)처럼 단행본에 한해 해당 출판부의 편집회의만으로 결정하는 출판사도 있다.

우리나라에서는 출판사의 규모나 조건에 따라서 매우 다양하다. 편집회의를 거치지 않고 사장이 바로 결정하기도 하고, 편집장에게 위임하기도 한다. 사장이 발행인이나 편집장을 겸하는 소규모 출판사에서는 기획안 작업이나 편집회의 없이 혼자 결정하기도 한다. 규모에 상관없이 신간 기획안 입안과 편집회의를 거쳐 출간을 결정하는 구조의 정착은 출판사나 편집자 모두에게 필요하다. 실전이 곧 최고의 훈련인 기획 현장에서 기획안과 편집회의는 미래의 편집장을 양성하는 최고의 과정이기 때문이다.

출간 결정의 두 가지 딜레마

"훌륭한 편집자는 발행인처럼 사고하고, 계획하고, 결정한다. 반면 훌륭한 발행인은 편집자처럼 세심하고 예리한 감각으로 능숙하게 일한다." 1962년 링컨 슈스터는 편집자와 발행인 모두에게 이렇게 충고했다. 편집자의 편집 감각(editorial sense)과 발행인의 사업 감각(business sense)의 조화와 상호관계를 절묘하게 표현한 말로, 미국의 편집자들은 오늘날까지도 금언으로 삼고 있다.

편집회의에서 이 두 감각과 기준이 일치하면 더할 나위 없다. 쉽게 말해 출간할 만한 가치도 있고 독자층도 분명하면 고민과 갈등이 없다. 문제는 다음의 두 가지 경우다. 낼 만한 가치가 분명한데 손실이 예상되는 경우와 아주 잘 팔릴 책이지만 출판 가치가 떨어지는 경우다. 자주 직면하는 갈등이다.

낼 만한데 팔리지 않을 원고

현실에서 가장 많이 발생하는 상황이다. 예를 들면 역량 있는 학자의 학술 가치가 높은 논문들을 주제로 묶은 학술서의 경우 출판 가치는 분명하다. 하지만 예상 순수 판매 부수는 700부 이하로 손익분기점을 훨씬 밑돈다. 미국에서는 학술서를 대부분 '비영리 출판(nonprofit publication)'으로 분류해서 정부나 대학의 지원금으로 출판하거나 손익분기점까지 인세를 지급하지 않는 등 일반 단행본과 다르게 취급한다. 학술 가치에 대한 기준은 상당히 까다롭지만, 그 기준을 넘어서면 출간은 그리 어렵지 않다.

이 경우 대략 세 가지로 처리한다. 첫째, 거시 출판의 관점에서 판단한다. 정책과 여건에 따라 손실을 감수하고서라도 출판한다. 출판사마다 '손익 제로' 이하의 도서 발행에 대한 기준과 연간 제한 종수, 손실 감당 총액 등 지침을 둔다. 둘째, 손실을 최소화하는 방안을 찾는다. 비용을 줄이면서 효과를 최대화하는 묘안은 있다. 제작비를 절감할 방안, 인세 조정과 협의, 적정 부수의 발행 등으로 출간의 가능성을 찾는다. 셋째, 독보적인 원고라면 오히려 편집 수준을 높임으로써 소장 가치까지 부여해서 소수의 독자를 공략하는 2~3년의 안목(long-term profit)으로 출간한다.

물론 이 세 가지는 모두 '출간할 만한 분명한 가치'가 있다는 판단을 전제로 한다. 편집자를 거쳐 출판사 경영을 연구하여 미국 프린스턴대학 출판부를 15년 동안 관리한 허버트 베일리(Herbert S. Bailey, Jr.)는 자신의 저서《출판의 기술과 과학(The Art & Science of Book Publishing)》에서 "손실이 예측되는 책을 출간하는 경우, 사전에 손실 예상액을 반드시 산출하고, 결과 역시 결산해 발행인과 편집자가 알고 있어야 한다"고 충고한다. 그래야 편집자와 발행인 모두가 "어디에서 이를 보충할 것인지 스스로 관리하는 능력"을 키울 수 있다.

잘 팔릴 것 같지만 내키지 않는 원고

앞의 사례보다 훨씬 드물지만, 종종 이를 둘러싸고 갈등과 문제가 일어난다. 앞 사례의 경우, 거시 출판의 정책이 없으면 발행인이 비판의 대상이 된다. "손해 보는 책은 절대 내지 않는다." 그리고 이 사례에서도 거시 출판의 방향이 취약하면 편집자가 비판의 대상이 될 수 있다. "수준 이하의 팔리는 책만 골라서 낸다."

상업성은 확실한데 내키지 않는 원고도 거시 출판의 관점에서 판단한다. 출판이나 편집 방향에서 크게 벗어나거나 출판사의 신뢰와 명성에 부정적인 영향을 미친다면 비록 판매 예측이 상당히 높더라도 출간하지 않는다. 그리고 윤리적으로나 사회적으로 문제가 있는 원고도 배제한다.

우리나라를 포함해 유럽이나 미국, 일본 등 대부분의 출판 선진국에서는 일반적인 출판사들이 두 가지를 금기시한다. 첫째, 자비 출판이다. 저자가 단순 홍보와 과시를 목적으로 출판 비용 이상의 현금을 지급하고 책을 내는 행위를 '자비 출판'이라고 한다. 미국에서는 'vanity publishing'이라고 하는데, '자비 출판'과 같은 개념이다. 둘째, 폭력물이나 성 착취물처럼 사회적으로 해로운 내용의 출판이다. 물론 어느 사회나 이 두 부류의 출판물이 제작되어 유통되고 있지만, 일반적인 출판사들과는 관계없는 상업 행위일 뿐이다.

놓치기 쉬운 결정적인 실수

– 편집주간으로 일할 때였다. 출판사를 옮기고 얼마 후 기획을 원하는 편집자를 조사했다. 모든 편집자가 원했다. 주 1회 세미나를 하며 기획 과정을 논의하고 과제를 던졌다. 출간 결정이나 성사에 상관없이 예비 필자를 찾아 인터뷰하고 그 과정과 결과를 보고하는 과제였는데 이 단계에서 탈락자가 생겼다. 인터뷰 자체를 주저하는 편집자도 있었고, 인터뷰 내용이 부실한 편집자도 있었다. 서점 현장 보고서를 제출하는 과정에서 다시 탈락자가 생겼다. 다양한 시간대의 서점 현장 조사와 담당자 인터뷰 과정을 힘들어했다. 6개월이 지나자 10명 가운데 3명만 남았다. 이처럼 기획은 반짝이는 아이디어가 아니라 시기를 놓치지 않는 실행력이 뒤따라야 하는 일이다.

– 휴머니스트를 차리고 편집자, 디자이너와 함께 전국 도매상과 서점을 다니며 현장을 둘러보았다. 10만 권이 넘는 반품 도서를 정리하는 도매상 현장과 지방 소도시의 조그만 서점 현장에서 우리는 책의 운명을 생생하게 목격했다. 그 과정에서 우리는 방문하는 전국 서점의 평대와 서가를 그리며 각자가 조사하고 느낀 바들을 공유하고 논의했다. 대형 온라인 서점의 현장도 중요하지만, 오프라인 서점을 직접 찾아가 물어보고 책들도 보며 체험하고 조사하는 과정에서 출판의 세계를 생생하고 세밀하게 그릴 수 있었다.

– 월말 수금을 위해 가능하면 15일 이전에 신간을 내달라는 마케

팅 담당자의 부탁을 싸늘하게 무시하는 편집자는 기획이나 편집의 현장을 잠시 떠나 일주일쯤 반품 창고에서 재생 근무를 경험해보는 게 좋다. 그토록 수많은 의미를 부여하고 입에 침이 마르도록 칭송했던 책이 출고보다 반품이 더 많다는 사실은 마케팅 담당자가 훨씬 더 정확히 알고 있다. 그래도 침묵하는 것은 편집자의 자존심을 배려했기 때문이다.

– 난 아직도 영업부 차장과 떠난 1992년의 첫 지방 도매상과 서점 출장을 잊지 못한다. 전국 서점의 현장을 알고 싶어 졸라서 간 첫 출장이었다. 대구에서 경주로, 다시 포항으로 밥때를 놓치며 쉼 없이 이동했다. 몇십만 원, 때로는 몇만 원을 수금하기 위해 가는 곳마다 실랑이를 벌였다. 어음을 받으려고 수십 명의 영업부장이 줄을 섰다. 매출과 수금액에 따라 희비와 대우가 엇갈렸다. 책이 잘 팔린 출판사의 영업자에게는 커피를 대접했고, 반대의 경우에는 핀잔을 안겼다. 그렇게 부산, 마산, 군산, 광주, 청주를 다녔다.

부끄러웠다. 그리고 결심했다. '함께 일하는 영업부 직원이 서점의 현장에서 내가 펴낸 책으로 자부심을 가질 수 있도록 하겠다.' 일주일 동안의 출장을 마치고 돌아오며 나는 이 말을 속으로 수없이 다짐했다. 매일 보는 그들이었지만, 그들의 현장은 편집자와 달랐다. 같은 서점이라도 나는 고상하게 둘러보지만, 그들에게는 생존을 건 전장이었다. 이후로 난 '지혜가 드는 창' 교양서 시리즈를 기획하여 그들에게 매달 두 종의 신간을 안겨주었다.《미학 오디세이》,《철학과 굴뚝청소부》,《상식 밖의 세계사》는 모두 그때 선보인 책이다. 그로부터 꽤 오랫동안 나는 매년 한 번씩 영업부장과 전국의 서점을 다녔다.

– 마케터가 제공하는 시장 정보에 귀 기울이고, 내가 내고자 하는 원고와 책, 저자에 관해 그에게 의견을 구하라. 기획의 현장에 선 편집자의 가장 소중한 동료는 서점의 현장에서 뛰는 마케터라는 사실을 잊지 말아야 한다.

절대 하지 말아야 할 것

– 확신 없이 기획안을 쓰지 마라. 모든 원고는 가능성을 가지고 있다. 여기에 확신을 불어넣는 것이 편집자의 몫이다. '가능성 그 자체'와 '확신하는 가능성'은 다르다. 전자는 판단할 수 없는 불투명함을 말하며, 후자는 판단과 예측에 기초한 확신을 말한다. '잘 모르겠다'면 기획에서 잠시 손을 떼자.

– 나무를 볼 때는 확실히 나무를 보고, 숲을 볼 때는 확실히 숲을 봐야 나무와 숲을 모두 볼 수 있다. 원고의 가치를 따져야 할 때 판매 부수를 들이대지 마라. 역으로 판매를 예측하고 손익을 점검해야 할 때 원고의 가치에 대해 목청을 높이지 마라. 먼저 가치를 읽고 그다음에 비즈니스를 따져라. 최종적인 판단은 이 둘을 조정하고 타협하며 통합하는 과정이다.

– 일반적으로 저자는 책이 잘 팔리면 '원고가 좋아서'라고 생각한다. 반면에 책이 안 팔리면 '출판사에 문제가 있어서'라고 우려한다. 한편 편집자는 책이 잘 팔리면 '책을 잘 만들어서'라고 내심 생각한다.

문제는 다음이다. 책이 안 팔리면 '마케팅에 문제가 있어서', '광고나 홍보를 적극적으로 하지 않아서'라고 습관적으로 사고하는 저자와 편집자가 있다. 이런 저자나 편집자를 위한 처방은 딱 하나다. "출판사를 직접 차려서 해보시죠?"

– 프로 편집자는 실패의 원인을 외부에서 찾지 않는다. 원고와 저자의 선택도, 편집에 관한 결정도, 가격이나 출간 시기에 관한 결정도, 심지어 마케팅 환경과 활동에 관한 예측과 실행에도 편집자의 의견과 판단이 작용한다. 아마추어는 패배의 원인을 나 아닌 외부로 돌리고, 프로는 내 안의 것을 성찰하는 법이다.

현장에서 쓴 편집자 노트

– 처음에는 나도 설레는 마음으로 올린 기획안이 연이어 퇴짜를 맞았을 때 좌절했다. 그때 유명한 광고회사에 다니는 친구가 웃으며 충고했다. "그렇게 퇴짜를 맞으면서 프로가 된다." 이후 리서치 회사에서 소비자 의견을 청취하고 분석하는 훈련을 받았다. 내 제안을 스스로 걸러내고 좀 더 분명히 하는 과정을 익혔다. 전문가 다섯이 모여 셋 이상이 반대하면 대부분 이유가 명확하다. 퇴짜는 그 이유를 찾으며 안목을 높이는 좋은 거름과 같다.

– 편집회의에 참석한 이들은 출판사에서 내야 할 책을 결정하는 역할도 중요하지만, 그 과정에서 내지 말아야 할 책을 분명히 하는 것

도 매우 중요하다. 간혹 문제점을 정확하게 찾아내고 점검하지 못하고 회피하거나 대충 넘어가면서 서로 봐주는 경우가 있다. 이런 분위기가 이어지면 출판사도 편집자도 위태롭다. 내지 말아야 할 책은 내지 않도록 하는 것, 출판사와 편집자의 생존 지침 중 하나다.

– 서점에서 수많은 책 사이를 오가며 살피는 독자들을 본다. 이따금 장을 보러 갈 때 자주 듣게 되는 아내의 혼잣말이 떠오른다. "가짓수는 많은데 정작 살 게 없어." 서점의 독자들도 마찬가지 심정이다. 그들은 편집자에게 이렇게 항변한다. "신간이 너무 많이 쏟아지는데 정작 읽을 만한 책은 드물어." '꼭 내야 할 책'만이 아니라 '내지 말아야 할 책'을 검열하고 판단하는 기준도 높여야 하는 이유다. 연말마다 나 자신에게 던지는 질문이다. "올해 낸 책 중 출간하지 말았어야 하는 책은 없었는가?"

– 매년 연말에 자신이 담당했던 올해의 신간에 대한 독자의 실제 반응과 초기에 작성했던 신간 기획안을 비교하면서 그 과정을 역추적하며 되짚어본다. 결과에 대한 예측과 실제 결과를 있는 그대로 대비해보면서 어디에서 착오가 있었는지, 의도와 현실 사이에 어떤 차이가 있는지 파악하면서 실전의 경험을 좀 더 탄탄하게 쌓을 수 있다. 출판은 경험을 어떻게 축적하는가에 달려 있다.

5장

출판계약, 저자와 출판사는 어떤 역할과 책임을 갖는가?

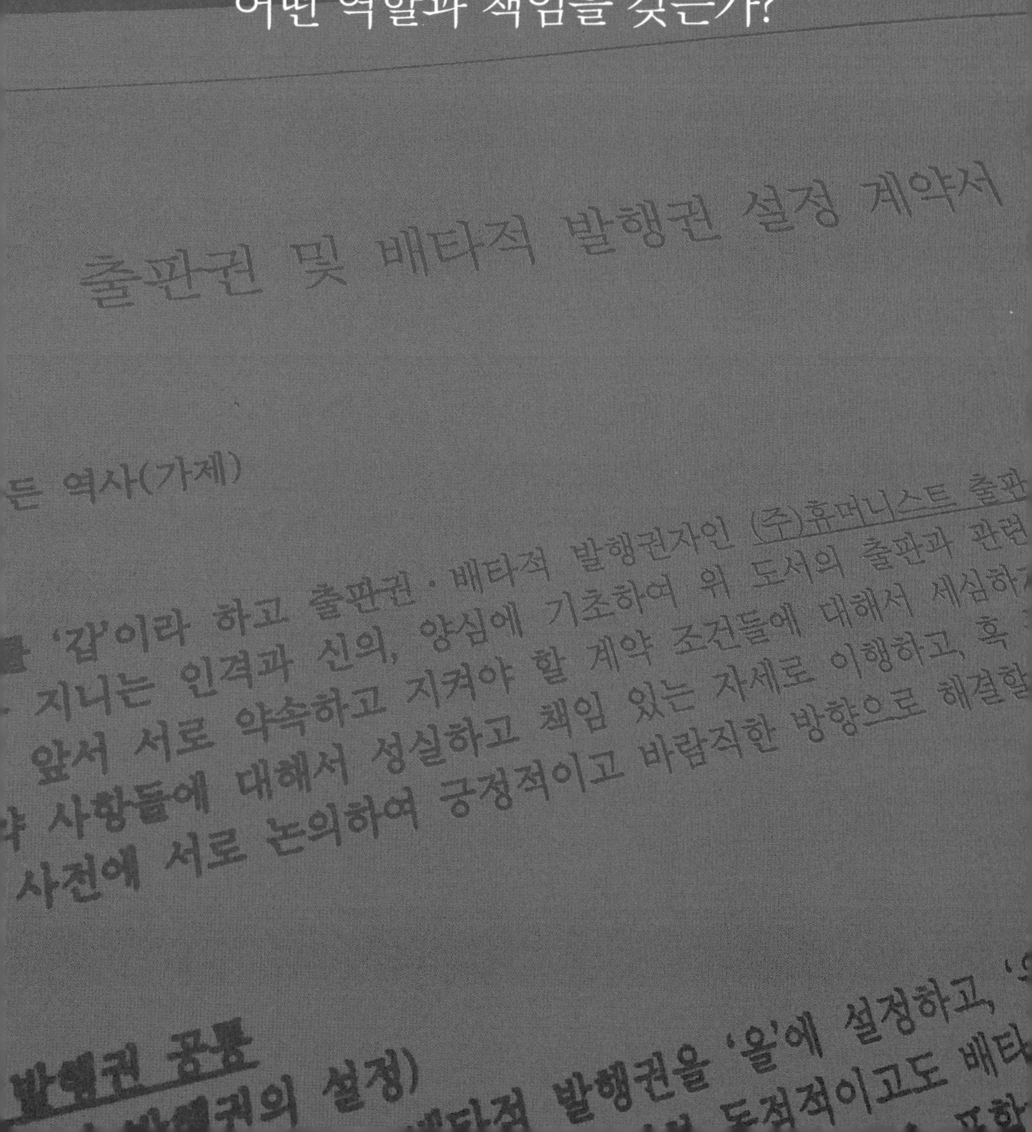

신간 기획안이 편집회의에서 통과하여 최종적으로 발행인의 재가를 받으면 원고의 탈고 과정에서 저자와 출판사가 출판계약을 맺는다. 이때 편집자는 출판계약서를 저자에게 미리 보내 검토하도록 하여 협의할 사항을 논의하는 등 조정자 역할을 한다. 출판계약에서 편집자의 조정자 역할은 매우 중요하다. 조정의 목적은 계약의 두 당사자가 최상의 책을 위해 신뢰와 동반의 자세로 기꺼이 서명하는 것이다. 이를 위해 편집자는 출판사나 저자의 생각을 전달하는 대변인에 그치지 말고 적극적 주체로 나서야 한다. 그러자면 기획을 담당하는 편집자는 다음의 질문들에 답할 수 있어야 한다.

최상의 책을 출판하기 위해 저자와 출판사가 서로 확고한 의지와 필요성을 공유하고 있는가? 저자와 출판사 사이의 출판계약은 어떤 의미를 지니는가? 계약의 핵심 내용은 무엇인가? 최상의 원고를 위한 저자의 역할과 책임은 무엇인가? 최상의 책을 위해 출판사는 어떤 역할과 책임을 다해야 하는가? 저자와 출판사 모두가 기꺼이 동의할 수 있는 합의는 어떻게 가능한가?

편집자는 변호사가 아니다. 책은 저자와 출판사 사이에 수준 높은 의기투합의 환경을 요구한다. 두 당사자가 신뢰와 동반의 관계에서 쓰고 만들 때 최고의 책이 탄생한다. 이 장은 편집자가 그런 관점에서 출판계약의 의미와 내용을 이해하도록 돕는다. 이를 통해 편집자는 저자-출판사가 '환상의 협력자' 관계를 맺는 길을 찾는다. 책을 통한

'저자-독자'의 행복한 만남을 위해서 '저자-출판사'의 아름다운 의기투합은 꼭 필요한 전제이기 때문이다.

출판계약이란 무엇인가?

계약서란 두 당사자 사이의 법적인 합의 문서다. 일반적으로 거래를 위한 계약은 서로의 이익을 관철하기 위한 협상이 핵심이다. 예를 들어 부동산 매매 계약서는 가격과 조건에 대한 협상이 전제된다. 다양한 흥정과 중재, 조정을 거쳐 쌍방이 수락하면 계약서에 서명함으로써 계약이 성사된다. 그러나 출판계약은 단순히 무언가를 사고파는 계약과는 다른 성격을 지닌다. 일반적인 계약과는 다른, 출판계약의 실제적인 의미와 내용은 무엇인가?

첫째, 출판계약은 저자와 출판사가 공통으로 바라는 최상의 책을 출판하고자 하는 약속이다. 저자와 편집자는 서로가 원하는 책의 주제와 내용만이 아니라 책의 외형에 대해서도 미리 논의한다. 먼저 책의 성격이나 특징, 모습에 대해 합의하고, 원고의 탈고 일정을 가시적으로 확정했을 때나 임박했을 때 계약을 맺는다. 따라서 출판계약이란 어떤 책을 펴낼 것인가에 대해 뜻을 같이한 저자와 출판사가 그 공통의 뜻을 이루고자 결의하는 출사표와 같다.

둘째, 출판계약이란 최고의 책을 위한 저자와 출판사 각각의 역할과 책임을 최종적으로 확인하고 이를 약속하는 절차다. 저자는 원고를 쓴다. 출판사는 이를 책으로 만든다. 최고의 책을 펴내기 위해 저자는 서로 논의한 주제와 내용을 담은 원고를 약속한 날짜에 준다. 출판사는 서로 논의한 수준의 편집과 제작으로 약속한 날짜에 책을 발행한다. 다만 원고를 작성하는 데 필요한 모든 비용은 저자가, 책을 펴내는 데 필요한 모든 비용은 출판사가 부담한다. 우리나라와 세계 곳곳을 다니며 쓴《나의 문화유산답사기》나《바람의 딸 걸어서 지구 세 바퀴 반》모두 여러 해 동안의 공력이 들어간 원고지만, 모든 비용은 저자의 몫이다. 수많은 전문 인력이 오랫동안 공들여 편집한《한국생활사박물관》이나《살아있는 한국사 교과서》의 편집과 제작 비용은 모두 출판사의 몫이다.

셋째, 출판계약이란 최상의 책을 펴낸 저자와 출판사가 더 많은 독자를 확보하기 위해 노력하고, 그 판매로 인해 발생한 수익을 공동 분배한다는 약속이다. 출판사는 책의 배포와 관리, 홍보, 판매를 책임진다. 저자는 인터뷰와 강연, 저자와의 대화, 사인회 등을 통해 책의 홍보를 지원한다. 판매의 결과로 얻어진 이익은 저자와 출판사가 공정하고 합리적인 방식으로 나눈다. 저자는 저작권자로서 출판사에 배포와 판매를 위한 법적 권리를 주고, 출판사는 저작물의 저작권을 보호한다. 이처럼 출판계약이란 책의 사회적 전파를 위해 함께 노력하고 그 결과를 함께 공유하는 '사업 동반자 관계'를 체결한다는 의미다.

저자와 출판사가 주고받는 것

앞에서 정리한 출판계약의 진정한 의미를 이해한 후 구체적인 내용을 파악하려면 먼저 저자는 출판사에, 출판사는 저자에게 무엇을 주고 무엇을 받는가를 이해해야 한다. 복잡한 법률 용어로 쓴 출판계약의 주요 내용은 사실 저자와 출판사가 주고받는 것들에 대한 정리다. 원고가 있어야 책을 펴낼 수 있으니 먼저 저자가 출판사에 주는 것들을 살펴보고, 그다음 출판사가 저자에게 주는 것을 정리한다.

1. 저자가 출판사에 주는 것(출판사가 저자에게서 받는 것)
- 원고
- 원고를 출판, 배포, 판매하는 법적 권리
- 저작물에 대한 보장

2. 출판사가 저자에게 주는 것(저자가 출판사에서 받는 것)
- 책
- 합의한 원고료 또는 인세
- 저작권의 관리와 보호

저자는 첫째, 원고를 출판사에 준다. 저자와 출판사는 이와 관련하여 원고의 주제와 성격, 내용, 분량 그리고 양도일을 논의한다. 여기서 원고란 '특정한 수준의 완전한 원고'를 의미한다. 원고는 출판을 전제로 한다. 따라서 분량과 마감을 미리 정한다. 출간일과 편집 방침을 정해야 하기 때문이다. 둘째, 저자는 원고의 저작권자로서 출판사에 이를 출판하고 배포, 판매할 수 있는 출판권을 준다. 출판계약을 '출판권 설정 계약'이라고 부르는 것은 이 때문이다. 출판권은 여러 출판사에 동시에 주지 않고 특정 출판사에만 주는 '독점적이며 배타적인 권리'의 성격을 지닌다. 셋째, 저자는 원고가 타인의 저작을 표절하거나 도용한 것이 아니라 자신의 지적 창조의 산물임을 보장한다. 이 보장이 없다면 출판도 저작권 보호도 불가능하기 때문이다.

출판사는 첫째, 저자의 이름으로 발행한 책을 저자에게 준다. 대충 만든 책이 아니라 특정한 수준의 책을 말한다. 이를 위해 출판사는 쪽수와 가격, 판형, 장정, 편집 방침을 사전에 정한다. 편집 과정에서 저작권자의 인격을 배려한다. 둘째, 원고료 또는 책을 배포하고 판매하여 얻는 이익금을 저자와 나눈다. 그 배분의 방식으로 지급하는 저작료를 인세(印稅, royalty)라 한다. 여러 저자가 참여한 경우에는 인세 정산이 복잡하여 원고료로 지급하는 사례도 있지만, 이익 배분의 원칙으로 보면 인세가 훨씬 합리적인 방식이다. 셋째, 저작권을 관리하고 보호한다. 책은 출간하여 납본과 동시에 저작권 보호의 대상이 된다. 저자의 저작물에 대한 출판권자로서 해당 출판물을 불법 복제나 불법 배포, 도용 등에서 보호할 책임을 다해야 한다. 2000년대에 들어서는 전자책 시장이, 2010년대 후반에 이르러서는 오디오북 시장이 형성되어 종이책 출간과 동시에 계약하는 사례가 늘면서 배타적 발행권의 개념이 확장되고 있다.

계약서의 내용과 형식은 출판사마다 조금씩 다르다. 때로는 이해하기 힘든 법률 용어가 즐비한 계약서도 있다. 하지만 출판계약의 주요 내용은 이처럼 저자와 출판사가 계약 이후 주고받는 것들, 즉 최상의 책을 출판하여 공동의 목표를 이루기 위해 각자가 맡은 역할을 정리한 것이다. 이 관점에서 출판계약을 검토하면 간단하고 명확하다. 무엇보다 공정하다. 출판계약은 문화 비즈니스 가운데 최고 수준의 계약이다. 의기투합의 내용은 물론이고, 주고받는 주요 항목조차도 명확하고 공정하다.

원고 마감일, 분량은 왜 중요한가?

원고 마감일은 책의 발행일을 결정한다

저자와 편집자는 계약 전에 집필 일정에 대해 여러 차례 의견을 나눈다. 전화로, 구두로, 이메일로 원고 일정을 논의하고 합의한다. 이때까지만 해도 마감은 상대적으로 자유롭다. 그러나 계약 이후에는 다르다. 특히 저자의 원고 마감일은 출판사의 편집 일정과 제작 일정, 출간 일정 모두를 결정한다. 만일 이 사항이 대충 합의한 수준, 즉 좀 더 자유로운 상태라면 계약을 미루는 게 좋다. 마감 일정을 서로 확신할 수 있을 때 계약 일정을 잡는다.

만일 원고 마감이 한 달 늦어지면, 출판사는 모든 일정과 인력을 다시 배치해야 한다. 우선 편집 일정을 다시 짜고, 대기 중인 편집자와 디자이너 등 담당자들의 일정을 재조정해야 한다. 그리고 조판과 출력, 인쇄, 제본 등 제작 일정도 다시 논의해야 한다. 출간 예정일이 변경됨에 따라 서점과 도매상의 배본, 초기 홍보, 마케팅 일정도 다시 입안해서 마케팅 인력도 재배치해야 한다. 그뿐 아니라 출판사의 경영관리 계획을 모두 조정해야만 한다. 최소한 월·분기별 매출과 수금, 예산 집행의 계획과 일정을 다시 짜야 하는 것이다. 이 과정에서 출판사는 최소 20퍼센트 이상의 비용 손실을 감수해야 한다.

일본과 유럽, 미국의 출판계약은 원고 마감일에 대해 아주 까다로운 원칙을 담는다. 특히 유럽과 미국은 발행일 1년 전에 '근간 도서의 출간 목록'을 만들어 미리 홍보하기 때문에 마감일에 더욱 민감하다. 영국과 미국의 출판사에서 20년 가까이 편집자 생활을 했던 윌리엄 제르마노는 《출판한다는 것》에서 출판계약을 체결할 때 '원고 마감의 엄수'를 저자의 책임 1호로 꼽는다. 아울러 "마감일을 연기할 때 가장 빨리, 가장 먼저 편집자에게 공식적인 서신, 즉 이메일을 통해 이 사실을 알려 출간일과 그에 따른 조정 절차를 밟아야 하며, 이 역시 1회로 제한한다"고 강조한다.

원고 분량은 책의 정가를 결정한다

원고 분량은 다음의 사항을 결정한다.

- 본문의 쪽수
- 본문의 교정, 조판 등 편집과 조판 비용
- 용지, 인쇄, 제본 등 제작 비용
- 책의 정가
- 독서의 호흡, 책의 성격, 독자층

원고의 분량은 기본적으로 책의 본문 분량을 결정한다. 본문의 분량은 개발과 편집, 제작비를 결정하여 최종적으로 책의 정가를 결정한다. 책의 정가는 책의 내용과 수준, 저자의 공력으로 결정하는 것이 아니다. 예를 들어 소설가 황석영의 신작과 신인 작가의 신작이 비슷한 원고 분량이라면 책의 정가도 비슷하다. 대가의 작품이라고 해서 3만 원, 신인 작가라 해서 1만 원으로 정하지 않는다. 세계적인 위인의 삶을 다룬 평전과 평범한 사람의 자서전도 마찬가지다. 책은 순수 제작비를 계산하여 '비용+저자와 출판사의 일정 수익'의 방식으로 정한다. 이는 세계 어느 나라에서나 보편적으로 적용하는 '책의 정가 책정 원칙'으로, 책의 다양성을 보장하기 위한 오랜 문화적 관습이다.

원고의 분량은 최종적으로 독자가 책을 읽는 호흡과 독서 시간을 결정한다. 원고 분량에 따라 책의 성격도 독자층도 달라진다. 한국의 역사의 경우 본문 200쪽을 읽는 것과 350쪽짜리 세 권을 읽는 것은 다르다. 원고 분량은 책의 내용과 성격, 독서의 호흡, 시간, 독자층 모두를 구분 짓는다. 단편, 중편, 장편에 따라 작품의 주제와 구성, 글쓰기는 물론 독자층도 달라진다. 일정한 분량을 넘어서면 가지고 다니지 못한다. 그보다 훨씬 늘어나면 가방에 넣고 다니는 일조차 부담스럽다. 《한 권으로 읽는 조선왕조실록》, 《하룻밤에 읽는 세계사》, 《읽기만 하면 내 것이 되는 1페이지 한국사 365》 등은 모두 원고의 분량이 책을 선택하는 중요한 기준이 된 기획이다. 막대한 양의 조선왕조실록을 한 권으로 담고, 세계의 역사를 단 하룻밤에 읽고, 한국사를 365일 1쪽으로 읽는다는 접근은 책의 영역에서 원고의 분량이 단순히 형식을 넘어 책의 내용과 성격을 규정하는 본질적인 요소임을 방증한다.

미국의 출판사는 대부분 원고 분량을 확정하고 계약서를 작성한다. 원고 분량, 제작비, 책의 외형, 정가를 협의하고 확정하여 출판계약서에 명시한다. 그들은 또한 "상호 합의하여 계약서에 명시한 총 분량의 10퍼센트를 초과하면 문제 상황으로 취급한다"고 명시한다. 이와 관련하여 윌리엄 제르마노는 저자들에게 이렇게 조언한다. "만일 집필 과정에서 10퍼센트가 넘는다면 첫째, 계약서를 확인하고 편집자와 조정 가능한 방법을 찾아라. 둘째, 시간을 얻어 약속한 분량으로 줄여라. 셋째, 분량을 효과적으로, 그리고 빨리 줄일 방법, 예를 들면 사진이나 일러스트, 본문 글자의 크기나 행간을 줄이거나 종이 등 제작에서 비용을 줄일 방법을 편집자에게 구하라."

우리의 눈으로 보면 다소 지나친 감도 있지만, 원고 마감과 분량에 대한 저자와 출판사 사이의 신뢰는 출판의 내용과 일정을 결정하는 핵심 사항이다.

사진, 그림, 도표는 누구의 몫인가?

사진, 그림, 도표 등은 글과 함께 본문의 원고에 해당한다. 원고에 대한 책임은 저자에게 있으므로 본문에 들어가는 모든 것은 원칙적으로 저자의 몫이다. 하지만 예외도 있다. 교과서나 참고서는 일반적으로 편집자가 사진이나 그림, 도판 등의 개발에 적극적으로 참여한다. 교양서, 실용서, 전기나 평전도 정도의 차이는 있지만 편집자가 본문의 그림 자료를 적극적으로 지원한다. 이 경우 본문의 원고에 들어가는 비용은 원칙적으로 저자의 몫이어서 추가 비용을 저자와 출판사가 공동으로 분담하거나 인세 비율을 조정하기도 한다.

본문의 원고 전체를 저자가 탈고하는 소설의 경우 10퍼센트의 인세가 일반적인 데 반해, 본문의 개발, 즉 다양한 그림 원고나 기타 편집자가 원고의 개발에 적극적으로 참여하는 도서의 경우 6~9퍼센트까지 인세 비율을 조정하는 이유가 여기에 있다. 동화책의 경우 글을 쓰는 작가와 그림을 그리는 화가가 10퍼센트의 인세를 50:50 또는 60:40으로 나누는 이유도 같다.

그림 원고의 유무와 분량에 대해서도 저자와 편집자가 계약 전에 점검한다. 특히 4도 인쇄가 필요한 그림이라면 편집의 문제를 미리 점검해야 하기 때문이다. 예를 들어 책의 본문으로 총 288쪽의 원고 분량인데, 그 가운데 12장의 사진, 8개의 도표, 4장의 그림 원고가 포함되고, 사진을 4도로 인쇄해야 한다면 편집자와 미리 상의하여 편집 방식과 비용을 미리 점검해야 한다.

원고에 타인의 사진이나 그림, 특정 분량 이상의 글 등을 싣게 되면 해당 저작물의 저작권자에게 미리 허락을 받아야 하며, 상황에 따라 비용을 지급해야 한다. 이때 허락을 받는 절차나 비용의 지급도 저자의 몫이다. 앞서 말했듯이 원고는 저자의 몫이며, 본문에 들어가는 모든 재료는 원고에 해당하기 때문이다. 간혹 글만 원고라고 착각하는 저자가 있다. 그러나 저자의 '완전한 원고(completed manuscript)'란 '사진, 그림, 도판을 포함한 교정·교열 등 편집 직전의 원고'를 뜻한다는 것은 세계적으로도 통용되는 상식이다. 다만 허락받아야 할 것이 많아서 저자가 혼자 감당하기 힘들 때 출판사는 이를 지원할 수 있으며, 그 정도가 심할 때는 비용을 저자와 출판사가 협의하여 분담한다.

출판사의 여섯 가지 주요 책임

출판사가 계약과 함께 수행해야 할 여섯 가지 중요한 책임은 다음과 같다.

- 정확한 교정과 교열, 편집
- 인쇄, 제작
- 책의 발행(발행 예정일 이내), 배포, 판매, 저자 증정본 발송

- 원고료 또는 인세의 지급, 인세 지급의 경우에는 정기적인 인세의 정산과 보고
- 중쇄의 발행, 절판에 대한 고지
- 출판권의 관리와 보호

출판사는 저자의 원고를 최상의 책으로 만들기 위해 최선을 다해야 한다. 최상의 책이란 화려한 포장이 아니라 원고의 성격과 장점, 개성을 책의 장점으로 최대한 살리는 편집을 말한다. 무엇보다 정확한 편집이 우선이다. 독자들은 화려한 편집보다 오탈자가 없는 책을 원한다. 본문의 오탈자, 잘못된 도판 위치, 잘못 표기된 차례, 본문, 찾아보기의 쪽수 등 편집상의 실수는 출판사의 책임이다. 오탈자나 편집의 실수는 중쇄에서 수정한다. 인쇄 감리, 제본 상태의 점검 등 제작 관련 사항 역시 출판사의 몫으로, 인쇄 상태가 흐리거나 번져 독서를 심각하게 방해하거나 제본의 실수로 책의 낱장들이 떨어지는 경우도 출판사의 책임이다. 파손된 책은 독자가 요구하면 새 책으로 교환해주어야 한다.

출판사는 발간 즉시 저자에게 증정본을 보낸다. 증정본 수량은 학술서나 전문서는 2~3부, 대중서는 5~10부 정도가 일반적이다. 학술서의 저자가 10명 이상일 때는 각 1~2부가 기본이다. 그러나 저자의 요청으로 이를 초과하는 상황도 자주 발생한다. 우리나라의 경우 저자 증정본이 과해서 생기는 손실이 유럽이나 미국은 물론 일본과 비교해도 상당히 크다. 일본의 경우 저자 증정본은 2부가 기본이며, 문고본만 3~5부를 증정한다. 미국은 학술서와 하드커버(hardcover)는 모두 2부, 페이퍼백(paperback)은 출판사에 따라 5~10부를 증정한다. 저

자-편집자-출판사 모두 증정본에 대한 원칙을 철저히 지키며, 기획을 담당하는 편집자도 1부만 무료로 받을 뿐, 모든 직원은 자사의 책을 사내 도서관에서 빌리거나 정가의 65~70퍼센트 가격으로 구매한다.

우리나라도 증정본 이상의 도서는 출판사에 따라 정가의 70~80퍼센트로 저자에게 공급한다. 다만 '홍보용'이라는 모호한 기준으로 무료 증정본을 지나치게 많이 공급하는 때가 있다. 저자나 편집자, 출판사 모두 '책은 스스로 사서 읽는다'는 문화를 정착시킬 필요가 있다. 유럽이나 미국, 일본의 출판사를 방문하면 해당 출판사의 편집주간에게서도 책을 기증받기 힘들다. 자기 지갑을 열어 구매해서 기증해야 하기 때문이다.

발행 예정일의 준수 또는 빠른 신간 발행은 세계에서 한국이 최고다. 일본은 완전한 원고가 들어온 후 12개월 또는 18개월 안에 출간한다. 유럽과 미국은 비슷하다. 학술서는 원고가 들어온 후 18개월이 가장 일반적이며, 드문 경우 24개월도 있다. 대중서는 12~18개월이 일반적이다. 물론 아주 특별한 상황일 때는 3~6개월 만에 책을 펴내는 사례도 있다. 랜디 포시(Randy Pausch)의 베스트셀러 《마지막 강의(The Last Lecture)》는 강의한 날로부터 추가 인터뷰를 통한 집필에서 출간까지 7개월밖에 걸리지 않았다. 우리나라는 완전한 원고가 들어온 후 3개월, 때로는 한 달 안에 책을 내기도 하는데, 결코 긍정적인 일만은 아니다. 계약서에는 시나 소설 등 문학 분야는 보통 6개월을, 인문이나 과학, 역사 등 교양서나 학술서는 보통 1년을 명시한다.

우리나라에서 계약 기간은 보통 5~10년이며, 연장은 3~7년을 기본 단위로 한다. 계약 기간은 저자와 출판사의 협의에 따라 조정할 수 있다. 책의 판매가 매우 적어서 절판을 결정할 때는 저자에게 미리 알려야 한다. 이 경우 저자는 출판사와 협의하여 재고의 판매에 필요한 일정한 유예 기간을 거쳐 저작권을 회수할 수 있다.

인세는 왜 10퍼센트일까?

출판사는 책의 판매로 발생한 수익 중 일부를 저자에게 지급해야 한다. 저작료 지급은 원고료를 지급하는 '매절', 정가의 일정 비율을 지급하는 '인세' 두 가지 방식이 있다. 저자가 여러 명이어서 인세를 산출하기 복잡한 상황처럼 특별한 사례를 제외하고는 인세 지급 방식이 일반적이다. 번역료의 경우 번역가와 출판사의 기호에 따라 원고지 1매당 일정 금액을 정하여 총매수에 해당하는 원고료로 지급하는 매절의 방식을 선택하기도 한다.

세계적으로 인세의 비율은 정가의 10퍼센트가 일반적이다. 왜 그럴까? 근대 이전의 시기, 즉 20세기 이전까지만 해도 출판업자와 저자 사이는 그리 좋지 않았다. 당시 출판업자는 대개 인쇄업자이자 판매업자여서 저자에게 원고를 받아 직접 만들어 팔았다. 양심적인 출판업자도 많았지만, 반대의 경우도 많았다. 그러다 보니 작가마다 기준이 달랐고, 적당한 선금을 주고 입을 닦는 경우도 많았다. 19세기 말에서 20세기 초에 책의 전성기가 열리면서 저자와 출판사는 공정한 이익의 분배 방식을 찾았다. 결국 책의 수익을 절반씩 나누는 것으로 정했다. 정가의 10퍼센트를 저작료로 지급하는 관례는 이런 역사적 배경에서 탄생했다.

유럽과 미국, 일본에서는 20세기 초·중반, 우리나라에서는 그보다 늦은 20세기 후반에 '정가 대비 10퍼센트의 인세'가 정착했다. 예를 들어 정가 1만 원의 소설책을 출간했다고 하자. 출판사는 도매상과 서점에 정가의 60~65퍼센트로 공급하고, 팔린 부수에 해당하는 금액을 수금한다. 3,000부가 팔렸을 경우 1만 원(정가)×3,000부(판매 부수)×0.6(공급가)=1,800만 원을 수금하는 것이다. 책의 평균 이익률(총수익-총비용)은 판매 수금 대비 30~35퍼센트이므로 이익금은 540만 원(1,800만 원×0.3)~630만 원(1,800만 원×0.35) 정도 발생한다. 이를 저자와 출판사가 절반씩 나누어 가지면 각각 270만 원에서 315만 원의 이익 분배가 된다. 이를 정가 기준으로 환산하면 정가의 10퍼센트 내외, 공급가 기준으로 환산하면 공급가의 15.6퍼센트 내외다. 쉽게 말해 책은 정가 기준으로 평균 20퍼센트, 공급가 기준으로 평균 30~35퍼센트의 이익이 발생한다. 공급가는 도매상이나 서점별로 다르므로 그 계산이 복잡하여 정가 기준으로 인세를 지급하게 되었다. 출판사가 저자에게 지급하는 인세는 정가에 대비하면 10%, 평균 공급가 60% 기준으로 하면 15~16%가 일반적이다.

물론 이는 '완전한 원고'의 경우에 적용된다. 앞서 말한 대로 원고의 완성 과정에 출판사가 평균 이상의 비용을 들이거나, 평균 제작 비용을 훨씬 웃돌면 평균 이익률이 낮아져 인세를 6~8퍼센트로 낮춰서 조정하기도 한다. 판매가 폭발적으로 늘어나면 평균 이익률이 높아진다. 그래서 대중적인 문학 분야에서는 이른바 베스트셀러 작가의 경우 50만 부, 100만 부 이상 판매되면 인세를 11퍼센트, 때로는 12퍼센트로 계약하는 사례도 있다.

인세 15퍼센트, 미국의 실상

“미국에서는 15퍼센트의 인세도 많은데, 왜 한국의 출판사는 10퍼센트를 고집하는가?” 간혹 이렇게 말하는 저자가 있다. 겉으로 드러난 면만 보면 사실이다. 미국의 경우 10퍼센트에서 시작하여 15퍼센트는 물론, 드물게는 20퍼센트까지 인세를 지급하는 사례도 있다. 그러나 실상을 보면 우리와 비교할 수 없다. 미국은 자국 내 출판 시장만 해도 한국보다 20배가 넘는 규모다. 또한 해외 시장이 전체의 40퍼센트 이상을 차지하기 때문에 미국은 전체적으로 한국보다 30배 이상의 규모다. 마케팅의 관점에서 볼 때 시장이 세 배 이상 차이가 나면 ‘서로 비교할 수 없는 대상’이다. 미국과 한국의 출판 시장은 ‘완전히 다르다’고 말하는 게 정확하다.

인세 15퍼센트의 실상은 이렇다. 미국 출판에서는 자국 내 시장에서 발행 후 1년 안에 50만 부 이상, 일반적으로 100만 부 이상 판매될 기획은 특별히 관리한다. 대부분 소설이고, 일부 대형 베스트셀러를 확신하는 자서전이 여기에 해당한다. 이런 경우만 인세를 10퍼센트에서 시작하여 판매 부수별로 15퍼센트, 많게는 20퍼센트까지 지급한다.

베스트셀러 기획으로 인해 발생하는 수익은 여기에 그치지 않는다. 2차 저작권으로 저자와 출판사는 막대한 이익을 챙긴다. 베스트셀러는 북클럽의 페이퍼백 판권과 해외 저작권으로 일시에 엄청난 수익이 발생하며, 영화 판권 등이 가세하기도 한다. 2차 저작권은 총수익을 절반으로 나누는 것으로 시작하여 총금액에 따라 배분율이 달라진다. 일반적으로 1만 달러까지는 50 : 50, 2만 달러까지는 60 : 40, 2만 달러 이상은 70 : 30 등 수익이 많아질수록 저자가 총수익의 70퍼센트까지 받는다. 이러한 베스트셀러 기획의 계약은 대부분 저자-에이전시-출판사 사이에서 진행되고, 실제로는 에이전시와 출판사의 협상으로 이루어진다. 물론 계약서는 공개하지 않는다.

반면, 학술서나 교양서의 경우에는 사정이 완전히 달라진다. 손익분기점을 넘지 못하는 도서는 최소 1,000부, 기본적으로 2,000부까지 인세를 지급하지 않는다. 물론 독자층이 좀 더 넓은 교양서는 '완전한 원고'에 해당하여 정가의 10퍼센트를 지급한다. 이 역시 출판사마다 다른데, 정가(list price)의 10퍼센트가 아니라 판매가(net price)의 10~15퍼센트인 경우도 많다. 이를 정가 대비로 환산하면 6~8퍼센트다. 대학 출판부의 경우 독자층이 좁지만 꼭 출간해야 하는 도서들은 인세를 지급하지 않는 '비영리 출판'의 방식으로 출판하고, 정부·단체·기업의 보조나 지원 또는 기부금으로 제작비를 충당하는 사례도 상당하다. 학술서나 교양서 가운데 반응이 좋아 페이퍼백으로 출간할 때는 정가의 5~7퍼센트의 인세를 지급한다.(John P. Dessauer, *Book Publishing, What It Is, What It Does*, Bowker, p. 57.)

"미국에서는 15퍼센트 인세도 많다"라는 말은 두 가지 경우에서만 사실이다. 미국 내에서만 50만 부 이상, 해외에서 그 이상의 판매를 보장하는 베스트셀러거나 폭넓은 독자층을 가진 교양서 저자가 정가가 아닌 판매가 대비 인세로 계약한 경우다. 이를 한국에도 적용하면, 전자는 시장의 크기와 조건이 달라 적용 자체가 불가능하고, 대부분 후자에 해당할 것이다. 인세 15퍼센트를 원하면 판매가 대비 15퍼센트로 계약해도 좋다. 다만 한국과 미국은 도서 정가, 공급가, 판매가의 체계가 다르다. 이 점을 고려하면 미국에서 저자들이 계약서에 서명하는 '판매가 대비 15퍼센트'는 한국으로 보면 정가 6퍼센트를 넘지 않는다는 사실을 이해할 필요가 있다.

인세 선금은 무엇을 위한 것인가?

저자와 출판사는 필요한 경우 책을 발행하기 전에 미래에 발생할 인세의 일부를 미리 저자에게 지급한다. 이를 인세 선지급금(the advance against future royalties)이라 하고, 줄여서 인세 선금 또는 선인세(先印稅)라 부른다. 인세 선금의 기본 취지와 배경은 사실 가난한 작가를 위한 것이었다. 작품을 쓰는 동안 먹고살기 힘든 작가들에게 원고료 일부를 미리 주어 탈고를 도왔던 것이다.

1860~1870년대 도스토옙스키는 유럽을 여행하며 여러 지인에게 많은 편지를 썼다. 그 가운데는 유럽 여행 중 경험했던 룰렛 도박을 바탕으로 구상한 〈도박자〉를 거론하며, 이의 원고료 선금을 줄 만한 출판업자를 찾아 돈을 보내달라는 간절한 편지가 여럿 있다. 예를 들면 1863년 9월 18일에 로마에서 니콜라이 스트라호프에게 쓴 장문의 편지(《도스토예프스키의 유럽 인상기》, 이길주 옮김, 푸른숲, 1999, pp. 257-266.)는 온통 이 이야기로 가득하다. "현재 완성한 글은 하나도 없습니다. 이 단편은 적어도 전지 한 장 반 또는 두 장이나 그 이상이 될 겁니다. 늦어도 11월 10일까지는 마칠 겁니다. 내 명예를 걸고 약속합니다. 원고료는 전지당 200루블로 해야 합니다. 최악의 경우 150루블, 하지만 여기서 더 깎고 싶지 않습니다. 이 소설은 아마 좋은 작품이 될 겁니다." 도스토옙스키는 지인에게 계약의 대리권을 주고 선금 300루블

을 줄 수 있는 출판업자를 찾아 돈을 보내달라고 간청한다. 이 편지에서 언급한 〈도박자〉는 3년 후인 1866년 가을에 전지 열 장 분량으로 쓰였다. 선금은 이처럼 원고료가 유일한 생계 수단이었던 작가들에게 양식의 역할을 했지만, 한편으로는 '선금 주고 입을 닦아버리는' 출판업자의 못된 상술로 악용되기도 했다.

오늘날 인세 선금은 '베스트셀러 작가를 유치하려는 출판사들 사이에 벌어지는 과당경쟁의 상징'으로 변했다는 지적을 받기도 한다. 이는 1960년대 이후 미국이 주도했다. 베스트셀러 작가들을 상대로 인세 선금 경쟁이 과열되면서 몇 년 사이에 5,000달러는 기본이며, 심하게는 4만~6만 달러까지 치솟았다. 급기야 1973년 미국의 출판연합단체인 AAP(The Association of American Publishers)의 총회에서 당시 회장이었던 밴텀북스(Bantam Books)의 발행인 오스카 다이스텔(Oscar Dystel)은 "출판사들의 근시안적인 경쟁으로 인한 정도를 넘는 선금 부담이 생존과 성장을 위해 필요한 최소 이익의 감소를 불러오고 있다. 아울러 새로운 저자를 발굴하는 편집자보다 눈앞의 성공을 위해 베스트셀러 저자에게 줄을 서는 편집자가 늘고 있다"고 지적하면서 자성의 목소리를 높였다.

우리나라는 국내 저서보다는 주로 해외 저서에서 과당경쟁이 발생한다. 베스트셀러 한 권을 계약하기 위해 국내 시장의 수준을 훨씬 뛰어넘는 20만~30만 달러의 선금을 주거나 1만~2만 부의 독자층을 가진 교양서인데도 수만 달러의 선금을 주는 일들이 그 사례다. 한국 출판 시장의 정상적인 질서만이 아니라 국제적인 출판 환경의 차원에서도 자성과 적절한 기준이 필요하다. 인세 선금은 경제적으로 여유롭지 못한 저자와 작가를 위한 출판사의 '미래를 위한 투자' 또는 '저술과 창작을 위한 지원'이라는 애초의 취지에 부합해야 한다.

출판사는 1년에 1~4차례 해당 시기의 판매 부수를 정산하여 약속한 비율의 저작료를 인세로 지급한다. 우리나라는 출판사마다, 책마다 정기 정산의 주기가 다르다. 종수가 많은 경우 관리가 체계적으로 이루어지지 않기도 한다. 물론 판매가 원활하여 매월 정산하여 지급하는 특별한 사례도 있다. 미국의 경우 두 번이 기본인데, 7~12월의 판매 부수를 정산하여 2월 초에, 1~6월까지의 결과를 정산하여 8월 초에 지급한다.

출판계약에는 2차 저작권과 전송권 및 그에 따른 저작권료 지급 비율에 대해서도 명시한다. 일반적으로 저자와 출판사가 모든 비용을 뺀 순이익의 50 : 50으로 시작하여 60 : 40까지 순이익이 많아질수록 저자의 몫 또한 늘어나는데, 50 : 50의 비율이 기본이다. 물론 저자와 출판사의 기본적인 이익 배분 원칙은 발생 이익을 절반씩 나누는 것이다. 저자와 출판사가 서로 누가 더 공이 많은가를 따지는 순간 정답은 사라진다. 그래서 저작권자와 출판권자가 찾은 묘수가 50 : 50인 것이다. 이 원칙을 서로 잘 살려야 한다. '저자-출판사의 50 : 50 원칙'을 저자에게 충분히 설명하라. 출판사는 이를 충실하게 지켜라. 간혹 신인이라고 저자의 몫을 낮게 제시하는 출판사도 있는데, '완전한 원고'에 대한 출판사의 대우는 신인과 베스트셀러 작가 모두에게 공평하고 원칙적으로 적용해야 한다.

저자와 편집자의 논의 사항

앞서 말했듯 출판계약 과정에서 저자와 편집자 사이의 사전 논의와 조정은 매우 중요하다. 책의 발행 이후에도 편집자가 잊지 말고 챙겨야 할 것들이 있다. 출판계약 전과 후, 발행 이후에 편집자가 저자와 논의하고 점검해야 할 사항들을 정리한다.

첫째, 편집자는 계약 전에 집필 일정과 분량을 구체적으로 논의한 후 합의한다. 집필 일정과 마감일을 결정한 후, 이에 기초해 회사와 논의하여 출간 일정을 확정한 후에는 출간 일정표를 정리하여 이를 저자에게 1부 복사해서 준다. 저자에게 출간 일정표를 설명하고, 이에 기초해 집필 일정과 마감일을 다시 확인하고 확정한다. 집필-탈고-편집-본문 교정-표지 디자인-마감-제작-출간 순의 일정 속에서 저자가 할 일, 편집자가 할 일을 정리하여 전체 계획을 설명하고 점검한다. 특히 저자가 해야 할 초고, 탈고, 머리말, 부속물, 본문 교정지 검토와 최종 저자 확인 등에 대해 구체적으로 확인한다.

둘째, 원고에서 출간까지 일정을 확인한 후 확신이 서면 계약서를 보낸다. 계약서는 반드시 이메일로 보내고, 검토 후 통상적인 관례를 벗어나는 사항들에 관해 의견을 수렴한다. 그리고 인세 비율, 2차 저작권과 전송권, 저자 증정 부수, 원고량, 마감, 책의 정가, 판형, 쪽수 등을 구체적으로 논의한다. 조정이 필요한 사항은 편집장이나 발행인과 논의하여 저자와 협의한다. 모든 사항에 기꺼이 합의한 후에 최종적으로 서명한다. 출판계약은 저자와 출판사가 '기쁜 마음으로 기꺼이 최고의 책을 위해 환상의 협력자 관계를 결의하고 서로 격려하는 절차'다.

셋째, 계약서에 명시하지는 않지만, 편집자는 계약 전에 저자와 협의하는 과정에서 출간 후 홍보 일정을 설명하고, 저자가 홍보에서 어떤 역할을 맡아줄 수 있는지 논의한다. 라디오나 TV 출연을 절대 하지 않는 저자가 있고, 사인회나 강연을 힘들어하는 저자도 있다. 이런 모든 사항은 계약 전에 점검하는 것이 좋다. 특이사항은 계약서에 메모해둔다. 사전 논의 없이 방송 프로그램에 홍보한 후 저자와 편집자 사이에 마찰이 생기는 일도 있다. 서점과 함께 진행하는 저자와의 대화나 강연회도 마찬가지다.

넷째, 책을 발행한 후에는 저자와의 출판계약에 따라 증정본을 발송하고, 인세를 정산하여 지급하는 등의 정확한 이행이 중요하다. 저자가 만족하는 책이 나왔다 해도 출판사가 지켜야 할 중요한 책임이 뒤따르지 않으면 신뢰 관계를 이어갈 수 없다. 저자 증정은 발행 즉시 한다. 생각해보라. 자신의 이름으로 발행한 책의 모습이 얼마나 궁금하겠는가? 간혹 깜박 잊고 있다가 오랫동안 쌓아온 신뢰가 하루아침에 무너지기도 한다. 중쇄 발행 전에 저자에게 이 사실을 미리 알리고 수정 사항을 취합하는 것도 편집자가 해야 할 매우 중요한 일이다.

놓치기 쉬운 결정적인 실수

– "분량은 상관없어요. 마음대로 편하게 쓰세요." 분량에 대해 의견은 묻는 저자에게 편집자가 이렇게 대답하는 것은 '전 아무런 생각이 없는 편집자입니다'라고 말하는 것과 같다. 달리 말하면 소설에서 단

편과 중편, 장편의 차이는 분량에 따른 것이며, 그로 인해 주제와 소재, 구성, 문체, 독자층이 모두 달라진다는 기초적인 사실조차 모른다고 고백하는 것이다.

– 독자는 대부분 책이 필요 이상으로 길다고 불평한다. 좀 더 길기를 바라는 독자보다 좀 더 짧기를 바라는 독자가 더 많은 게 현실이다. 분량을 필요 이상으로 늘리지 마라. 책의 성격과 독자층에 맞는 적절한 분량을 찾고, 저자와 충분히 상의한다. 편집자는 저자가 쓰려는 주제에 대해 독자들이 어느 정도의 분량을 원하는지 알고 있다. 또한 군더더기 없고, 뜸 들이지 말고, 정확하게 말해줄 것을 강력하게 원하는 독자들이 어느 정도 있는지 잘 알고 있다. 편집자는 이를 저자에게 충분히 전달해야 한다.

– 출판계약을 저자의 원고 마감을 독촉하고 압박하기 위한 수단으로 삼지 마라. 출판계약서에는 저자와 출판사의 책임만이 아니라 편집자의 책임도 포함된다. 계약 전에 원고의 분량, 사진·도판·그림 등의 유무와 정도, 판형, 쪽수, 제본 방식 등 책의 사양을 설계해야 한다. 출판계약은 저자-편집자-출판사 모두가 최고의 책에 대한 각자의 준비가 확실하다는 상호 확인이다.

– 마감일을 대충 협의하지 마라. 이를 '대충 합의'하여 10명 가운데 절반 이상이 지키지 않는다면 출판은 저자-편집자-출판사-독자 모두에게 계획한 날까지 써도 그만 안 써도 그만, 발행 예정일에 내도 그만 안 내도 그만인 '대충의 비즈니스'로 전락하여 신뢰를 잃고 만다.

– 저자와 편집자의 관계는 '갑'과 '을'의 관계가 아니라 책이라는 공동의 작품을 최상의 것으로 세상에 내놓기 위한 파트너의 관계다. 이에 기초해 출판권 설정 계약서에 과거에는 저자를 '갑', 출판사를 '을'로 명시했지만, 오늘날에는 저자를 '저', 출판사를 '출'로 약칭하고, 둘의 관계를 파트너로 명시하는 사례가 늘고 있다. 바람직한 변화다. 저자와 출판사는 계약서만 바뀐 게 아니라 실제로 우정 어린 파트너의 관계임을 명심하고 서로 인격적으로 대해야 한다.

절대 하지 말아야 할 것

– 출판은 할리우드 영화와 다르다. 지나친 인세 선금, 광고 조건, 인세 비율 상향 조정 등으로 경쟁을 부추기지 마라. 출판문화의 관례나 출판 시장을 왜곡하는 과당경쟁은 장기적으로 보면 해롭다.

– 특히 자본주의의 첨단을 걷는 미국 출판 시장의 흐름이 한국에 그대로 들어와서 국내 시장을 왜곡하는 경향에 대해 경각심을 가져야 한다. 지나친 선인세 경쟁으로 한국에서 1만~2만 부 정도 판매되는 교양서에 선인세 2만~3만 달러를 주거나 10만~20만 부 판매되는 소설에 수십만 달러의 선인세를 지급한다는 것은 상식적이라고 할 수 없다. 국내 출판사들이 해외 번역서 출판을 두고 과당경쟁을 벌이는 모습을 국내 저자나 독자가 어떤 눈으로 지켜볼지 생각해봐야 한다.

– 광고는 출판계약의 항목이 아니다. 설혹 출판계약의 성격과 특

징을 잘 이해하지 못하는 저자가 광고를 계약 조건으로 제시한다고 해도 출판사는 왜 그것이 계약의 조건이 될 수 없는지 충분히 설명해야 한다. 광고는 필요에 따라 적절한 수준에서 할 수 있다. 적절한 수준이란 저자-출판사-책 모두의 성격과 명성에 적합한 방식과 규모를 말한다. 책 구매의 중심 경로는 첫째, '본인의 필요에 따라 서점에서 책을 찾아서', 둘째, '주변의 권유나 추천으로', 셋째, '언론이나 방송 또는 인터넷의 다양한 미디어에서 서평이나 추천을 보고'다. 출판사는 광고보다 서점이나 도서관, 신문, 관련 잡지, 학교, 직장, 기관, 단체 등에 신간의 소식을 알리는 데 주력한다. 그 과정에서 필요할 때는 광고를 부수적으로 추가한다.

– 다른 사람의 저작물을 표절하거나 도용하지 말아야 한다. 표절이나 도용은 저자만이 아니라 출판사에도 막대한 손실을 불러온다. 예를 들어 남의 논문을 도용한 책을 출간한 후 사실이 밝혀지면 출판사는 책을 모두 수거해야 한다. 경제적 손실만이 아니라 출판사의 명성과 신뢰에도 손상을 입는다. 자신의 지적 재산권에 대한 권리와 보호 이전에 타인의 저작권을 인정하고 보호해야 한다. 저작권자인 저자, 출판권자인 출판사 모두 이에 대한 도덕적 책임감이 확고해야 한다.

현장에서 쓴 편집자 노트

– 삭막한 출판권 설정 계약서를 아름다운 말로 고친 저자가 있다. 《오늘 눈부신 하루를 위하여》(구본형 지음)를 계약할 때였다. 계약서를

미리 이메일로 보냈다. 일반적으로 계약서 끝부분에 '소송의 합의 관할' 조항이 있다. '저자와 출판사 사이에 제기되는 소송은 ○○법원을 제1심법원으로 한다.'는 내용이다. 저자는 이 조항을 지우고 대신 다음의 문구를 넣자고 제안했다. "불가피한 상황이 발생하더라도 저자와 출판사는 상호 대화를 통해 최선의 해결책을 찾는다. 우리는 이것이 저자-출판사가 서로 지켜야 할 최선의 태도라 생각한다." 이후로 모든 계약서에 소송에 관한 조항은 지우고 대신 '저자-출판사'의 건강한 원칙을 추가했다.

– 2001년 출판사를 창업하고 2019년까지 약 1,000종이 넘는 계약서를 썼지만, 소송은 단 한 건만 경험했다. 그나마 그 한 건도 저자와 이전 출판사의 갈등으로 인한 소송이었다. 그만큼 한국에서는 기본적인 것들만 충실히 이행한다면 출판계약 위반으로 법정에서 공방을 벌이는 경우는 극히 드물다. 문제는 출판계약서의 조항들이 아니라 저자-편집자-출판사가 파트너가 되어 각자의 역할을 충실하고 최선을 다해 이행하는가에 달려 있다.

– 한 출판사의 편집장을 맡은 후배 편집자가 저자의 이름 중 한자 표기의 실수를 잡아내지 못한 적이 있었다. 단 한 글자, 그것도 괄호 안의 한자(漢字) 단 하나가 문제였다. 이로 인해 출고했던 책을 모두 거둬들이고 표지를 새로 인쇄하여 다시 제본해야 했다. 저자의 이름을 잘못 표기하는 것은 매우 중요한 편집 실수이다. 만일 저자의 이름이 표지나 속표제지, 판권 등에 잘못 표기되었다면 저자의 인격권 보호 원칙에 따라 모두 수거해서 수정한 후 다시 배포해야 한다. 출판의

세계에서는 이렇게 때로는 '단 한 자'의 실수로 모든 의미가 달라지는 경우가 종종 있다.

6장

제목과 표지, 책을 어떻게 디자인하는가?

"책은 내용이지, 제목이나 표지로 파는 것이 아니다." 간혹 이렇게 말하는 사람이 있다. 기본적으로는 맞다. 특히 원고로 말해야 하는 저자에게는 필요한 자세다. 그러나 편집자가 이렇게 말하면 곤란하다. 편집자는 책으로 모든 것을 말하는 전문가다. 내용, 편집, 제목, 표지 등 모든 것이 좋아야 한다.

그중에서 제목과 표지는 사람의 첫인상과 같다. "제목과 표지는 책의 이미지를 결정한다." 편집자는 이렇게 말해야 한다. 실제로 독자는 제목과 표지로 책을 처음 만난다. 첫인상이 좋아 말을 걸듯, 제목과 표지가 좋아 책을 집는 독자가 생각보다 훨씬 많다.

독자와의 첫 만남

책은 아주 예외적인 경우를 제외하면 대부분 서점에서 구매한다. 서점의 진열대는 기본적으로 앞표지가 보이도록 전시한 평대, 책등으로 책을 찾도록 꽂아놓은 서가가 있다. 이 두 가지 진열 방식으로 인해 '표지'와 '책등'이 책의 첫인상을 결정하는 중요한 요소가 되었다. 먼저 독자가 서점을 직접 찾아가 책을 만나는 과정을 살펴보자. 다음의 네 가지가 주요 경로다.

- 평대를 둘러보다 '표지와 제목'을 보고
- 서가에서 '책등과 제목'을 보고
- 담당자에게 '제목, 저자, 출판사' 등을 묻고
- 검색대에서 '제목, 저자, 출판사, 주제어' 등으로 검색해서

표지나 책등에는 반드시 제목과 저자, 출판사를 함께 표기한다. 이 세 가지는 책의 기본 서지 사항이며, 독자는 이 정보로 책을 찾는다. 일반적으로 제목〉저자〉출판사의 순으로 기억하고, 서점의 담당자에게 책을 문의할 때도 마찬가지다. 저명한 저자일 때는 저자가 제목보다 우선하기도 한다. "○○○ 작가 신작 있나요?" 이렇게 물어보아도 원하는 책을 바로 찾을 수 있다.

서점에서 독자가 책을 처음 만나는 네 가지 주요 경로에서 표지와 제목은 결정적인 역할을 한다. 제목은 모든 경로에서 처음부터, 표지는 처음이나 그다음 단계에서 제목과 함께 독자를 만난다. 제목과 표지가 마음에 들면 집어 들고 책장을 펼쳐 내용을 살피기 시작한다. 셋 모두를 정확히 기억하지 못할 때는 대략 어떤 책인지 담당자에게 설명하면 그 범위 안에 드는 도서 또는 원하는 책을 찾아준다. 주제어 검색은 인터넷 환경이 발전하면서 급속히 확산되었다.

독자가 서점에서 책을 둘러보다 우연히 구매하는 경우는 얼마나 될까? 온라인 서점이 등장하기 이전에는 많은 출판사가 신간에 독자엽서를 끼웠다. 독자엽서에는 책의 구매 경로와 만족도, 간단한 서평을 쓰는 부분이 있었다. 나 역시 편집주간 시절 1년에 3만 장이 넘는 독자엽서를 읽었다. 당시 '서점에서 우연히 책을 보고' 구매한 독자는 전체 구매자의 30~40퍼센트에 달했다. 그들에게는 특히 '제목과 표지'

의 첫인상이 책을 손에 쥐고 책장을 여는 데 결정적 역할을 했다. 이런 시선으로 서점을 둘러보는 독자는 여전히 상당히 많다.

온라인 서점에서는 대개 두 가지 경로로 책을 찾고 만난다.

- 화면에서 '표지와 제목, 부제'를 보고
- 검색창에 '제목, 저자, 주제어, 출판사' 등을 입력해서

온라인 서점은 마우스를 클릭하여 컴퓨터 화면에서 책을 둘러본다. 검색어를 입력해서 책을 찾는다. 독자가 표지와 제목을 보는 방식도 약간 다르다. '화면 속의 크기'로 표지를 보고, 그 옆에는 제목과 부제, 저자, 출판사 정보가 이어진다. 온라인 서점에서는 주로 왼쪽에 표지, 오른쪽에 제목과 부제를 표기하며, 이것이 책을 둘러보고 찾는 첫 기호(code)의 역할을 한다.

온라인 서점의 등장으로 제목의 중요성은 더 높아졌다. 담당자에게 직접 문의할 수 없는 온라인 서점에서는 제목, 저자, 주제어, 출판사에 관한 정보를 잘 기억하고 있어야 원하는 책을 찾을 수 있다. 이는 제목의 흐름에도 영향을 미쳤다. 책의 분야와 주제, 내용을 정확히 반영하는 제목이 독자의 다양한 검색에 좀 더 많이 노출될 수 있기 때문이다. 표지, 제목과 함께 책의 특징을 드러내는 중요한 기능을 가진 부제 역시 온라인 서점의 등장으로 이전보다 훨씬 활성화되었다.

온라인 서점에서 표지는 책의 이미지를 연상하는 '아이콘(icon)' 역할을 한다. PC 환경에서 독자는 대략 '가로 2센티미터, 세로 3센티미터' 정도의 표지와 만난다. 모바일로 접속하는 환경이 늘면서 표지 이미지는 그보다 작아졌다. 확대하여 실제 크기로 볼 수도 있지만, 독

자는 점점 실물의 표지보다 PC나 모바일 기기의 화면 속 표지로 책의 이미지를 기억하면서 표지의 아이콘 기능이 강화되는 추세다. 온라인 서점의 등장으로 복잡하고 세밀한 표지보다 깔끔하고 간결한 표지, 어둡고 중후한 표지보다 밝고 경쾌한 표지가 늘어났다. 표지를 디자인하는 과정에서 제목을 적절히 표현할 방법을 고려하는 비중도 더 높아졌다.

좋은 제목이란?

책의 디자인은 '제목과 표지'의 상상으로 시작한다. 그 가운데 제목은 표지, 본문, 때로는 책의 두께나 이미지를 가늠하는 결정적인 기호다. 그렇다면 좋은 제목이란 어떤 것일까? 제목을 구상하는 방향과 기준은 무엇일까? 매력적인 제목을 찾는 구체적인 방법에 앞서 좋은 제목의 기준부터 정리한다.

- 책의 주제와 내용, 특징을 잘 담았는가?
- 분야나 독자층과 잘 어울리는가?
- 서점에서 독자의 시선을 끄는가? 부제나 표지와 잘 어울리는가?
- 기억하기 좋은가? 입에서 입으로 옮기기 좋은가?
- 5년이 지나도 여전히 좋을까?

제목은 우선 책의 주제와 성격, 특징을 정확히 담아야 한다. 세계사 입문서 분야의 스테디셀러를 보자. 《서양 문명의 역사》, 《세계사 편력》, 《청소년을 위한 세계사》, 《살아있는 세계사 교과서》, 《30개 도시로 읽는 세계사》, 《다시 보는 5만 년의 역사》처럼 두어 단어의 조합만으로 책의 주제와 특징을 분명히 알 수 있다.

책의 주제와 특징을 반영하는 과정에서 분야나 독자층을 염두에 두어야 한다. 소설의 제목은 기본적으로 간결하면서 강렬하다. 대하소설 《토지》, 《아리랑》, 《장길산》, 《삼국지》, 장편소설 《고등어》, 《외딴방》, 《개미》, 《채식주의자》, 《시선으로부터》처럼 하나의 단어로 이미지를 전달하는 경우가 많다. 물론 《무소의 뿔처럼 혼자서 가라》나 《참을 수 없는 존재의 가벼움》처럼 길지만 매혹적인 제목들도 있다. 에세이는 소설과 사뭇 달라서 《지금 사랑하지 않는 자, 모두 유죄》, 《아름다운 마무리》, 《네가 어떤 삶을 살든 나는 너를 응원할 것이다》와 같이 다양하다. 《죽고 싶지만 떡볶이는 먹고 싶어》, 《하마터면 열심히 살 뻔했다》, 《나는 나로 살기로 했다》에서 보듯 일상의 경험과 성찰을 담는 장르의 특성과 함께 독자층의 취향과 트렌드가 제목에 좀 더 반영된다. 《신의 지문》, 《미학 오디세이》, 《과학 콘서트》, 《하리하라의 생물학 카페》, 《죽은 자의 집 청소》 등은 책의 주제나 특성뿐만 아니라 《이야기의 탄생》처럼 두 단어의 조합으로 표현하는 교양서 제목의 기본 형식을 따르고 있다. 2010년대에 들어서면서 교양서에도 유용성을 강조하는 흐름이 커지면서 제목에도 변화가 일어났다. 《철학은 어떻게 삶의 무기가 되는가》, 《퇴근길 인문학 수업》, 《역사의 쓸모》, 《지적 대화를 위한 넓고 얕은 지식》 등은 모두 이러한 흐름을 반영한 제목이다.

사례로 든 제목들은 독자의 시선을 끌면서 입소문을 타기도 좋은 제목이다. 책의 제목은 광고보다 독자들의 입소문으로 널리 퍼진다.

《지적 대화를 위한 넓고 얕은 지식》은 학교나 직장, 동아리 등에서 입소문을 주도하는 젊은 독자층 사이에 '지대넓얕'이라는 약칭으로 불리며 SNS를 통해 퍼졌다. "너 그 책 읽었어?" "뭐?" "지대넓얕." "그게 뭔데?" "그것도 몰라? 지적 대화를 위한 넓고 얕은 지식." 베스트셀러는 이렇듯 "너 그 책 읽었어?"라는 질문으로 시작하는 대화에서 탄생한다. 이른바 '기억의 사다리'와 '입소문'은 제목의 입력과 출력 과정이다. 베스트셀러를 염두에 둔다면 책의 제목이 어떻게 독자들 사이에 입소문을 타면서 이야기를 만들어나갈지 그려보고, 스테디셀러를 염두에 둔다면 이 제목이 시간이 지나도 고루하지 않고 여전히 매력을 발휘할 것인지 상상해본다.

매력적인 제목을 어떻게 찾는가?

제목을 잘 짓는 감각은 타고나는 것일까? 아주 오래전, 좋은 제목은 어느 순간 우연히 떠오르는 것이라 생각한 적도 있었다. 선배들에게 물어봐도 별 뾰족한 수가 없었다. 멋진 제목을 짓는 저자나 편집자가 따로 있었다. 주로 시인이나 소설가, 문예창작과를 나온 편집자가 제목을 잘 지었다. 특히 시인들이 기발한 제목을 잘 지었다. 그 때문에 타고나는 것이라 여겼다. 막상 내가 제목을 결정해야 하는 위치가 되자 생각이 바뀌었다. 매력적인 제목은 하늘에서 떨어지는 것이 아니라 찾는 것이며, 효과적으로 찾을 방법이 있다고 믿었다. 다양한 길을 찾으며 한 권의 제목을 짓기 위해 수십, 수백 개의 제목을 적어나가기를 반복했다.

매력적인 제목을 어떻게 찾을 것인가? 수많은 저자와 편집자가 책과 글을 통해 이 물음에 답했다. 그중 내가 현장에서 해온 방법과 가장 가깝고 유용한 것들을 작가를 위한 미국 월간지 〈작가(The Writer)〉에서 마를레네 킹이 잘 정리해놓았다. 일단 주요 내용을 추려 소개하고 몇 가지를 덧붙여 정리한다.(Marlene King, "How do I come up with a winning title of my book?", *The Writer*, 2007, December, p. 8.)

- 책의 핵심어를 찾는다.
- 핵심어들을 책의 부문과 분야에서 구체화한다.
- 되도록 분명한 한 단어 또는 몇 단어 이내로 사용한다.
- 소설이 아니라면 부제를 고려한다.
- 부제는 중심 주제를 드러내고, 특징을 강조하고, 독자를 자극하는 기능을 한다.
- 인터넷 포털이나 온라인 서점에서 관련 분야의 제목을 조사한다.
- 오프라인 서점의 매대나 서가에서 모든 분야의 베스트셀러 제목을 조사한다.
- 매력적인 제목들을 추려 파일을 만든다.
- 인터넷과 서점에서 조사한 매력적인 제목들과 지금 생각 중인 제목을 비교하고 적절하게 조합해본다.
- 동사, 형용사, 부사를 썼을 때 제목이 좀 더 분명하고 대담해졌다면 본능적이고 직관적인 반응이 나오는지 확인한다. 만일 그렇지 않다면 특별한 느낌을 주는 명사를 찾아본다.
- 후보 제목들을 서점의 담당자에게 보내 의견을 묻는다.
- 그래도 확신이 드는 제목이 떠오르지 않으면, 책을 잘 이해하면

서 색다른 감각을 지닌 전문가와 브레인스토밍을 한다.

이 제목 짓기의 과정은 세 가지로 압축할 수 있다. 첫째, 책의 핵심어를 찾는다. 제목은 여기서 시작한다. 책의 주제와 특징, 장점, 개성을 확실하고 매력적으로 드러내는 단어들(key words)을 찾아서 적는다. 둘째, 서점에서 주목할 만한 베스트셀러와 스테디셀러의 제목들을 찾아보고 적는다. 눈으로만 보지 말고 반드시 현장에서 적는다. 돌아와 제목 파일에 추가한다. 오랫동안 이 과정을 반복해서 쌓으면 수백, 수천 개의 제목이 눈과 손에 익는다. 셋째, 조합 과정이다. 제목은 사실, 찾는 과정이다. 첫 번째 과정에서 찾은 핵심어들을 둘째의 과정에서 확보한 데이터베이스를 떠올리며 다양한 방식으로 조합하여 수많은 제목을 떠올린다.

이 과정에서 반드시 경험해야 할 또 한 가지가 있다. 초기에는 경험과 데이터베이스가 부족해서 머릿속에 떠오르는 제목의 유형이나 가짓수가 빈약하다. 나 또한 그랬다. 그래서 하나의 핵심어로 수십, 수백 가지의 제목을 떠올리는 훈련이 필요하다. 처음에는 앞에서 정리한 대로 특별한 규칙이나 유형보다 명사나 형용사, 동사를 다양하게 바꾸어가며 떠올렸다. 그러다 1993년에 딘 쿤츠(Dean R. Koontz)를 만났다. 이후 훨씬 체계적인 방법으로 제목의 씨를 뿌릴 수 있었다. 내게 제목의 씨를 뿌리는 방법을 알려준 쿤츠의 저서 《베스트셀러 소설을 어떻게 쓸 것인가(How to Write Best Selling Fiction)》를 기초로 그의 제목 짓기에 대해 정리한다.(*Writer's Digest Books*, 1984, pp. 62-65.)

딘 쿤츠의 '부드럽게 다가온 용'

우선 책 구매자(book buyer)의 흥미를 끌 만한 인상적이고 생생한 단어를 선택한다. 책의 중심 단어 중에서 남자, 말, 겨울, 비, 코트처럼 평범한 단어는 피한다. 죽음, 피, 두려움, 마녀, 도둑, 암흑, 죄수, 사랑, 검, 불, 폭풍처럼 독자의 잠재적인 시선을 끄는 단어가 좋다. 실제로 쿤츠는 그의 신작 제목의 중심 단어로 '용(dragon)'을 선택했다. 풍부한 상상을 불러일으키는 단어였기 때문이다.

핵심 단어를 정했으면 그 단어에 날개를 달기 시작한다. 이 작업은 때로 제목만이 아니라 이야기나 구성을 만들어내는 데도 매우 유용하다. 첫째, 형용사 같은 수식어를 사용하여 단어의 의미를 확장(adjectival amplification)한다. 차가운 용, 따스한 용, 춤추는 용, 검은 용, 불멸의 용, 기다리는 용, 죽은 용, 냉혹한 용, 울부짖는 용. 둘째, 다양한 전치사구(various prepositional phrases)를 사용해 변화를 준다. 어둠 속의 용, 조명 속의 용, 하늘 위의 용, 꼬리를 스치는 용, 왕을 위한 용, 땅으로 내려온 용. 셋째, 여러 동사(a series of verbs)를 사용해 움직임을 준다. 용이 몰래 다가가다, 용이 기회를 엿보다, 용이 미끄러지다, 용이 심야의 성찬을 즐기다, 용이 달아났다. 넷째, 다른 명사를 덧붙여(adding another noun) 제목을 넓혀본다. 용과 바다, 용과 밤, 용과 기사, 용과 황금열쇠. 다섯째, 서로 어울리지 않는 것처럼 보이는 단어들을 조합한다. 겁쟁이 용, 슬픈 용, 수줍은 용, 조그마한 용, 부드러운 용 등등.

다섯째, 대비의 결과들이 마음에 들었던 쿤츠는 이를 다른 방식으로 확장했다. 부드러운 용, 부드럽게 노래하는 용, 부드럽게 나타난

용, 부드럽게 다가온 용, 용이 부드럽게 다가오다. 쿤츠는 이 과정을 거쳐 '부드럽게 다가온 용(Soft Come the Dragon)'이라고 제목을 정했다. 그는 이 제목을 적은 순간을 이렇게 묘사했다. "불현듯 그 제목이 나한테 생생하게 다가왔다. 어떤 장면들이 내 잠재의식 속에서 떠올랐다. 아이디어 펌프가 작동했다. 몇 분 뒤에 내 마음속에서 완전한 이야기가 그려졌다." 이틀 후 단편을 탈고했다. 이후 '부드럽게 다가온 용'은 그의 SF 단편집의 제목으로 베스트셀러가 되어 프랑스와 스페인, 일본 등에서 번역되었다. 쿤츠의 사례처럼 소설을 구상할 때 제목을 먼저 정하고 나서 집필을 시작하는 작가가 많다.

제목나무 그리기

제목은 편집의 시작이다. 책의 보이지 않는 머리말과 같다. 빈 도화지에 책의 이미지를 그린다. 구상이나 스케치 전에 이미지를 드러내는 '단 하나의 그 무엇'을 떠올린다. 그것이 있어야 그림에 담는 모든 것이 의미를 갖게 된다. 제목은 편집의 마무리다. 책의 보이지 않는 후기다. 덜하지도 더하지도 않은 화룡점정의 마지막 붓놀림이다. 완성한 그림을 벽에 걸어 제목을 다는 순간 그 둘은 완벽한 하나가 된다.

마를레네의 제목을 짓는 열두 가지 방법과 쿤츠의 '수십 마리 용'을 통해 우리는 "멋진 제목은 하늘에서 떨어지는 것이 아니라 세심한 뇌와 손발의 부지런함으로 얻는다"는 사실을 알았다. 그들의 제목 짓기 과정을 들여다보면 감각은 노력으로 충분히 키워질 수 있다는 점을 발견하게 된다. 그들의 방법을 참고삼아 내가 15년 동안 해온 제목 그리기 과정을 소개한다. 나는 이를 '제목나무(title tree)' 그리기라 부른다.

나무, 사람, 책

컴퓨터를 켜고 자판에 손을 올린다. 빈 화면을 화폭 삼아 나무 한 그루를 연상한다. 그리고 나무 그늘에서 편히 쉬는 사람을 머릿속에 그린다. 마지막으로 그 사람 옆의 책 한 권을 떠올린다. 그림 속의 나무는 원고, 나무 그늘에서 쉬는 사람은 독자, 그 옆의 책은 지금 검토 중인 원고로 만든 책이다. 원고, 독자, 책을 이 그림에서 한눈에 떠올린다. 독자는 원고에 따라 다르다. 원고와 사람과 책은 독서 환경에 따라 다르다. 5~7세의 아동서 원고라면 엄마 손에 이끌려 서점에 온 아이와 엄마의 마음을 상상해야 한다.

나무, 사람, 책의 스케치 수준은 책의 진행 과정에 따라 다를 것이다. 원고가 없어도 가능하고, 제목과 표지만 남겨둔 마감의 순간이어도 좋다. 이 그림을 배경으로 떠오르는 '단 하나의 단어'를 나무에 걸어놓듯 타이핑한다. 단어는 원고에서 먼저 찾는다. 핵심어는 주로 머리말과 차례, 꼭지 제목, 중간 제목에 많다. 예를 들어 세계사 대중 교양서 원고라고 하자. 원고를 읽으며 그 속에서 제목의 핵심이 될 만한 단어들을 찾는다. '세계사, 통념, 상식과 다른, 편견, 왜곡' 등 다양할 것이다. 그러고 나서 독자에게서 찾는다. '흥미롭다, 기발하다, 신선하다, 엉뚱하다.' 다음으로 독서 환경에서 찾는다. '지루하다, 고루하다, 딱딱하다, 장황하다, 졸리다, 생생하다, 살아 있다.' 처음에는 10개 이상의 핵심어를 찾는다. 원고에서, 독자에게서, 독자 환경에서 책의 특징과 장점을 표현하는 10여 개의 단어를 찾아 '그림 속의 나무'가 열

매를 맺듯 걸어놓는다. 나무에 제목을 위한 단어들이 주렁주렁 매달리면 그것이 '제목나무'다

제목의 여섯 가지 유형

제목나무에 주렁주렁 매달린 10여 개의 단어는 제목의 여섯 가지 기본형에 기초해 다양한 조합으로 확장한다. 10여 개의 단어가 수십, 수백 개의 제목으로 변하면서 제목나무를 풍성하게 한다. 제목의 여섯 가지 유형은 다음과 같다.

- '명사'형(토지, 연어, 비행운, 아몬드)
- '명사+명사'형(노인과 바다, 사랑손님과 어머니, 떨림과 울림)
- '형용사+명사'형(먼 바다, 슬픈 열대, 하얀 전쟁)
- '구, 절+명사'형(모리와 함께한 화요일, 아무도 미워하지 않는 자의 죽음, 아내를 모자로 착각한 남자)
- '문장'형(소년이 온다, 목소리를 드릴게요, 정의란 무엇인가)
- '의성어, 의태어' 조합형(사과가 쿵!, 반짝반짝 빛나는, 두근두근 한국사)

세계적으로 1년에 수십만 종이 쏟아지는 신간의 제목은 대부분 이 여섯 가지 기본형에 속한다. 제목나무에 걸린 10여 개의 단어를 이 기본형에 따라 조합하고 확장하면 순식간에 주렁주렁 수많은 제목이 걸린다. 처음부터 어느 것이 좋은지 고민하지 말고 그 자체를 즐겨라. 100종쯤 이 과정을 거치다 보면 데이터베이스가 쌓여서 어느 순간부터는 시작한 지 1분 안에 알맞은 제목이 떠오르기도 한다.

1993년에 출간하여 1년 내내 인문 교양 베스트셀러 1위에 오르며

한 해 동안 15만 부가 팔렸던 《상식 밖의 세계사》의 제목 회의에서 180개의 제목을 한 페이지에 출력해 내놓았다. 보통 두세 가지, 그것도 대개 비슷한 유형의 제목을 내놓는 관행을 떠올리면 그날 회의에 참석했던 사람들의 표정을 연상할 수 있을 것이다.

한 장의 포스터

제목나무 그리기 과정을 거쳐 다양한 변형을 떠올리다가 적절한 제목이다 싶으면 다시 빈 화면을 연다. 한 장의 포스터를 연상한다. 책의 표지를 떠올려도 좋다. 표지는 디자이너의 몫이라 생각하는 나는 주로 포스터를 떠올린다. 내게는 표지보다 '한 장의 포스터'가 좀 더 강렬하게 느껴지기 때문이기도 하다. 포스터에 제목을 적고, 느낌을 관찰한다. 처음에 언급한 '좋은 제목의 다섯 가지 기준'을 떠올린다. 이 과정에서 단 한 줄의 부제를 덧붙이기도 한다. 제목과 부제가 잘 만나면 기대 이상의 주목도를 가져오기도 한다. 예를 들면 이런 식이다.

《시를 잊은 그대에게》
공대생의 가슴을 울린 시 강의

2015년 6월에 출간된 《시를 잊은 그대에게》는 정재찬 한양대학교 교수가 실제로 공과대학생을 위한 인문학 강의 중 최고의 반응을 보였던 강의록에 기초했다. 제목은 문과 계열이 주도했던 이전 세대의 감수성을, 부제는 이과 계열이 주도하는 젊은 세대의 감수성을 한꺼번에 자극했다.

때로는 제목에 한 줄의 헤드 카피나 리드 카피를 덧붙이기도 한다.

《시를 잊은 그대에게》

"지독히 외로운 날, 우리에겐 시가 필요하다."

2020년 6월 발행한 리커버 개정판《시를 잊은 그대에게》는 새로운 표지와 함께 '공대생의 가슴을 울린 시 강의'라는 초판의 부제를 버렸다. '공대생'을 넘어 '우리'의 '지독히 외로운 날'을 부제가 아닌 카피로 대체했다. 12만 독자를 넘어선 시점이고, 코로나19 사태로 모두가 혼자 지내는 시간이 많아진 독서 환경에서 '공대생'보다는 '우리'의 감수성을 카피로 드러내는 것이 적절하다고 판단했기 때문이다.

교양서 사례도 살펴보자.

《르몽드 세계사》

우리가 해결해야 할 전 지구적 이슈와 쟁점들

제목과 부제로 책의 내용을 드러냈다. 반면 제목 하나로 족한 교양서도 있다. 오래전 일이지만 흥미로운 사례라 소개한다.

《상식 밖의 세계사》

'한 장의 포스터'를 떠올리며 이 제목을 적고 나서 뭔가 부족함을 느꼈다. 몇 가지 부제나 카피를 첨가해보았지만 제목의 신선함을 빛나게 해주기는커녕 오히려 진부하게 느껴졌다. 예를 들면 이런 식이다. '임진왜란에 아프리카 흑인이 참전했다.' 사실(fact)은 상식 밖의 내용인데, 써놓고 나니 진부했다. 글이 아니라 표지로 말해야 했다. 이

제목 하나만 '한 장의 포스터'에 적어놓고 며칠 동안 표지를 떠올렸다. 유물, 인물, 지도 등 기존 것은 모두 적절하지 않았다. 그러다 사람을 떠올렸다. 누가 좋을까? 어떤 상황의 어떤 모습이 좋을까? 이제까지 등장하지 않은 세계 속의 평범한 사람을 보여주고 싶었다.

그러다 찾은 사진 한 장이 결정적인 역할을 했다. '상식 밖의 세계사'라는 제목 옆에 아프리카 여성이 머리에 물 항아리를 이고 가는 사진을 배치했다. 세계사 표지에는 주로 유럽의 이미지를 쓰던 당시까지의 관행에 비하면 그 자체로 상식 바깥의 세계사였다. 하지만 사진은 다큐멘터리 분위기고, 제목은 흥미로운 교양서 분위기여서 손질이 필요했다. 물 항아리를 지구본으로 바꾸어보면 어떨까? 디자이너도 동의했다. 그래서 '상식 밖의 세계사'라는 제목 옆에 지구본을 머리에 이고 가는 아프리카 여성의 모습을 넣었다. 부제도 카피도 더는 필요 없었다.

나쁜 제목

적절하지 못한 제목과 표지는 본문의 가치를 떨어뜨림으로써 책의 수명을 줄인다. 나 또한 여러 번 실수했다.

첫째, 명성을 얻은 제목, 잘 팔리는 책 제목을 따라 하는 경우다. 책 제목은 저작권 보호의 대상이 아니어서 저작권 침해는 아니다. 그러나 독창성과 개성을 강조하는 출판의 세계에서 무턱대고 따라 하는 일은 조심해야 한다. 《나의 문화유산답사기》를 따라 한 《남의 문화유산답사기》는 일시적으로 시선을 끌었지만 자기 개성을 표현하지 못해 금방 평대에서 사라졌다. 한국과 일본 사학자의 대담집인《오만과 편견》은 사회과학적 담론을 담은 책의 특징을 살리기 위해 '제국주의'를 '오만'으로 '식민지'를 '편견'으로 표현했지만, 제인 오스틴의《오만과 편견》을 연상하여 결과적으로 차별성을 잃었다.

둘째, 성공한 책의 제목에 번호를 달아 유사하거나 그보다 수준이 떨어지는 책을 연이어 붙이는 경우도 신중해야 한다. 조상들의 금전 지혜를 담은《되는 집안은 가지나무에 수박 열린다》가 베스트셀러가 되자 1, 2를 넘어 6권까지 연이어 발행했다. 급기야 세트를 만들어 선물용으로 발간했지만, 대부분 반품으로 돌아와 출판사는 치명타를 입었다.

셋째, 암호를 제목으로 짓는 경우다. 책을 다 읽어야만 뜻을 이해하는 제목, 게다가 기억하기 어려운 제목은 책의 실종을 불러온다.《미디어 아라크네》,《페르세폴리스》 등은 제목만으로는 어떤 책인지 알 수 없고, 책을 읽고 나서도 제목을 기억하기 어렵다. 물론《페르세폴리스》처럼 내용이 아주 좋아서 독자의 좋은 평을 얻으며 생소한 제목이 매력적인 기호로 바뀌는 사례도 있지만, 인지도가 높은 저자가 아니라면 이미지를 떠올리기 힘든 암호나《생각대로 살지 않으면 사는 대로 생각하게 된다》처럼 헷갈려서 기억하기 힘든 제목은 피하는 게 좋다.

넷째, 근거 없이 감각적인 제목이다. 제목만 보면 멋지지만, 책의 주제나 분야, 특징을 담지 못해 제자리를 찾지 못하는 제목들이 있다.《야한 유전자가 살아남는다》는 원제《The Prehistory Of Sex: Four million years of human sexual culture》를 대중적인 감각으로 손질했지만, 인문 교양서에서는 벗어난 제목이다. 차라리 원제 그대로《선사

시대의 섹스》라 하고 '400만 년 동안의 인류 성문화'를 부제로 해도 좋았을 법하다. 깊이 있는 내용이라면 과감하게 《원시인의 섹스》 또는 《원시인의 사생활》이라 해도 좋았을 것이다. 표지션(position)과 콘셉트(concept)는 제목과 표지처럼 한 쌍이다.

제목과 표지, 본문과 책

제목은 본문을 표현하고, 표지는 책을 표현한다. 제목은 책의 내용(content)을 담은 본문(text)의 얼굴이며, 표지는 책의 모든 것을 겉으로 드러내는 책(book) 그 자체의 얼굴이다.

표지는 본래 본문을 이루는 모든 부분을 보호하기 위한 것이었다. 꿰매거나 풀칠해서 제본한 본문의 종이 묶음이 오래 유지되도록 보호할 앞뒤의 표지가 필요했다. 물론 중세 이전, 책의 원시적 형태였던 두루마리 방식의 볼루멘(volumen)이나 이후 선보인 종이를 접어 꿰맨 코덱스(codex) 시절에는 별도의 표지가 없었다. 19세기에서 20세기 초까지 책의 표지는 주로 가죽이나 천으로 본문을 싸서 책의 앞면(front cover)에 제목을 표시했다. 이때의 표지는 본문을 보호하고 제목을 표기하기 위한 것이었다. 오늘날 책의 모습은 제2차 세계대전 이후인 1950년대부터 1980년대에 사이에 이루어졌다. 제목과 함께 다양한 이미지, 즉 그림과 사진, 그래픽 등의 요소가 표지에 등장했다. 표지가 책의 보호 기능을 넘어 책을 표현하는 화폭으로 등장했으며, 독자의 시선과 처음 마주하는 표현 매체로 발전했다.

'표지만 보고 책을 판단하지 마라.'는 경구는 지난 세기의 것으로 전락했다. 이는 주로 내용의 중요성을 지나치게 강조하여 저자나 편집자가 북 디자이너를 경시하는 말로 사용하기도 했다. 영국의 저명한 북 디자이너인 앤드루 해슬램(Andrew Haslam)은 이 경구가 "오늘날 축소한 포스터 한 장으로 모든 내용과 메시지를 소통할 수 있는 디자이너나 일러스트레이터에 대한 근본적인 비난"과 같다며, 책의 표지는 이제 "책장을 열고 책을 구매하는 하나의 강렬한 유혹"이라고 강조했다.(Andrew Haslam, *Book Design, A Comprehensive Guide*, Abrams Studio, 2006, p. 160.)

1990년대에 이르면 제지, 인쇄, 제본의 기술이 더욱 진보하여 책은 더 가볍고 튼튼해졌다. 본문과 표지에 대한 새로운 디자인을 요구하는 경향이 세계적으로 높아졌다. 어린이 책의 세계적인 확산이 이를 촉진했고, 온라인 서점의 등장과 대중화로 책의 세계적인 유통과 보급이 활성화되었기 때문이다. 그만큼 북 디자인에 대한 독자의 눈높이가 높아졌다. 다양한 아트 북(Art Book)도 선보였다.

2000년대에 밀레니얼 세대가 주요 독자층으로 등장하면서 책의 초기 이미지를 결정하는 제목, 표지, 본문, 장정 등에서 북 디자인이 크게 변화했다. 이러한 변화는 2010년대에 들어서 초판본의 부활, 리커버 열풍, 개정판 출간 붐으로 이어졌다.

편집자의 표지 작업

표지는 전적으로 디자이너의 몫이라고 생각할 수 있지만, 편집자가 준비해야 할 일이 많다. 특히 프리랜서 디자이너에게 표지를 맡기는 상황이라면 더욱더 그렇다. 먼저 발주를 위해 표지 디자인 의뢰서를 작성하고, 디자이너가 책의 내용과 특징을 빨리 파악할 수 있도록 차례와 머리말, 샘플 원고를 준비하며, 필요하면 기획안도 챙긴다. 표지의 구성은 특히 중요하다. 디자이너가 표지 구성안을 짤 수 있도록 편집자는 각종 문안과 재료를 미리 점검해야 한다.

앞표지front cover

제목, 부제, 저자명, 필요한 경우 시리즈 제목이나 문안 등을 덧붙인다. 앞표지에 들어갈 문안이나 표지의 이미지, 분위기, 색감 등에 관한 의견, 특히 표지에 사용할 만한 사진이나 그림 등의 재료, 표지에 드러나야 하는 책의 주제에 관한 의견이 중요하다. 본문과의 연관성을 고려한다.

뒤표지back cover

일반적으로 책을 소개하거나 추천하는 짧은 글을 싣는다. 머리말이나 본문 중에서 책의 내용과 특징을 한두 문장으로 드러내는 글을 한 줄의 헤드 카피와 함께 정리한다. 독자의 시선을 붙잡는 짧은 추천의 말로 구성하기도 한다. 이 경우 일정에 차질이 없도록 미리 준비하고, 원고 분량이나 샘플을 함께 보내 여러 번 손보지 않도록 한다.

뒤표지에 싣는 추천의 말(blurb)은 일반적인 서평(book review)이나 본문 앞에 들어가는 추천사(forward)와 달리 짧은 것이 특징이다. 적극적인 독서를 권장하는 '단 한 마디의 미학'이 핵심이다. 보통 두세 문장이면 족하다. 찬사는 길수록 뻔해진다. 뒤표지 하단에는 ISBN과 바코드(bar code), 책의 정가를 배치한다.

표지 앞날개front flap

현장에서는 보통 앞표지, 앞날개, 뒷날개, 뒤표지를 순서대로 번호를 매겨 표 1, 표 2, 표 3, 표 4로 약칭한다. 표 2는 주로 저자 사진, 저자 소개 글로 구성한다. 저자 사진과 소개는 저작권자의 인격권과 관련한 사항이므로 반드시 저자의 최종 승낙을 받고 진행한다.

표지 뒷날개back flap

주로 출판사의 관련 도서를 소개한다. 3~5권 정도를 선정해 짧게 소개함으로써 관련 도서로 독서가 이어지기를 기대한다. 시리즈의 경우에는 시리즈 목록을 알려주기도 한다. 특별한 경우 저자 인터뷰나 전문가 서평, 추천사로 구성하여 책의 이해를 돕기도 한다.

책등spine

책등의 문안을 따로 준비할 필요는 없다. 책의 제목, 저자명, 출판사의 로고(logo)가 들어간다. 때로는 시리즈 제목이나 번호, 부제가 들어가기도 한다. 책의 정확한 두께를 계산해서 맞추고, 제목과 출판사 로고의 위치를 규정에 따라 배치한다. 개인의 책꽂이나 책장, 도서관과 서점의 서가에서 독자들은 책등으로 책을 찾는다.

표지의 날개를 구성하는 내용은 나라마다 다르다. 양장본과 문고본으로 나누어진 일본에서는 편집자-디자이너-독자 모두 날개에 그리 주목하지 않는다. 그들은 날개보다 띠지로 표현한다. '띠지 전쟁'이 한창이던 1980년대에는 편집자를 대상으로 띠지 문안 경연대회를 열기도 했다. 반면에 유럽이나 미국에서는 띠지를 번거로운 치장으로 생각해서 특별한 경우에만 사용한다. 그들은 저자 소개보다 책 소개를 더 중요하게 여기기 때문에 독자의 시선이 주로 머무는 앞날개에 책을 소개하고, 그다음에 시선이 머무는 뒷날개에 저자를 소개한다. 우리나라는 반대로 저자를 앞날개에 소개하고 뒷날개에는 관련 도서를 안내한다. 또한 다른 나라에 비해 앞날개, 뒷날개의 구성과 디자인에 세심한 공력을 들인다.

표지 디자인의 딜레마

우리나라에서는 1970년대까지만 해도 북 디자인 분야의 전문성이 활발하지 않았다. 발행인이나 편집장이 제목을 결정하고 표지도 만들었다. 1980년대에 들어서면서 표지 디자인이, 1990년대 중반부터는 표지와 함께 본문 디자인 영역이 활발하게 개척되었다. 이 과정에서 책의 표지와 본문을 총괄적으로 설계하는 '아트 디렉터(Art Director)'의 역할이 새롭게 등장했다.

초기에는 책의 편집, 출판에 관한 이해와 경험이 풍부하면서도 제목이나 표지 작업에 각별한 관심을 가지고 작업해온 출판사의 발행인이나 편집장이 이 역할을 담당했다. 그 후 미술 전공자 가운데 북 디자인에 특별한 관심을 가지고 이 영역을 개척하는 디자이너가 등장하면서 북 디자인의 영역이 본격적으로 열렸다. 표지는 이 과정에서 자연스레 디자이너에게 맡겨졌다. 본문을 표현하는 제목은 여전히 편집자의 몫이었지만, 책을 표현하는 표지는 디자이너의 몫이었다. 여기서 편집자와 디자이너의 갈등이 시작되었다. 책의 세계에서 오랫동안 중요하게 여겨온 '저자-편집자의 호흡'처럼 '편집자-디자이너의 호흡'이 책의 완성도에 새로운 변수로 등장한 것이다.

표지 디자인 과정, 특히 시안 결정 과정은 다른 작업보다 훨씬 갈등적 상황에서 진행된다. 편집자와 디자이너가 원활히 소통함으로써 복잡하고 미묘한 상황을 긍정적으로 이끄는 기술이 필요하다. 디자이너가 처한 표지 작업의 딜레마적인 환경은 다음과 같다.

첫째, 표지는 저자, 발행인, 편집장, 담당 편집자, 마케터 모두의 관심사다. 문제는 저마다의 시선이다. 다양한 이해, 수준, 관점에 따라 다양한 의견을 내놓는다. 각각의 의견을 어떻게 수용하고 걸러야 할까? 둘째, 본문을 포함한 책의 성격과 특징을 매력적으로 표현하면서 독자의 시선을 붙잡아야 한다. 셋째, 저자와 원고를 충분히 파악한 편집자와는 달리 디자이너는 중간에 개입하여 본문의 내용 전체를 파악할 시간이 부족하다. 때로는 원고가 끝나지 않은 상태에서 표지 디자인 작업을 할 때도 있다. 좀 더 빨리 본문을 파악하고 표지의 핵심 개념을 스케치해야 한다. 넷째, 출판사에 외주 디자인을 관리하는 아트 디렉터가 있어서 표지만 외주로 작업하는 경우에는 아트 디렉터-담당 편집자-외부 디자이너 사이에 복잡한 시선이 오간다. 불행히도 아직 우리에게는 이 모든 것을 환상적으로 이끌어줄 아트 디렉터가 출판사 안보다 밖에 많다. 다섯째, 이 모든 환경을 염두에 두고 읽고 듣고 조사하고 논의하고 조율해서 일주일, 때로는 며칠 만에 표지를 완성해야 한다.

편집자는 디자이너의 이러한 복잡한 작업 환경을 고려해야 한다. 원고로 본문을 빛내는 저자처럼, 표지로 책을 빛내는 디자이너가 짧은 시간 안에 최고의 창조적 작업에 매진할 수 있도록 준비하고 지원한다.

표지 디자인에서 고려해야 할 사항

디자이너가 편집자와 상의하면서 표지를 디자인하는 과정에서 고려해야 할 사항들은 다음과 같다.

- 출판사의 출판 방향과 특징, 편집 디자인의 방향과 정책
- 책의 제목, 성격, 특징, 본문의 장점과 개성
- 본문 레이아웃과 편집 방향
- 독자층, 독자 환경
- 해당 분야의 흐름과 경향
- 시리즈인 경우, 해당 시리즈 도서들과의 통일성과 계열성
- 단행본인 경우, 관련된 이전 도서들과의 계열성
- 서점의 평대와 서가의 환경
- 온라인 서점의 표지 전시 방법과 환경
- 학교, 기업의 도서관, 개인의 책꽂이 등 보관이나 전시 환경

물론 한 종의 표지를 위해 이 모든 것을 고려하기란 쉬운 일이 아니다. 편집자가 수십 종의 책을 거치며 책의 세계를 이끄는 편집장이 되듯, 디자이너도 아트 디렉터로 성장하기 위해서는 책의 깊고 드넓은 세계로 뛰어들어야 한다. 책의 세계에서 편집과 디자인은 사실 하나다. 국제도서전은 세계 각국의 출판사들이 참가하여 출판사의 편집 방향은 물론이고 디자인의 방향과 특징, 개성도 엿볼 수 있다. 특히 독일이나 프랑스의 출판사들은 서로 다른 수백, 수천 종의 책에서도 출

판사 고유의 색깔이나 분위기가 확연히 느껴진다. 이런 시각적인 느낌은 바로 출판사의 편집 디자인 방향과 정책의 결과다. 이를 이끄는 아트 디렉터야말로 편집장과 함께 출판의 세계를 여는 꽃이다.

놓치기 쉬운 결정적인 실수

– 뒤표지에 들어가는 짧은 추천사 하나 때문에 2~3개월 애써 지켜온 마감 일정을 미루는 일이 간혹 생긴다. 뒤표지의 추천사 구성 여부를 미리 결정하고 적임자를 선별해 청탁해야 한다. 뒤표지의 구성은 디자이너가 아니라 편집자의 몫이다.

– 뒤표지에 들어갈 추천사를 청탁할 때는 반드시 이메일을 이용해야 한다. 우리는 유럽이나 미국보다 칭찬에 익숙하지 않다. 프랑스에서는 '이 대목에서 난 숨을 쉴 수 없었다'는 표현을 서슴없이 쓴다. 미국은 '경이롭다, 믿을 수 없다'는 표현을 진부할 정도로 자주 쓴다. 반면 우리는 칭찬하는 것도, 받는 것도 쑥스러워한다. 뒤표지의 성격과 용도를 명확히 설명하고, 필요한 분량과 샘플을 첨부한 청탁서를 반드시 이메일로 보낸다. 말로 하면 서로 어색할뿐더러 손대기 곤란한 추천사를 받을 수도 있다.

– 앞날개에 들어가는 저자 소개 글을 편집자가 저자의 허락을 거친 후 마무리했다. 표지 작업 과정에서 디자이너가 약간 손을 봤다. 사소한 것이었지만, 책이 나온 후 저자가 발끈했다. 편집자와 디자이너

모두 사과했지만 이미 엎지른 물이었다. 여러 번 반복하지만, 저자 이름, 저자 사진, 저자 소개는 저자의 인격권 보호에 따라 출판사가 배려해야 하는 매우 민감한 사안이다. 이로 인해 저자와 출판사 사이의 신뢰에 금이 가는 일이 생기지 않도록 주의해야 한다. 유럽과 미국의 책들에서 저자 사진이나 소개를 찾기 힘든 것도 이 때문이다.

절대 하지 말아야 할 것

– "저자는 자신이 원하는 거의 모든 것을 자신의 책 제목으로 쓸 수 있다. 그러나 만일 당신이 저자라면 아마도 잘 팔린 책이나 명성을 얻은 책의 제목이 당신이 공들여 쓴 원고의 제목으로 붙여지길 원하지 않을 것이다. 좋은 편집자는 더욱더 그렇다. 당신이 혹 그렇게 하려고 해도 용납하지 않을 것이다. 다시 말하건대, 당신의 편집자는 당신의 다양한 실수, 심지어 제목을 결정하는 과정에서 발생할 수 있는 실수까지도 통제하기 위해 존재하는 사람이다."(윌리엄 제르마노, 《출판한다는 것》, 시카고대학 출판부, 2001, p. 42.)

– 어느 출판사가 본문이 같은 책을 제목과 표지가 다른 두 가지 책으로 동시에 출간했다. 학술적 성격의 교양서였다. 출판사가 제목과 표지를 놓고 고민하다가 '서로 다른 두 가지를 내놓고 독자의 선택에 맡겨보자'고 결정한 결과였다. 이 책의 번역에 참여한 교수들이 '어떻게 이런 일이 있을 수 있느냐?'며 항의성 질문을 해왔다. 이런 시도는 아트 북에서나 허용되는, 일반 단행본에서는 하지 말아야 할 실수다.

물론 독자층에 따라 장정과 판형, 가격을 달리할 때는 표지의 변화를 고려할 수 있다.

현장에서 쓴 편집자 노트

– 베스트셀러나 스테디셀러의 제목들을 눈여겨보면 독특한 조합의 유형을 발견한다. 대표적인 예가 《노인과 바다》, 《적과 흑》 같은 고전이나 《철학과 굴뚝청소부》, 《승려와 철학자》 같은 교양서처럼 대조적인 두 단어를 조합하여 만든 제목이다. 이 경우에는 특히 원고, 독자, 독자 환경의 맥락(context)을 이해해야 한다. 제목나무 그림 속의 풍경을 한눈에 파악해야 한다. 그다음 비유와 상징, 역설, 위트의 발상이 필요하다.

– 국내서는 물론이고, 번역되지 않은 원서들을 보면서 눈에 들어오는 제목들은 별도의 폴더에 메모와 함께 저장해두면 여러모로 유용하다. 때로는 제목만으로도 멋진 기획 아이디어를 떠올릴 수 있다. 10년 전쯤 한 일간지에 '아름다운 논쟁'이란 제목으로 칼럼을 쓴 적이 있다. 그날의 편집일지에 '아름다운 논쟁, 대담'이란 제목의 책을 떠올리고 메모해두었다. 그날의 제목이 몇 년 후 새로 시작한 출판사의 첫 책을 낳았다.

– 특정한 장르나 분야의 책을 기획할 때 여유가 있다면 원고 없이 '100권의 책 제목 기획'을 시도해본다. 머리 아프게 저자까지 떠올릴

필요는 없다. 제목만으로 책의 특성이나 개성을 담아 100종의 책 제목을 떠올려본다. 이 맹랑한 시도는 100종을 채워야 효과를 볼 수 있다. 장르나 분야는 구체적일수록 흥미롭다. 예를 들어 실용서 100종의 제목 기획보다 다이어트 100종의 제목 기획을, 역사서 100종보다 전쟁사 100종의 제목 기획을 시도해보라. 그러면 이미 나와 있는 책들을 넘어 나올 법한 책, 더 나아가 나올 수 없는 책조차 상상하게 된다. 제목 기획이 주는 또 다른 자극이다.

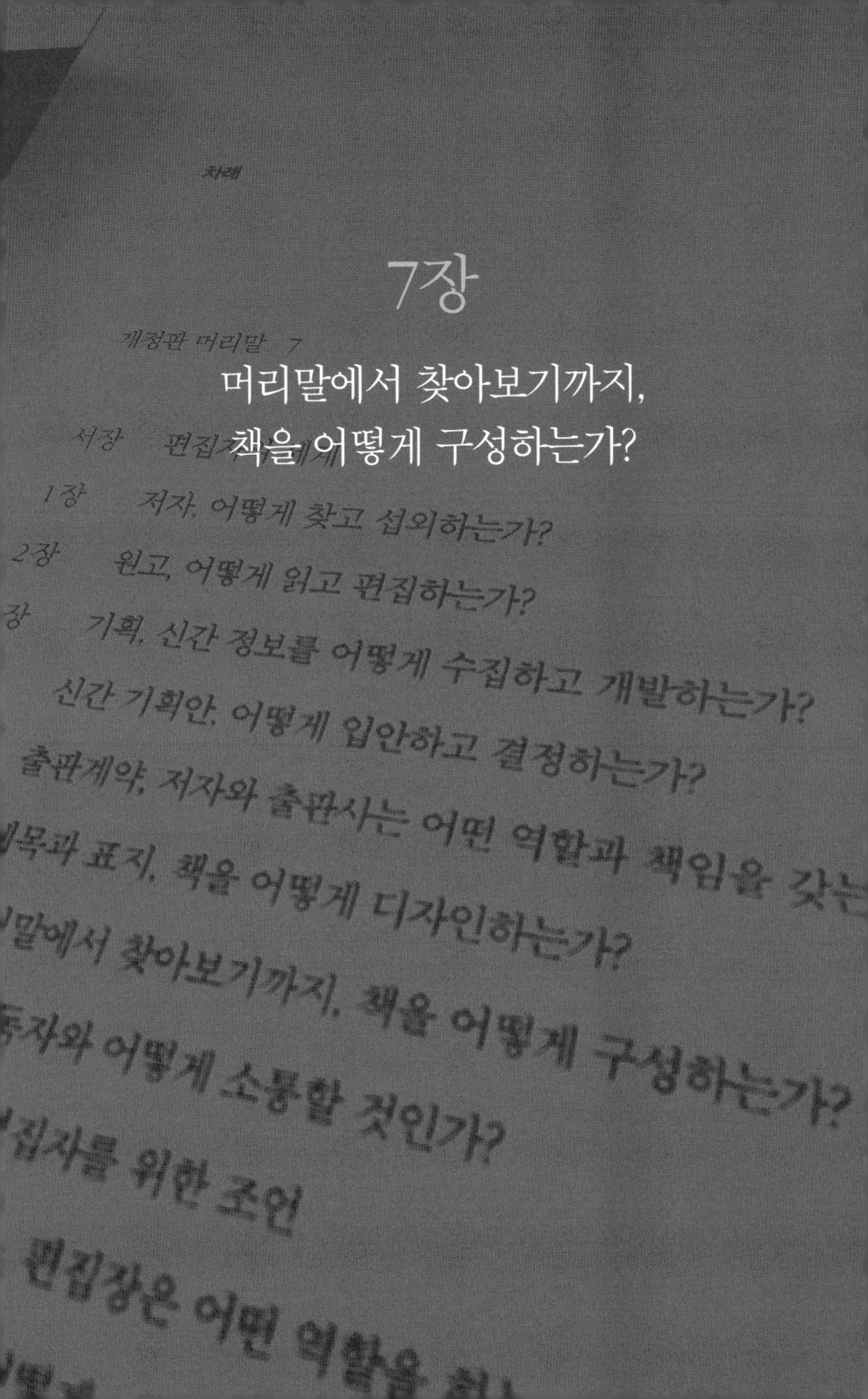

7장

머리말에서 찾아보기까지, 책을 어떻게 구성하는가?

카를 마르크스의《자본론》을 읽어본, 아니 읽으려고 애써본 독자라면 이 책이 얼마나 어려운 책인지 안다. 겨우내 이 책에 매달린 적이 있었다. 그 때문에 독방의 찬 공기는 잊었지만, 결국 '이해하려고 가장 애썼던 책'으로 기억하자며 스스로 위안했다. 20년 동안 잊고 있던 그때의 기억을 되살려준 것은 21년 만에 새로 출간한《자본 1-1》의 '옮긴이의 말'이었다. 1987년, 시대적 상황 때문에 번역가를 익명으로 선보였던《자본론》(이론과실천)은 2008년 6월, 그때의 번역가와 젊은 출판인이 만나 새로 출간되었다.

해제
옮긴이의 말
일러두기

제1판 서문
제2판 후기
프랑스어판 서문
프랑스어판 후기
제3판에 부쳐
영어판 서문
제4판에 부쳐

《자본 1-1》(강신준 번역, 길)의 차례 중 본문 '제1편 상품과 화폐' 앞에 나오는 권두 부분이다. 옮긴이의 말, 일곱 가지의 서문과 후기. 본문으로 들어가는 데 이렇게 장구한(?) 사전 과정이 꼭 필요했을까?

'머리말' 한 쪽에 책의 역사를 담다

그렇다. 꼭 필요했다. 《자본 1-1》의 '옮긴이의 말'은 《자본론》의 '한국에서의 21년 역사'를, 일곱 가지의 서문과 후기는 '유럽에서의 38년 역사'를 담고 있다. 이들이 빠진 《자본론》을 과연 상상할 수 있을까? 2009년 1월, 출장 일정으로 잠시 들른 서울의 한 서점에서 이 책의 '옮긴이의 말'을 읽고 나서 망설이지 않고 책을 샀다. 그의 말이 이 책에 대한 오랜 기억은 물론, 흐트러지려는 자세를 곧추세웠기 때문이다. 이처럼 '머리말' 한 쪽, '옮긴이의 말' 한 구절은 독자에게 큰 영향을 미친다. "누가 뭐라든 제 갈 길을 가라"는 《자본론》 머리말의 한 구절처럼 책의 이미지를 결정하기도 한다.

머리말은 책의 역사다. 675년 《구약성서》 1권의 머리말에서 1920년 윌프레드 오언(Wilfred Owen)의 시집 머리말까지, 세계적으로 유명한 책들의 서문을 묶어 펴낸 《서문들의 책(The Book of Prefaces)》(블룸즈버리, 2000)의 편집자 알래스데어 그레이(Alasdair Gray)에 따르면, 머리말은 일반적으로 다음의 네 가지 내용을 담는다.

첫째, 머리말은 책의 역사에 대한 자전적 기록이다. 집필의 이유와 배경, 과정을 담는다. 그레이는 이런 머리말을 읽음으로써 독자는 "이른 아침 편하게 집에서 깨어난 것처럼" 평온한 기분으로 책 속으로 빠져든다. 둘째, 예상하는 반응, 특히 비평적 반응에 대한 사전 예측이나 답변을 담는다. 독자는 작가의 관점이나 의도를 파악하여 본문에서 펼쳐질 내용을 가늠한다. 셋째, 시대의 변화, 미래에 대한 예측과 조망을 담는다. 사상가나 철학자, 사회과학자, 자연과학자의 머리말만이 아니다. 한 시대를 풍미한 총서나 신서의 시리즈 머리말을 보라. 1980년대 우리 사회에서 담론의 지평을 열었던 〈창작과 비평〉이나 〈사상문예운동〉, 〈동향과 전망〉 등의 머리말은 시대상과 지식인의 역할을 압축했다. 넷째, 다른 저자나 비평가에 대한 비판과 공격, 경고, 경종을 담는다. 이러한 머리말은 간혹 새로운 논쟁의 시작을 알리는 선전포고의 성격을 지닐 때도 있다.

머리말만이 아니다. 적절한 부록과 연표, 용어 해설 등이 본문의 내용을 풍부하게 살린다. 독자를 배려한 찾아보기와 편집자 주 하나가 책에 대한 신뢰도를 높인다. 꼭 있어야 할 것들로 가득한 책은 책의 구성을 세심하게 이해하며 남다른 열정으로 가득한 편집자의 손에서 탄생한다.

그렇다면 책은 어떻게 구성될까? 책의 구성에서 편집자가 해야 할 일과 주의해야 할 것은 무엇일까? 다음에 정리한 책의 구성은 《시카고 편집 매뉴얼》(시카고대학 출판부, 2003)과 《신판 출판편집기술(新版出版編輯技術)》(일본 에디터스쿨 출판부, 1997)을 참조했다. 책의 구성은 세계적으로 보편적인 원칙과 규칙에 따른다. 《시카고 편집 매뉴얼》은 1890년대 편집자들이 만든 팸플릿을 바탕으로 1906년 처음 출판된 이래 미국과 유럽에서 아주 오랫동안 편집의 기초로 삼아온 책이다. 《신판 출판편집기술》은 1968년 출간되어 오늘날까지 일본 출판사들이 편집의 교본으로 삼고 있다. 이 두 책의 최신판에 기초하여 책의 기본 구성을 정리하고, 나라마다 관례에 따라 조금씩 다른 점들을 보충하면서 우리의 관례들을 덧붙였다.

책의 구성

책은 크게 권두 부분과 본문, 권말 부분으로 구성한다. 권두와 권말은 본문을 기준으로 앞과 뒤에 오는 부분을 말한다. 권두는 전부(前部), 권말은 후부(後部)라고도 한다. 오랜 책의 역사에서 정착된 이 기본 구성으로 책은 다른 것들과 구별되는 독자적이면서 완벽한 특성을 갖는다. 권두 부분은 본문으로의 도입과 본문에 대한 안내, 두 가지 역할을 한다. 권말 부분은 본문에 대한 다양한 참고의 기능을 한다.

각 부분의 세부 구성 요소들은 책의 분야와 성격, 독자층에 따라 다양하다. 예를 들어 학술서나 전문서라면 권위 있는 사람의 추천사와 저자의 머리말을 권두에 따로 구성할 수 있다. 소설은 독자가 본문의 이야기에 좀 더 빨리 빠져들도록 머리말을 후기로 대신하는 것이 일반적이다.

편집자는 저자의 구성안과 원고를 검토한 후 1차 편집 시안을 만드는데, 이때 책의 구성안을 만드는 것도 중요하다. 책의 구성에 따라 본문의 성격, 특징, 독서의 흐름과 초점, 태도가 달라질 수 있기 때문이다. 편집 시안은 다시 저자와 협의하거나 편집회의를 거쳐 수정, 보완되어 최종 구성안으로 확정된다.

권두 부분Front Matter

본문의 앞쪽을 구성하는 부분이다. 주로 책 안의 표제지 역할을 하는 속표지, 머리말, 차례 등으로 이루어진다. 전통적으로 권두 부분은 본문의 쪽수와 구분하여 표기한다. 유럽과 영미권의 책들은 권두 부분을 로마숫자로 표기하고, 본문은 아라비아숫자로 표기한다. 그 이유는 두 가지다. 첫째, 머리말이나 감사의 글은 가장 늦게 도착한다. 본문을 탈고한 후 편집 과정에서 들어오기도 하므로 쪽수 표기를 달리하여 따로 편집하면 시간도 단축하고 관리도 효과적이다. 둘째, 개정판의 편집에 효율적이다. 개정판 머리말을 추가할 때 권두 부분만 바꾸면 되는 것이다.

일반적으로 책의 쪽수는 권두 부분을 제외한 본문의 쪽수를 말한다. 하지만 우리나라에서는 속표지의 맨 첫 장인 약표제지부터 책의 쪽수를 매기는 경우도 많다. 이 경우, 권두 부분의 쪽수는 표기하지 않는다. 권두의 구성에서 일반적으로 헌사, 일러두기, 머리말, 감사의 글을 차례 앞에 배치하는데, 나라나 출판사마다 조금씩 다르다. 영국과 미국에서는 헌사와 일러두기를 차례 앞에 배치하고, 저자 머리말과 감사의 글은 차례 다음에 배치하는 편이다. 《시카고 편집 매뉴얼》에서는 권두 구성에서 표제지, 판권, 헌사, 일러두기, 차례, 도판 목록, 추천사, 저자 머리말, 감사의 글, 서론(본문에 포함된 서장이 아닌 경우), 약어 표기의 순으로 편집하는 것을 지침으로 제시하고 있다. 반면 한국과 일본에서는 일반적으로 저자의 머리말을 차례 앞에 배치한다.

약표제지Half Title Page | 약표제지는 책의 첫 장이다. 부제나 저자 이름 등은 모두 빼고 제목만 표기한다. 항상 오른쪽에서 시작하는 약표

제지 다음 면, 즉 책장을 넘겨 왼쪽 면은 보통 빈 면(白面, blank page)으로 둔다. 다만 중요한 시리즈에서는 시리즈 제목과 번호, 시리즈의 책임 편집자를 표기하는 사례도 있다. 번역서의 경우 원저(原著)의 제목, 저자 이름, 출판사 이름, 발행 연도를 표기하기도 한다. 분야나 성격을 막론하고 중요한 시리즈 출판물의 경우에는 각 권뿐만 아니라 시리즈 전체를 총괄하는 편집자의 역할이 매우 중요하다. 유럽과 미국에서는 시리즈의 책임 편집자를 이 면에 표기하고, 시리즈가 아닌 경우라도 편집자의 역할이 특별히 중요한 책이라면 편집자의 이름을 서지 사항의 일부로 여겨 기록한다.

표제지Title Page | 제목만으로 책의 첫 장을 연 후 다음 장 첫 면, 즉 펼친 면으로 보아 다시 오른쪽 면에는 제목, 부제, 저자 이름, 번역자 이름, 출판사 이름 등 책의 기본 서지 사항을 표기한다. 개정판의 경우에는 '개정 3판' 등으로 표시한다. 유럽이나 미국에서는 일반적으로 출판사 이름, 출판사의 소재지, 발행 연도를 함께 표기한다. 우리와 달리 세계 여러 곳에 출판사가 있어 출판사의 국적보다 소재 도시가 서지 사항에서 더 중요하기 때문이다. 표제지에는 저자의 이름을 먼저 표기해야 하므로 '저자 홍길동'이 아니라 '홍길동 지음'이라고 표기한다. 번역자라면 '홍길동 옮김', 편저자라면 '홍길동 엮음'으로 표기하는 것이 원칙이다. 약표제지와 표제지는 속표지라 하여 각각 속표지 1, 2로 부르기도 한다.

판권Copyright Page | 책의 기본 서지 사항과 저작 및 출판권에 관한 제반 사항을 기록한다. 우리나라에서는 1980년대 이전에, 일본에서

는 1960년대 이전에 간기면(刊記面)이라 불렸다. 저작권의 법적 원칙과 적용이 상대적으로 철저하지 못했던 시대에는 서지 사항의 기록이 더 중요했기 때문이다. 오늘날에는 서지 사항과 함께 저작권의 보호를 강조하여 판권면(版權面) 또는 판권이라 부른다. 유럽과 미국은 판권을 권두에, 일본은 권말에 배치한다. 우리나라는 일본의 영향을 받아 전통적으로 권말에 배치했지만, 최근에는 권두에 배치하는 출판사가 늘고 있다.

책의 제목과 저자·역자의 이름, 발행일 등 서지 사항에서 중요한 요소들을 맨 위에, 출판사 이름과 주소, 전화번호, 인쇄 및 제본처 이름, ISBN을 가운데에, 저작권 표기를 아래에 배치한다. 저작권 보호를 위한 표기는 '©, 저자, 발행 연도' 순으로 한다. 번역서는 원서의 제목과 저자, 발행처를 저작권 사항과 함께 기록하는 것이 관례다. 저자나 역자의 간단한 약력을 첨가해도 좋다. 많은 저자와 편집 인력이 참여한 특별한 기획의 경우에 판권 외에 이들을 별도로 표기하기도 한다.

이외에도 중쇄나 개정판의 발행일을 추가한다. 책의 역사와 이력에 관한 정보도 추가할 수 있다. 예를 들어 전면 개정을 했거나 다른 출판사에서 판권을 옮겨왔다면 이전 판본을 밝히고, 필요하다면 개정의 주요 내용을 명시할 수 있다. 학술지나 다른 간행물에 연재한 글을 새롭게 고쳐 쓴 경우라도 이를 기록할 수 있다. 아울러 책의 기획과 편집에 중요한 역할을 한 편집자나 디자이너, 사진가, 화가, 삽화가 등을 명시할 수도 있다. 저작권이 유효한 사진이나 그림은 이에 대한 사전 동의나 계약의 유무 또는 이를 보호하기 위한 별도의 저작권 사항을 추가하기도 한다.

헌사Dedication | 헌사는 전적으로 저자의 몫이다. 책의 구성에서 편저자나 번역자는 머리말, 후기, 감사의 글, 번역자 주, 편저자 주 등을 추가할 수 있다. 그러나 헌사는 오로지 저자만을 위한 것이다. 자신의 저작을 누군가에게 바치고 싶다면 헌사를 통해 밝힌다. '내 아내 조제핀에게', '나의 정신적 스승 고(故) 함석헌 옹을 기리며', '이 삶에 다가온 가장 귀한 손님 아들 우중에게 바친다'처럼 간결하게 쓴다.

권두 명구卷頭 銘句, Epigraphy | 책의 주제, 메시지, 본문과 관련 있는 명구를 인용하는 면이다. 이 역시 주로 저자의 기호에 따르는데, 간혹 편집자의 제안을 저자가 받아들여 삽입하기도 한다. 마치 영화의 오프닝 음악처럼 인상적인 명구를 통해 본문으로 들어가는 독서의 흐름과 분위기, 감정을 이끈다. "타인의 삶으로부터 나는 뛰어내렸다. 내가 되기 위해서 나는 혁명이 필요했다."(구본형의 《익숙한 것과의 결별》)의 경우처럼 인용이 아니라 저자가 직접 쓰기도 한다.

추천사Foreword | 머리말은 일반적으로 저자가 쓰지만, 그렇지 않은 사례도 있다. 저자가 아닌 사람이 쓰는 머리말은 대개 추천사, 추천 서문, 초대하는 글 등 다양하게 표기한다. 저자의 머리말을 생략하고 추천사만으로 구성하는 경우에는 머리말이라고 표기하기도 한다. 일반적으로 저자보다 전문성이나 인지도, 영향력이 매우 높은 사람이 저작의 신뢰성과 가치를 인정하고 드높여주기 위해 저자를 대신해 쓰는 머리말이므로 저자의 머리말 앞에 배치한다.

추천사는 성격과 용도에 따라 추천, 감수, 해설 등 다양하게 편집할 수 있다. 1980년대에 시집의 권말에 선배 시인이나 평론가의 '발문(跋

文)'을, 단편집은 '작품 해설'을 배치하여 작품의 신뢰성과 주목도를 높였다. 최근에는 책의 성격에 따라 전문성보다 대중적 인지도가 높은 사람이 쓰는 경우가 많다.

추천사의 경우 추천자, 저자, 출판사의 협의에 따라 '○○학회 감수', '○○○ 감수'처럼 추천자의 이름을 표지나 표제지 등에 저자의 이름과 함께 명시하기도 한다. 추천사의 제목은 대개 생략하며, 저자의 머리말과 달리 작성자의 이름을 글 앞에 명시하기도 한다. 글 뒤에는 글을 쓴 날짜와 장소를 밝힌다.

머리말Preface | 들어가는 말, 서문, 프롤로그 등으로도 표기한다. 저자가 쓰는 머리말은 일반적으로 제목을 생략한다. 저자의 이름은 대개 글 뒤에 날짜, 장소와 함께 적는다. 이전에는 저자의 정본임을 밝히기 위해 주로 저자의 친필 서명을 넣었지만, 오늘날에는 특별한 경우에 한한다.

머리말에는 일반적으로 집필의 이유나 동기, 본문에 대한 안내, 집필 과정이나 출판 과정에서 특별한 도움을 받은 사람이나 자료에 대한 감사의 표시를 담는다. 감사의 글을 별도로 배치하는 사례도 있다. 학술서나 전문서의 경우에는 연구하고 조사하는 방법이나 과정에 대해 덧붙이거나, 관련된 연구의 역사, 저술의 학문적 배경을 기술하기도 한다.

저자의 머리말보다는 출판사의 발행사나 편집자의 머리말을, 원저자의 머리말보다는 번역자의 머리말을 앞에 배치하는 것이 관례다. 저자의 머리말은 본문의 편집 과정에서 편집자의 제언에 따라 고쳐 쓰는 경우가 많다. 머리말은 본문으로 들어가기 전에 읽는 가장 중요한 글이다. 저자와 편집자는 짧고 인상적인 머리말을 통해 책의 장점과 매력을 높일 수 있다.

개정판 머리말New Preface | 개정판 머리말은 주로 첫째, 본문의 내용과 편집을 수정·보완·추가하여 새로운 판을 펴낼 때, 둘째, 오랫동안 절판된 후 다시 찍어낼 때나 출판사를 옮겨 새로 펴낼 때 덧붙인다. 기존 머리말을 개정판 머리말로 대체하기도 하지만, 이전 머리말을 함께 실을 때는 가장 최근의 것을 맨 앞에 배치하는 것이 원칙이어서 개정판 머리말 또는 2판 머리말, 초판 머리말 순이다. 여기에 3판 머리말이 덧붙여질 때는 가장 앞에 배치한다. 그러나 초판 머리말이 2판 머리말보다 중요해서 강조하고 싶다면 3판 머리말, 초판 머리말, 2판 머리말의 순서로 배치하는 것도 가능하다.

감사의 글Acknowledgment | 감사의 내용이 긴 경우 저자 머리말에서 분리하여 따로 편집한다. 머리말이 특별히 필요하지 않을 때는 이를 생략하고 감사의 글만으로 대신하기도 한다. 대중적인 소설에서는 머리말과 감사의 글을 모두 생략하기도 한다. 다양한 저자와 편집자가 참여한 특별 기획에서는 감사의 글을 머리말보다 먼저 배치하기도 한다. 반면 저자와 편집자의 판단에 따라 권말에 구성할 수도 있다.

감사의 글에는 주로 저자의 저술과 책의 편집, 출간에 도움을 주거나 영향을 미친 자료, 문헌, 책, 사람, 단체나 기관 등에 대한 감사의 인사를 담는다. 전기, 평전, 다큐멘터리처럼 오랜 취재와 자료 조사가 뒤따른 저작물은 감사의 글이 책의 역사를 기록하는 중요한 지면이다. 취재, 조사, 인터뷰, 다양한 지원과 협조에 대한 감사가 책의 역사와 특징을 간접적으로 보여주기 때문이다. 중요한 자료는 취재와 집필 과정에서 미리 게재 허락을 받아두면 좋은데, 그럴 때는 감사의 글에 명시하는 것이 관례다.

차례Contents | 차례 또는 목차는 권두, 권말과 함께 본문의 내용을 한눈에 파악할 수 있도록 편(篇), 부(部), 장(章), 절(節)의 제목과 소제목을 해당 쪽수와 함께 보여주는 면이다.

효과적인 독서를 도와주는 차례는 책 전체를 한눈에 파악하고, 원하는 내용을 찾아갈 수 있도록 안내해주는 역할을 한다. 표제지, 판권, 헌사, 권두 명구 등은 차례에서 생략한다. 본문이 여러 장이면 장의 순서와 제목을 같이 표기한다. 장의 쪽수는 생략한다. 장을 구성하는 글은 제목과 시작 쪽수를 함께 표기하여 해당 제목의 글을 바로 찾아 펼칠 수 있도록 안내한다. 공저의 경우에 장마다 저자가 다르다면 장 제목 다음에, 꼭지마다 저자가 다르다면 꼭지 제목 다음에 저자의 이름을 적어 차례를 통해 글과 저자를 한눈에 알아볼 수 있도록 한다.

차례는 정성 들여 차린 밥상과 같다. 차례가 산만하면 본문도 산만해 보인다. 각각의 제목을 가편집한 후에 전체적인 느낌과 흐름을 고려해서 정확하고 깔끔하게 마무리 손질을 한다.

도판 목록List of Illustration | 편집자가 필요하다고 판단하면, 사진과 삽화, 도표 등의 목록을 별도로 만들어 차례 다음에 도판 목록 또는 도표 목록(List of Table)을 배치한다. 도판 목록과 도표 목록은 한 면에 같이 편집하는 경우라도 대개 사진, 삽화, 그림, 도표, 지도 등으로 나누어 목록을 만든다. 만일 삽화나 도표, 사진 등이 많다면 쉽게 찾아볼

수 있도록 차례 다음에 도판 차례를 별도로 싣기도 한다.

그 밖의 추가 사항 | 필요한 경우에는 일러두기(Explanatory Note), 편집자 주(Editor's Note), 번역자 주(Translator's Note) 등을 추가할 수 있다. 범례(凡例)라고도 불리는 일러두기는 본문 중의 용어나 약어(略語), 특수 기호 등 일정한 약속으로 기술되는 사전류의 원칙이나 번역서의 경우 참조한 판본 등 기초적인 사항을 표기하는 것으로, 학술 가치가 있는 책에서는 중요한 구성 요소다.

일러두기는 편집자가 다는 편집자 주, 번역자가 다는 번역자 주가 있다. 만일 여러 가지 약어나 용어가 본문에 자주 쓰였다면 목록을 만들어 표기한다. 모든 일러두기는 해당 글 앞에 배치한다. 본문에 표기할 필요가 있을 때는 차례 다음 왼쪽 빈 면에, 부록이나 찾아보기 등 권말 부분에 필요한 경우에는 해당 사항의 앞 왼쪽 빈 면이나 각주(脚註, Footnote)의 방식으로 명시할 수 있다.

번역자 주는 저자의 머리말만큼 중요하게 취급한다. 일반적으로 번역자는 원저자와 같은 중요성을 지니기 때문에 번역자 주의 내용은 번역자 머리말에 담는다. 번역자 머리말('옮긴이의 말'이라고도 한다)을 생략하여 번역자 주를 표기할 때는 원저자의 머리말 전 왼쪽 빈 면에 배치한다.

본문Text

본문은 본문 속표지(First text page)와 본문으로 구성한다. 본문 속표지는 보통 이면(裏面)을 백면으로 두는 경우와 이면에 곧바로 본문을 두는 경우가 있다. 현장에서는 일본식 호칭이 남아 있어 각각 '중 도비라', '반 도비라'라고 부르기도 한다. 본문 속표지에는 장(Chapter)의 번호와 제목을 표기한다.

본문은 저자가 말하고자 하는 모든 것을 담는다. 문장, 인용문, 참고문헌, 주석, 표, 도판, 사진, 설명문(Caption)으로 구성된다. 본문의 구성에는 본문의 내용과 특징만이 아니라 독자의 독서 흐름을 예상하면서 전체의 흐름과 각 구성 요소가 적절하게 관계를 맺어 효과적으로 읽힐 수 있도록 배려한다.

본문의 내용을 효과적으로 전달하기 위해서 집필에 앞서 구성안을 짠다. 어떻게 하면 더욱 정확하고 매력적으로 이야기할 수 있을까? 본문의 구성은 저자의 필력을 가늠하는 중요한 요소다. 그뿐만 아니라 본문의 편집에도 결정적인 영향을 미치므로 편집자의 역량도 중요하다. 저자와 편집자는 본문의 구성 방식, 길이, 제목 달기에 대해 심도 있게 논의해야 한다.

본문을 어떻게 구성할 것인가 | 본문 구성은 정확하고 매력적으로 내용을 전달하는 것이 핵심이다. 이때 분야, 책의 성격, 특징, 독자층을 고려한다. 시나 소설 등 문학작품과는 달리 에세이나 전기, 평전, 자서전 등은 첫째, '부·장'의 구분 없이 일련번호만으로 나누거나, 둘째, '부·장·절' 등 세부적인 체제로 나눈다. 대중적인 에세이는 주제별로 나누어 번호와 제목을 다는 첫 번째 방식으로 구성하는 것이 일반적이다. 두 방식 모두 번호와 제목을 달고, 부·장 체제에서는 필요한 경우 별도의 머리말을 달 수도 있다. 또는 리드 글로 대신하기도 한다.

학술서나 교양서, 평전은 대부분 부·장 체제로 구성한다. 평전은 통사처럼 부·장 체제에 연대순으로 구성한다. 최근에는 일부 학술서나 고전의 편집을 제외하고 '절' 체제는 거의 쓰지 않는다. 부·장 대신에 첫째 마당, 둘째 마당 또는 1막, 2막 등 책의 특성을 살려 다양한 방식으로 구성할 수 있다. 대중서는 특히 초반부의 흐름이 중요하다. 도판이나 사진 등이 독서의 흐름을 방해하지 않도록 각별하게 배려하여 독자가 본문 속으로 빠져들 수 있도록 배치한다.

본문의 길이를 어떻게 할 것인가 | 부와 장의 길이, 이를 구성하는 각 꼭지의 길이, 꼭지의 수는 본문을 집필하기 전에 미리 정한다. 부와 장, 꼭지의 길이는 내용의 중요도, 독자층에 따른 독서의 흐름을 고려하여 균형감 있게 배치한다. 원고의 길이는 집중할 수 있는 독서의 시간, 즉 독서 호흡과 연결된다. 부와 장을 구성하는 한 꼭지의 길이가 너무 길다면 글 중간에 중간 제목이나 소제목을 적절하게 달 수 있다. 원고지로 15매 내외, 본문으로 4~5쪽 이내면 중간 제목 없이 꼭지 제목만으로 편집한다.

제목을 어떻게 달 것인가 | 부·장의 제목, 꼭지 제목, 중간 제목은 독자가 한눈에 책의 내용을 이해할 수 있도록 일정한 원칙과 흐름을 가지고 달아야 한다. 소설가 안정효의 정확한 표현처럼 "글은 읽히기 위해 분투하고, 제목은 눈길을 끌기 위해 분투한다." 좋은 제목은 "시처럼 운을 타고 흐른다."《안정효의 글쓰기 만보》의 차례 제목은 그가 본문에서 밝혔듯이 '첫째 마당, 단어에서 단락까지', '둘째 마당, 이름 짓기에서 인물 만들기까지', '셋째 마당, 줄거리 짜기에서 초벌 끝내기까지', '넷째 마당, 시작에서 퇴고까지'처럼 "율동을 일으키기 위해서" 붙였다.(모멘토, 2006, p. 129.)

부·장·꼭지·중간 제목은 짧으면서 내용을 정확하게 전달할 수 있도록 하되, 전달할 내용이 많거나 좀 더 매력적으로 다가가기 위해 부제(Subhead)를 달 수 있다. 이 경우 부·장·꼭지 중 가장 중심이 되는 하나의 구성 체제에만 단다. 차례는 일반적으로 중간 제목이나 소제목을 뺀 부·장·꼭지 제목만으로 편집한다. 만일《안정효의 글쓰기 만보》처럼 다섯 개의 마당이 여러 소제목의 연이은 글로 이루어진 경우라면 차례에 소제목을 넣어 전체 내용을 한눈에 파악하고 찾을 수 있도록 한다.

본문 구성은 형식 이상의 의미가 있다. 저자와 편집자는 앞의 세 가지 사항을 기초로 집필 전에 본문의 구성과 편집에 대해 구체적인 안을 세워 논의한다. 저자가 본문의 구성과 초고 집필을 마친 경우라도 구성과 체제의 변화 가능성을 염두에 두고 편집자와 상의하는 것이 좋다. 교과서나 참고서, 교재, 실용서, 기초 교양서 등 목적과 독자층이 분명한 책은 본문의 구성과 편집 시안을 세부적으로 설계한 후 집필하는 경우가 많다.

권말 부분Back Matter

권말 부분은 주로 부록과 연표, 용어 해설, 참고문헌, 찾아보기로 구성한다. 부록은 본문의 연장으로 다루지만, 그 외의 것은 모두 편집자가 저자와 상의하여 특별히 주의해서 다루어야 한다. 잘못된 표기 하나로 책의 신뢰도를 잃을 수 있기 때문이다.

권말에 저자의 후기를 구성할 때는 권말의 처음에 배치한다. 발문(跋文) 또는 에필로그라고도 표기하는 후기는 주로 저자가 탈고한 후의 감상을 덧붙인다. 후기를 생략하는 사례도 많다. 번역서의 경우 원저를 해설하는 성격의 글을 덧붙이기도 하고, 책의 특성에 따라 저자와의 인터뷰나 대담을 덧붙이기도 한다.

부록附錄, Appendix | 본문을 이해하는 데 도움을 주는 자료들 가운데 본문에 포함하지 않고 따로 보여주고자 할 때는 부록으로 덧붙인다. 부록은 본문 다음에, 권말의 가장 처음에 배치한다. 부록이 여러 개 들어갈 때는 부록 1, 부록 2와 같이 번호를 매기고 부록의 내용을 알려주는 제목을 단다.

연표年表, Chronology | 역사 분야의 책, 전기나 평전은 물론이고 연표를 첨가하여 본문의 내용을 연대기적으로 이해하고 정리하는 데 도움을 주는 책은 다양하다. 배치 또한 본문 바로 전, 부·장 체제의 경우 각 도입부, 권말 등 다양하게 할 수 있다.

후주後註, Endnote | 본문에 넣는 주석은 위치에 따라 본문 아래에 다는 각주(脚註, Footnote), 앞에 다는 두주(頭註, Headnote), 옆에 다는 방주(旁註, Sidenote)가 있으며, 본문 뒤에 다는 주석을 후주라 한다. 학술서나 전문서는 주로 각주를 이용하고, 대중서는 되도록 주석의 내용을 본문에 넣어 독서의 흐름이 끊기지 않도록 한다. 주석이 많지 않을 때는 본문 안에 괄호를 사용하여 달기도 한다. 후주는 주석의 내용이 많고 본문 뒤에 배치해도 본문을 이해하는 데 방해되지 않을 때 사용한다. 후주는 부록이 있는 경우 부록 다음에, 참고문헌이 있는 경우 그 이전에 배치하는 것이 기본이다. 장마다 장 뒤에 후주를 배치하기도 한다.

용어 해설Glossary | 본문 중에 독자에게 익숙하지 않은 전문 용어, 낯선 표현, 외래어, 방언 등이 많이 등장하면 별도의 용어 해설을 덧붙이는 것이 좋다. 만약 몇몇 주요 용어의 개념을 이해해야 본문을 이해할 수 있는 상황이라면 본문 전에 구성하기도 한다.《삼국지》나《수호지》처럼 대하 역사소설에서 본문 전에 주요 등장인물 소개를 구성하는 것과 유사하다. 일반적인 용어 해설은 참고문헌 앞에 배치한다.

참고문헌Bibliography or Reference List | 본문을 집필하는 데 참고하거나 인용한 문헌들은 권말의 찾아보기 앞에 배치한다. 장마다 저자가 다른 경우에는 각 장의 본문 뒤에 참고문헌을 달기도 한다. 집필 과정에서 참고문헌과 자료의 목록을 정리해두는 것이 좋다. 때로는 독자가 본문을 좀 더 깊고 넓게 이해하는 데 도움이 되는 참고 도서들을 덧붙이기도 한다.《뇌, 생각의 출현》은 참고문헌에서 저자의 방대한 독서량에 기초하여 '뇌 과학의 기본 내용에 충실한 책', '뇌 과학으로 사고의 폭을 넓혀주는 책', '뇌 과학적 세계관을 보여주는 책' 등 주제별로 분류하여 목록을 정리했다.

찾아보기 또는 색인索引, Index | 시나 소설, 에세이 등 문학작품은 별도의 찾아보기를 달지 않는 경우도 많지만, 학술서나 전문서는 물론이고 대중적인 교양서는 독자를 배려하여 찾아보기를 권말 마지막에 배치한다. 찾아보기 작성 과정은 주로 둘로 나누어진다. 책의 전체 내용을 가장 정확하게 파악하는 저자가 예상 독자를 염두에 두고 찾아보기 예비 목록을 작성한다. 주로 인명(人名), 지명(地名), 서명(書名), 사항(事項) 등이다. 이에 기초해 전문 편집자가 독자의 잠재적 요구를 파악

하여 찾아보기 목록을 정리한다.

찾아보기 작성은 편집의 가장 마지막 작업이다. 교정·교열을 최종적으로 마친 후 본문의 쪽수를 마감해야만 완성할 수 있기 때문이다. 따라서 일반적으로 숙련된 교정·교열 전문 편집자가 본문 편집을 마무리한 후 마감하는 것이 기본이다.

《대담》은 책의 특성에 맞게 '쟁점 찾아보기'를 권말에 구성했다. '개인주의와 개인이기주의는 어떻게 다른가?', '경험적 기술과 과학적 기술의 차이' 등 274개의 쟁점별 주제어 찾아보기를 덧붙여 독자를 대담 속의 주제로 친절하게 안내한다.

'차례의 편집'에서 무엇을 유의해야 하는가?

차례의 편집 과정에서 편집자는 다음의 사항을 유의해야 한다.

- 순서와 쪽수 지정(page numbering)이 정확한가?
- 약표제지, 표제지, 판권은 얼마 되지 않는 분량이지만, 단 한 자의 오탈자로 인해 책의 이미지 전체를 훼손할 수 있어 세심한 확인이 필요하다. 도서명, 저자명, 출판사명 등은 '단 한 자의 실수'로 전량 수거하는 사태가 벌어질 수 있다.
- 차례 쪽수와 본문 쪽수가 일치하는가?
- 머리말의 분량과 내용에 관해 저자에게 조언한다. 학술서나 전문서가 아니라면 3쪽, 원고지 10매 내외가 기본이다.
- 머리말(preface)과 서장(introduction)은 다르다. 머리말은 본문 전에,

서장은 본문의 첫 장에 해당하여 본문에 속한다.

- 각각의 도판, 도표, 지도와 해당 설명 글이 서로 맞는가? 번호와 쪽수가 정확한가? 도판 목록을 차례에 배치하는 경우 본문과 내용, 편집 형태가 일치하는가?
- 권두 부분의 구성 요소가 너무 많고 복잡하여 본문으로 들어가는 데 지장이 있다면 저자와 상의하여 조정한다. 감사의 글이 짧으면 머리말 끝부분으로 통합한다. 도판, 도표, 지도 등이 많지 않다면 별도의 목록이 필요 없다.
- 번역서의 경우 한국어판 머리말, 옮긴이의 말, 머리말의 배치가 기본이지만, 내용에 따라 달리할 수도 있다. 필요하다면 권두와 권말에 나누어 구성할 수도 있다.
- 권말에서 부록은 본문의 연장으로 다루지만, 후주나 용어 해설, 참고문헌, 찾아보기는 편집자의 각별한 주의와 공력이 필요하다.
- 찾아보기에서 인명과 지명 등 찾아보기의 항목이 정확한가? 쪽수가 일치하는가?

머리말, 한국어판 머리말 그리고 편집자

독자는 둘로 나누어진다. 머리말을 읽고 본문으로 들어가는 독자가 있는가 하면 바로 본문을 여는 독자가 있다. 전자의 경우 머리말은 본문의 첫인상을 결정한다.

저자는 초고에서 탈고까지 대략 세 번 머리말을 쓴다. 책을 구상할 때 왜, 누구를 위해, 어떻게 쓸 것인지 정리한다. 이때 편집자는 저자가 독자를 고려해 책을 구상할 수 있도록 조언한다. 손쉬운 방법은 독자들을 한곳에 모아 강의할 때 말문을 어떻게 열지 상상하는 것이다. 《세계사 편력》처럼 특정한 한 명을 정해놓고 쓰기도 한다.

초고 집필 과정에서 글이 막힐 때 머리말을 다시 써보는 것도 효과적이다. 이때는 '누구를 위해'와 함께 '왜 책을 쓰려고 하는가?'에 대한 솔직하고 명확한 서술이 중요하다. 이런 관점에서 본문의 집필을 멈추고 머리말을 새로 써보면 글을 쓰는 힘이 생긴다. 적절한 시기에 편집자가 조언한다.

마지막으로 탈고한 후 편집 과정에서 저자와 편집자는 상의하여 머리말을 완성한다. 책의 구상 단계에서 쓴 머리말, 본문의 집필 과정에서 격식 없이 쓴 머리말을 참고하고, 책의 성격과 독자층을 고려하여 분량을 정한 후 탈고한다. 머리말은 군더더기를 버리고 본문으로 들어가는 첫인상을 정확하고 강렬하게 이끌어야 한다.

번역서의 경우 1990년대 들어서 원저자의 한국어판 머리말이 권두 구성의 일부로 등장했다. 하지만 한국의 독자를 배려한 인상적이고 생생한 머리말은 아직 취약한 수준이다. '기쁘고 반갑고 고맙다'의 수준에서 벗어나려면 편집자의 노력이 필요하다. 인터넷과 이메일의 보편화로 편집자의 세계에서 국경은 이제 장벽이 아니다. 저자에게 직접 또는 에이전트를 통해 한국어판 머리말의 청탁서를 일정에 맞추어 미리 보낸다.

해외 저자와 국내 편집자 사이의 직접 소통이 일반적인 수준으로 정착하면 '한국어판 머리말'은 물론이고 본문조차 일부 달라질 수 있다. 한국 독자의 환경과 요구에 맞는 부분적 수정과 보완이 가능하기 때문이다. 이는 에이전트 중심의 거래에서 저자와 편집자가 집필과 편집을 논의하는 단계로 발전하는 과정이다. 미래의 출판에서 한국의 편집자는 세계 모든 나라의 저자에게 직접 책의 기획과 편집을 논의할 수 있어야 한다.

번역서의 경우 원저자의 한국어판 머리말, 옮긴이의 말, 머리말 세 가지의 구성을 염두에 두고 원고를 청탁한다. 머리말은 이미 완성한 것이니 손댈 수 없다. 번역자와 편집자는 원저자의 한국어판 머리말과 옮긴이의 말을 어떻게 구성하고, 각각 어떤 내용을 담을지 논의한 후 집필과 청탁에 들어간다.

놓치기 쉬운 결정적인 실수

– 재출간하는 도서는 머리말에 그 내용을 밝힌다. 저자가 이를 놓쳤더라도 편집자가 제안하여 빠트리지 않도록 한다. 학술적으로나 서지학적으로 중요한 도서는 초판 머리말을 그대로 싣고, 2판 또는 개정판 머리말을 덧붙인다. 이전에 발행된 책을 새로운 출판사에서 재발행할 때 간혹 이를 빠트리는 경우가 있다. 편집자는 독자를 위해서 책의 중요한 역사를 기록해 알릴 의무가 있다.

– 여러 명의 저자가 참여한 책의 머리말은 각별한 주의가 필요하다. 누가 어떤 내용으로 쓸 것인지 참여 저자들은 물론 편집자와의 사전 논의가 필요하다. 저자들이 연장자를 머리말의 대표 집필자로 정했는데, 원고를 받아보니 수준이 떨어지는 경우가 있다. 적임자가 누구인지 정확히 아는 사람은 편집자다.

– 저자가 두 명일 때도 적절한 논의가 꼭 필요하다.《대담》의 경우 두 저자와 편집자가 논의해서 권두에 초대의 글(도정일), 권말에 감사의 글(최재천)을 각각 실어 독서의 흐름을 도왔다. 본문을 진행하면서 저자와 편집자가 신뢰 관계를 이루었다면 저자가 머리말에 대한 편집자의 조언을 비교적 쉽게 받아들인다.

– 때로는 권두와 권말의 구성 하나가 책의 특징을 살린다. 오래전의 일이지만 장정일의《내게 거짓말을 해봐》의 경우 편집자의 눈으로 보면 아쉬운 책이었다. 소설의 본문은 상당한 파격을 담았지만, 권두와 권말의 구성은 기존의 관행을 답습했다. 권말의 해설은 난해했다. 논쟁과 오해를 예견하고 이에 대비하여 짧은 머리말이나 해설 대신 깊이 있는 인터뷰 글이 덧붙여졌다면 독자의 시선과 느낌이 달랐을지도 모른다. 시대착오적인 편견으로 책은 서점에서 거둬졌다. 얼마 후 해외에 머물던 저자에게 전화와 팩스로 인터뷰한 글이 어딘가에 실렸다. 바로 이런 글을 소설의 권말에 구성했다면 어떠했을까? 논쟁적인 작품은 본문의 앞뒤에 논쟁다운 논쟁으로 이끌기 위한 안내가 필요하다.

절대 하지 말아야 할 것

– 차례를 화려하게 치장하지 마라. 차례는 본문의 지도다. 정확하고 단정하게 편집하라. 장과 부, 꼭지의 제목들도 마찬가지다. 감각적으로 손질한다면서 도대체 무슨 내용인지 파악하기 어려운 차례가 있

다. 차례의 기본 기능을 상실한 편집이다. 먼저 정확하게 전달하고, 그 다음에 일정한 리듬과 규칙, 관계를 생각하라. 그다음 본문의 특징, 저자의 개성, 독자층을 고려하여 '근거 있는 감각'을 발휘하라. 유치하고 조악한 시각적 요소는 모두 걷어내라.

– 본문 교정의 최종 단계에서 표제지, 판권에 들어가는 책명, 부제, 저·역자명, 출판사명, 발행 연도 등 책의 기본 서지 사항의 점검을 절대 간과하지 마라. 결정적인 사고가 이곳에서 자주 발생한다. 뒤표지의 ISBN 오기도 잦은 편집 사고 중 하나다.

– 대필한 경우 이를 반드시 밝혀라. 원저자와 함께 공동 저자로 하거나, 머리말 또는 편집자 주에서 대필의 과정과 함께 밝혀야 한다. 공동 번역, 책임 번역, 감수 등도 마찬가지다. 지금은 많이 사라졌지만, 자신이 쓰거나 번역하지도 않은 저작물에 저자, 번역자로 이름을 올리는 낯 뜨거운 사례가 아직도 종종 있다.

– 홍보용으로 책을 펴내고자 하는 정치가나 기업인, 의사, 변호사, 연예인 중에 대필하는 경우가 간혹 있다. 웬만하면 이런 책은 출판사에서 먼저 거절해야 하지만, 어쩔 수 없는 상황이라면 설혹 대필하거나 원고의 집필에 결정적인 역할을 한 사람과 적법한 절차에 따라 적절한 대가를 치렀다고 해도 그 내용을 밝히는 것이 도리다. 대필한 사람이 이름을 밝히기를 꺼린다면 대필자의 이름은 보호하되 과정은 밝혀야 한다.

현장에서 쓴 편집자 노트

– 차례와 머리말 중 어느 것이 앞서야 하는가? 정답은 없다. 그렇다면 서양에서는 왜 차례 다음에 머리말을, 동양에서는 차례 앞에 머리말을 배치했을까? 실제로 서양의 책들은 아주 오랫동안 거의 모든 경우에 차례 다음에 머리말을 넣는 규칙을 따르고 있다. 반면 동양의 책들은 '형님 먼저, 아우 먼저'처럼 때로는 머리말이, 때로는 차례가 선행했다. 저자의 말을 더 중요하게 여긴 탓일까? 우리나라의 경우 같은 출판사의 책일지라도 국내서는 머리말을 차례 앞에, 번역서는 차례 뒤에 배치한 사례를 더러 볼 수 있다. 이 경우 원칙을 정하고 특별한 경우 예외로 처리하도록 한다.

– "내 소설은 하룻밤에 읽어버리는 대중소설이 아니다. 내 소설은 모두 장으로 나누어진다. 한 장에서 다음 장으로 넘어가는 과정에서 독자에게 일정한 사색과 고통을 안겨준다. 또한 어떤 장에서 독서를 시작해도 전체의 흐름을 이해하며 독서할 수 있도록 구성한다." 밀란 쿤데라는 한 일간지와의 인터뷰에서 자신의 독특한 구성의 밑그림에 대해 이렇게 피력했다.

– 서점에서 눈에 띄는 책을 한 권 집어 들고 순서대로 살펴보라. 앞표지(표 1), 앞날개(표 2), 속표지, 머리말, 차례 그리고 본문. 이 모든 흐름은 영화의 도입부나 소설의 첫 문장처럼 하나의 인상을 심어준다. 때로는 실용서 한 권에서 소설처럼 놀라운 구성을 볼 수 있다.《작

고 귀여운 펠트 브로치》는 독자가 원하는 모든 것을 세심한 구성으로 담아냈다. 《살아있는 한국사 교과서》처럼 공들여 만든 대안 교과서에서 입체적인 본문 구성의 형식을, 《컴퓨터 무작정 따라하기》처럼 오래도록 독자에게서 호평을 받는 실용서에서 본문 구성의 세심함을 배운다.

– 멋진 차례, 머리말, 옮긴이의 말은 별도로 모아둔다. 특별한 것들을 모아두면 저자에게 조언할 때, 편집 시안을 짜고 설명할 때 좋은 사례로 활용할 수 있다. 서점에서 책을 볼 때도 본문만이 아니라 권두와 권말의 구성을 세심하게 관찰한다. 책을 만든 편집자의 공력과 감각을 엿볼 수 있다. 감탄사가 절로 나오는 책을 볼 때마다 강한 자극을 받는다.

8장

홍보, 독자와 어떻게 소통할 것인가?

저자 섭외가 적절했다. 원고 선별도 좋았다. 좋은 원고를 받아 공들여 편집했다. 제작도 흠잡을 데 없었다. 그 결과 좋은 책이 탄생했다. "저자는 원고로 말하고, 편집자는 책으로 말한다"는 편집자의 원칙을 그대로 실천했다. 그렇다면 편집자의 역할은 끝났는가? 이제 새로운 책에 열정을 쏟아도 되는가? 아니다. 편집자의 역할은 이것으로 그치지 않는다. "책을 잘 만들면 독자가 알아서 찾는다." 이 말은 구시대의 경구일 뿐이다. 우리나라에서만 1년에 7만 종 가까이 신간이 쏟아진다. 편집자가 펴낸 '좋은 책'의 가치를 독자가 어떻게 알 것인가? 독자에게 책이 존재한다는 사실을 어떻게 알릴 것인가?

'양서의 출판'으로는 부족하다

지난 시대에 기업의 역할은 좋은 물건을 생산하여 적절한 가격에 공급하는 것으로 족했다. 그러나 오늘날에는 그것으로 부족하다. 기업은 소비자에게 자사의 상품을 알리고, 지속해서 좋은 관계를 맺기 위해 다양한 관심과 노력을 기울여야 한다. 출판사도 마찬가지다. 1990년대까지만 해도 출판사의 임무는 좋은 책을 만드는 것이었다. 그러나 이제 출판사의 역할은 그것에 그치지 않는다. 오늘날 출판사는 다음의 네 가지 역할에 주력한다.

첫째, 좋은 책을 만든다.(양서의 발행과 보급)

둘째, 신간의 정보를 알리고 독서를 권장, 촉진한다.(책의 홍보와 독서 캠페인)

셋째, 독자의 의견을 듣고 편집에 반영한다.(통합 마케팅과 독자 참여)

넷째, 저자-출판사-독자가 책을 매개로 직접 만나 다양한 교류를 통해 지속적인 관계를 맺는다.(쌍방향 소통과 지식문화 공동체의 형성)

1990년대 초·중반에 책의 홍보, 특히 언론과 방송을 통한 책 홍보가 활발해졌다. 대중문화의 사회적인 확산과 일간지의 출판 지면이 흐름을 주도했다. 여기에 TV, 라디오의 책 관련 프로그램과 책 소개 코너도 확장되면서 독서의 대중화를 촉진했다. 1990년대 후반, 컴퓨터와 인터넷의 대중적인 보급으로 출판사의 홍보 활동은 사회 전반으로 확장되었다. 도서관, 학교, 기업에 이메일로 책 정보를 알렸고, 홈페이지를 통해 독자와 직접 소통하는 시대를 열었다. 2000년대 이후 디지털 기술 환경의 진보로 트위터, 페이스북, 인스타그램 등 SNS 미디어가 활성화되고, 팟빵이나 네이버 오디오클립 등 오디오 콘텐츠와 팟캐스트를 제공하는 오디오 플랫폼과 유튜브 등 동영상 플랫폼이 인기를 끌면서 책을 직간접적으로 홍보하고 연결할 수 있는 새로운 환경과 기회가 급격히 늘고 있다. 이러한 변화는 출판사와 독자 사이에 이루어지는 정보 제공과 유통 방식의 변화를 동반한다.

이제 독자는 책 정보의 수신자, 소비자, 구매자에 머물지 않고, 지식과 정보의 발신자, 생산자로 나서기 시작했다. 디지털 환경에서 독자와 좀 더 밀접하게 소통하는 출판사와 저자, 편집자가 두각을 나타내고, 저자-출판사-독자의 통합적 소통이 활기를 띠고 있다. 책을 매개로 한 지식과 문화의 다양한 커뮤니티가 출현함으로써 소통, 쌍방향 소통, 횡단, 통섭, 노마드, 융합은 출판의 새로운 변화를 이끄는 키워드로 등장했다. 이는 또한 '저자-출판사-서점-독자'라는 병렬적이고 분절적이며 일방적인 소통 환경의 변화를 의미했다.

양서의 발행과 보급, 책의 홍보, 독자 참여의 활성화, 지식문화 공동체 형성이라는 출판사의 네 가지 역할은 책을 통해 새롭게 소통하는 시대가 오고 있음을 의미한다. 홍보는 이제 상호 소통의 네트워크라는 개념으로 변화하고 확장되었다. 1990년대에 홍보의 초점은 "원하는 대상에게 책을 어떻게 효과적으로 알릴 것인가?"에 있었다. 2000년대에 이르러서는 "독자의 요구와 미디어 환경에 적합한 콘텐츠를 어떻게 기획하고 제공하여 잠재적인 독자와 소통할 것인가?"의 문제로 확장되었다. 이는 지식 기반 사회에 "저자, 출판사, 편집자, 독자가 책을 통해 어떻게 새로운, 차별적인 관계를 맺을 것인가?"의 차원으로 발전하고 있다는 뜻이다. 다채널, 다방향의 복합적인 소통의 시대가 활짝 열린 것이다.

출판 마케팅 커뮤니케이션 믹스

오늘날 기업은 상품과 서비스를 생산하고 유통할 뿐만 아니라 자신의 고객, 즉 현실의 고객과 잠재적인 고객과 소통하기 위해 광고(Advertising), 판촉 활동(Sales promotion), 홍보(Public relations), 개별 판매(Personal selling), 직접 마케팅(Direct marketing) 등 다섯 가지 영역을 통합적으로 관리한다. 이를 통합 마케팅 커뮤니케이션 전략(Integrated

Marketing Communications Strategy)이라 하며, 이를 목적과 대상에 맞게 결합하여 사용하는 것을 마케팅 커뮤니케이션 믹스 또는 프로모션 믹스(Promotion mix)라 부른다.

각각의 영역은 특별한 홍보 수단(tool)을 가진다. 광고에는 다양한 인쇄, 방송, 디지털 미디어의 광고, 옥외의 광고물 설치 등이 있고, 판촉 활동에는 진열대에 설치하는 POP(point-of-purchase), 굿즈, 경품, 할인, 쿠폰, 이벤트 등과 다양한 미디어의 프로그램이나 캠페인 협찬 등이 있다. 좋은 여론을 조성하기 위해 언론에 보도자료를 배포하고, 후원이나 특별 행사, 캠페인을 통해 홍보 활동을 한다. 제품 설명회나 전시회, 방문판매, 성과급 프로그램을 통해 개별 판매를 촉진하며, 카탈로그나 전화, 메일링, 온라인 마케팅으로 직접 마케팅을 확장한다.

통합 마케팅 커뮤니케이션 활동의 목적은 과거처럼 자사의 브랜드에 대한 주목과 호감의 확장만이 아니다. 홍보 과정에서 제품의 디자인, 가격, 모양, 색상에 대한 의견, 서비스의 만족도를 듣는다. 소비자의 의견은 곧 개발의 원천이다. 이러한 통합 마케팅 커뮤니케이션의 최종적인 목적은 소비자에게 '기대 이상의 만족'을 선사하여 지속해서 호감을 느끼는 관계를 만드는 것이다.(《마케팅의 법칙》, p. 401.)

출판사의 도서 판매 촉진을 위한 활동 역시 2000년대에 들어서면서 이와 유사한 흐름으로 확장되었다. 서점의 POP나 쿠폰, 경품 행사, 광고는 물론이고 시내버스의 책 광고까지 등장했다. 2014년 11월, 신·구간 상관없이 모든 도서를 마일리지 포함 15퍼센트 이내에서만 할인할 수 있는 도서정가제가 법제화되면서 서점과 출판사는 독자의 시선을 끌고 구매력을 높이기 위해 정가 5퍼센트 이내의 비용으로 굿즈를 제작해 해당 도서에 추가로 제공하면서 활로를 찾고 있다. 컴퓨터, 어학, 학습, 교육 분야를 다루는 출판사에서는 독자의 의견을 구체적으로 폭넓게 반영하는 커뮤니케이션 믹스 프로그램이 크게 늘었다. 문학 분야의 주요 출판사들은 북클럽을 직접 운영하기 시작하고, 페이스북이나 인스타그램, 팟캐스트, 유튜브를 통해 독자와 소통하는 출판사가 급증했으며, 독자적인 채널을 만들어 정기적인 독자층을 확보하고 넓히려는 출판사도 늘고 있다.

책의 홍보를 기획할 때는 이러한 환경 변화와 더불어 출판제조업이 다른 제조업과 구분되는 특성을 이해해야 한다. 그 특성은 다음의 세 가지다. 첫째, 책을 유통하고 판매하는 도서 유통 경로가 따로 존재한다. 둘째, 책은 일반 소비재와 달리 사회적으로 공공연하게 소개하고 추천하며 권장하는 공공재의 성격을 지닌다. 셋째, 저자와 독자는 일반적인 상품의 생산자와 소비자의 관계가 아니라 책을 매개로 지식과 정보, 아이디어를 교류하고 확장하는 창조적 동반의 관계를 갖는다.

오늘날 책의 홍보, 즉 책의 사회적 전파와 확산은 위에서 언급한 홍보 환경의 변화 흐름과 출판업의 차별적 특성 두 측면을 동시에 읽으며 적절한 방향과 방법을 찾아야 한다. 예를 들면 일반 기업의 판촉 활동에서 광고는 빠질 수 없는 주요 경로다. 반면 출판사는 책이 지니는 사회적 공공성과 전파 경로의 특성으로 인해 광고보다는 홍보가 주요 경로다. 출판사는 광고의 확장이 아니라 책의 특성과 정보화 시대, 디지털 기술 환경 변화에 따른 미디어 전환의 흐름을 동시에 파악하고 접목하여 책을 통한 독자·사회와의 소통을 폭넓게 전개해야 한다. 이 과정에서 독자와 깊고 차별적인 소통의 네트워크를 만들어 지식 기반 사회의 대중적 기반으로 자리 잡아야 한다. 이것이 새로운 환경에 조응한 출판 마케팅 커뮤니케이션 믹스의 기본 방향이다.

세 가지 소통 경로

출판사는 '독자 그리고 사회와 어떻게 소통할 것인가?'라는 맥락에서 책의 홍보를 다룬다. 자사의 신간을 널리 알리고, 그 과정에서 독자와 사회가 원하는 것에 귀를 기울인다. 이를 출판 기획의 기초로 삼고, 책을 통한 다양한 프로그램을 개발하는 방향으로 확장한다. 그 구체적인 방법을 찾기 위해 우선 출판사가 발행한 양서를 홍보하는 대상과 방법 들을 정리한다.

첫째, 유통 경로와의 소통이다. 서적의 유통과 판매를 담당하는 도매점이나 총판, 소매점, 온라인 서점, 마트 등이 대상이며, 홍보의 수단으로는 위탁 판매나 진열, 배치, POP, 홍보물, 도서 목록, 판촉물, 저자 강연, 사인회 등이 있다. 서점에서 이루어지는 판매 촉진 활동은 주로 서점 마케팅 담당자의 몫이다. 편집자는 오프라인/온라인 서점의 신간 홍보를 위한 다양한 도서 정보, 저자 정보 등을 적시에 전달하고, 마케터와 상의하여 굿즈의 제작이나 이벤트 기획, 저자와의 행사, 도서 목록의 제작과 배포 업무를 지원한다.

둘째, 언론이나 방송 등 각종 미디어와 온라인 포털과 플랫폼, 그리고 인스타그램이나 페이스북, 유튜브 등 다양한 미디어 채널을 통한 소통이다. 일간지나 잡지, 전문지 등 책과 긴밀한 관계를 맺어온 활자 미디어와 TV나 라디오 등의 주요 책 관련 프로그램과 소통할 때는 보도자료와 신간을 발송하고, 편집자가 기자나 구성 작가, 피디와 대화하는 방법이 주를 이룬다. 반면에 디지털 미디어의 각종 채널과 소통할 때는 책을 기반으로 홍보하고자 하는 플랫폼, 채널, 미디어 특성에 적합한 디지털 콘텐츠를 기획, 제작하여 제공하거나 제휴하는 새로운 과정이 필요하다.

셋째, 독자와의 소통이다. 출판사의 독자는 주로 개별 독자와 다양한 단체 독자로 나뉜다. 단체 독자는 도서관이나 학교, 기업, 연구소, 단체, 정부 기관 등이 있으며, 신간 안내문, 홍보물, 도서 목록, 메일링 서비스, 직접 방문, 도서 증정 등으로 소통한다. 개별 독자와는 신간 안내문, 홍보물, 도서 목록의 발송, 이메일·문자 메시지 발송, 저자 강연, 저자와의 대화, 사인회, 이벤트, 홈페이지, 블로그 등을 통해 만난다. 최근에는 SNS의 확산으로 출판사에서 페이스북, 인스타그램을 개설하고, 팟캐스트나 유튜브 채널을 이용한 프로그램을 기획하며, 서포터스나 북클럽을 조직하고 운영함으로써 독자와 직접 소통하는 사례가 급증하고 있다.

출판사-서점의 독자 정보망

서점은 출판사의 가장 중요한 소통 경로다. 책을 진열하여 팔고, 판촉 활동을 하며, 독자와 만나고, 시장조사를 하고, 직간접적으로는 독자, 사회와 소통한다. 서점은 크게 오프라인/온라인 서점으로 나뉘며, 오프라인 서점은 규모에 따라 대형 서점, 중형 서점, 소형 서점 등으로 나뉘기도 하고, 성격과 특징에 따라 전문 서점, 독립 서점, 중고 서점 등으로 불리기도 한다. 전국의 소형 서점은 주로 도매상을 통해 책을 공급받는데, 그 수가 줄면서 도매상과 소형 서점의 비중이 갈수록 적어지고 있다. 반면 온라인 서점이 빠르게 성장하여 오늘날에는 온·오프 통합 대형 서점과 온라인 대형 서점 사이의 경쟁이 치열하다.

서점은 규모나 성격에 따라 매우 다양하다. 대학의 구내 서점은 주로 대학 교재를, 대형 쇼핑몰이나 마트 안의 서점은 주로 베스트셀러와 어린이 도서를 다룬다. 공항 서점은 여행객이 주로 찾는 베스트셀러와 스테디셀러, 여행 관련 도서, 잡지 등을 취급한다. 교과서와 참고서를 다루는 서점, 중고 서적을 취급하는 서점, 의학 및 기술·과학 서적, 디자인 서적, 종교 서적 등을 다루는 전문 서점도 있다. 박물관, 전시장, 유적지 등의 소형 서점이나 기념품 판매점 안의 도서 매대도 있다. 2010년대에 들어 북카페의 유행과 함께 저자와 함께하는 다양하고 정기적인 행사와 취향 중심의 라이프스타일을 이끄는 동네 서점, 개성 있는 목록의 선정과 운영이 돋보이는 독립 서점 등이 등장하면서 서점가에 새로운 활력을 불어넣고 있다.

도매상이나 서점 등 유통 경로와의 소통은 주로 출판사의 마케터와 서점의 담당자 사이에 이루어졌다. 편집자는 주로 시장조사를 위해 따로 서점을 방문했기 때문에 편집자와 서점 담당자의 소통은 매우 취약했다. 과거에는 출판사 내부에서 편집자와 마케터 사이의 소통도 활발하지 않았다. 그러나 저자가 참여하는 서점 행사가 늘면서 편집자와 서점의 교류가 조금씩 열렸다. 저자와 동행하며 행사를 지원하기도 하고, 독자의 반응과 의견을 듣기도 했다. 온라인 서점의 성장으로 편집자와 서점 담당자 사이에 교류의 물꼬가 터졌다. 편집자가 서평을 직접 쓰고, 그 의견을 화면 배치에 반영하는 온라인 서점의 특성에 따라 출판사 편집자가 온라인 서점 담당자에게 직접 책을 홍보하기 시작했다. 편집자와 서점 담당자의 교류가 늘면서 출판사 내부에서 편집자와 마케터의 소통도 이전보다 활발해졌다. 온라인 서점에 신간 정보를 보내거나 행사의 기획 등 편집자와 마케터가 협업해야 할 일이 급격히 늘었고, 2010년대에 들어 개성 있는 독립 서점이 등장하면서 독자층에 맞는 도서 큐레이션과 진열, 저자와의 행사와 굿즈 제작 등도 마케터와 편집자가 함께 논의해야 한다.

출판사와 서점 사이의 소통은 주로 마케터가 담당하지만, 편집자도 이 경로를 통해 시장과 독자 정보를 얻고 마케팅 활동을 적극적으로 지원한다. 출판사와 서점의 소통에서 편집자의 역할을 정리한다.

첫째, 독자와의 소통을 넓힌다. 서점을 통해 독자가 원하는 것을 파악한다. 다양한 서점 행사에 저자와 함께 참여하여 독자와 직접 소통한다. 온라인 서점의 담당자나 독자의 서평을 통해 독자의 언어와 문법을 익힌다. 서점에서 유익하고 다양한 지식문화의 소통 프로그램을 가능한 한 많이 열어 저자-독자의 공간을 넓힌다. 이는 서점을 도서 판매장만이 아니라 지식문화가 교류하는 문화적 공간으로 만드는 데도 이바지하는 일이다.

둘째, 서점 담당자와 직접 만난다. 서점의 분야별 담당자는 도서의 시장 정보나 독자 정보의 전문가다. 그들은 독자와 오래 만나며 쌓아온 생생한 정보를 가지고 있다. 서점 담당자와 소통함으로써 한편으로는 신간과 근간, 저자에 관한 정보를 제공하고, 또 한편으로는 독자와 시장 정보를 얻을 수 있다. 홍보의 관점만이 아니라 시장과 독자의 정보라는 관점에서 보면 서점 담당자야말로 편집자가 직접 소통할 수 있는 최적의 시장 취재원이다.

셋째, 마케팅 담당자와 더 긴밀하게 소통한다. 출판사와 서점의 소통에서 마케팅 담당자와 편집자의 팀워크는 매우 중요한 동력이며 상승효과를 가져온다. 신간의 홍보나 저자 이벤트를 함께 진행하고 지원한다. 시장 정보와 독자 정보, 판매 정보를 통합적으로 관리한다. 이러한 통합적인 출판 마케팅 커뮤니케이션 믹스와 강력한 팀워크에 기초해 신간의 기획과 편집, 판매 예측, 발행 시기, 초판 발행 부수의 책정 등 기획에서 마케팅까지 핵심적인 사항들을 정확하고 빠르게 논의하고 결정할 수 있다.

편집자는 양 날개를 펼칠 수 있어야 한다. 지식과 서사가 가득한 책의 세계에서 한쪽에는 저자의 날개, 다른 한쪽에는 독자의 날개를 달아 자신만의 비행을 할 수 있어야 한다.

판매 카드와 독자엽서

일본의 출판은 출판사-서점-독자 사이의 소통에 남다른 노력을 기울여왔다. 1890~1910년 사이에 설립한 일본의 주요 출판사는 대부분 '간다(神田)'라 불리는 지금의 도쿄 서점가에 자리 잡았다. 조그만 일본 전통 가옥에서 시작한 그들은 신서와 문고를 통해 독자와의 거리를 좁히면서 1층은 자사의 책을 파는 서점, 2층은 출판사로 발전했다. 출판사 이름 뒤에 '쇼텐(書店)'을 붙인 경우가 많은 것도 그 때문이다. 해방과 함께 문을 연 을유문화사가 1947년 종로에 자사 책을 파는 서점을 연 것도 같은 맥락이었다. 편집자는 자사의 책을 진열한 서점과 이를 찾는 독자를 보며 책을 만들었다.

대형 서점들이 전국에 연쇄점을 열고 유통 경로가 체계적으로 정비된 1970년대 이후 일본의 출판사들은 출판사-서점-독자 사이의 거리를 좁히기 위해 모든 신간에 두 가지를 끼워 넣었다. 하나는 매상

카드라고 불리는 판매 카드이고, 또 다른 하나는 독자엽서였다.

서점에서 책이 팔리면 서점 담당자가 판매 카드에 해당 사항을 기록한다. 다음 날 아침, 그 카드를 모두 거두어 각 출판사로 전달했다. 출판사들이 출자하여 이 일만 담당하는 회사를 만들었다. 이 카드는 영업부로 보내져 매일 책의 모든 판매 정보를 추가 정리했다. 재고와 서점별 판매 정보는 물론이고 판매 정보에 기초해서 도서별, 분야별로 일일·주간·월간 판매 동향이 그래프로 그려졌다. 수백, 수천 종의 유사도서 판매 그래프에 기초해 신간의 판매를 예측하는 A, B, C형 그래프를 보며 마케팅 예산과 프로그램을 기획했다.

독자들은 책을 사서 읽고 독자엽서를 적어 우체통에 넣었다. 회수율은 평균 3퍼센트를 넘었다. 출판사마다 매일 수만 장, 수십만 장의 독자엽서가 도착했다. 독자엽서는 분야별 또는 시리즈별로 분류되어 편집부로 보내졌다. 예를 들어 신서의 인문, 자연과학 두 편집장은 매일 아침 자신의 책상 위에 배달된 독자엽서 수백, 수천 통을 살펴보는 것으로 일과를 시작했다.(《데이터로 달라진 출판 판매(データが変える出版販売)》, 일본 에디터스쿨 출판부, 1994.)

판매 카드와 독자엽서의 통합적 관리는 출판 마케팅 통합 커뮤니케이션 믹스의 놀라운 사례다. 그들은 이것으로 저자와 독자 모두에게서 신뢰를 얻었다. 100여 년 전 도쿄 한복판의 한 거리에 모인 그들은 이 정보 관리 시스템을 함께 설계하고 운영했다.

그리고 지금 다시 찾아온 출판사-독자의 직접 소통 시대에 한국의 출판계에는 어떤 연대 모델들이 떠오를까? 출판사와 독자가 소통하면서 상승효과를 낼 수 있도록 출판사들은 다양한 연대를 모색해야 한다. 한국의 출판사들이 인터넷 환경에서 도서 정보와 독자 정보를 통합적으로 관리하고 공유하는 21세기형 출판유통 정보 시스템의 설계는 꿈같은 이야기가 아니다.

출판계와 공공기관인 한국출판문화산업진흥원은 2017년 출판사와 유통사는 물론이고 도서관까지 포함하여 도서 정보, 판매 정보, 독자 정보를 공유할 수 있는 새로운 시스템인 '출판유통 선진화를 위한 출판유통통합시스템 구축' 사업을 시작했다. 도매상의 부도를 계기로 출판유통의 구조적인 문제를 해결하기 위해 시작한 이 사업은 2020년에 시범 출판사의 선정과 정보를 입력해서 테스트하는 작업인 2단계 사업에 들어서면서 가시화되고 있다.

현재 도서 유통 시장에서 단행본의 경우 온라인 서점 판매 점유율이 60퍼센트에 이르며, 전자책은 대부분 온라인에서 거래된다. 독자 대부분은 과거처럼 서점이나 도서관에서 직접 책을 골라 펼쳐보지 않고 온라인의 각종 데이터를 통해 책의 존재를 발견하고 구매한다. 이런 상황에서는 책에 관해 신뢰할 만한 정보를 양산하고, 이를 서점이나 도서관 등 출판유통과 관련된 여러 주체와 기관이 공유해야 한다. 아울러 도서의 판매 정보와 독자 정보도 서점과 도서관 등에만 쌓아두는 것이 아니라 출판사에서 책을 만들고 홍보하는 편집자, 마케터, 디자이너는 물론이고 책을 쓰는 저자들과 공유하는 것도 매우 중요하다.

출판유통통합시스템은 이제까지 각자가 해왔던 출판유통의 모든 정보를 공유할 수 있도록 도서 정보 관리 기능을 통합한다. 모든 출판사가 표준화된 방식으로 신간 정보를 입력하면, 이를 바탕으로 신간 보도자료 생성 기능, 출판사 도서 홍보 카탈로그 시스템, 판매통계 시스템을 갖춘다. 판매통계 시스템의 경우 도서 주제별, 월별, 분기별,

연도별, 정가 범위별 보고서 생성 기능을 두어 관련 정보에 쉽게 접근할 수 있다. 출판사는 이 시스템을 통해 주로 온라인 대형 서점에서만 검색했던 판매 정보, 독자 정보를 전국의 모든 서점, 도매상, 도서관에서 직접 얻을 수 있다. 주제어 검색이 가능하다는 점 역시 출판사와 독자 모두에게 이로운 점이다.

출판유통통합시스템은 출판사의 메타데이터를 입력해 시범 운영하는 2단계를 거쳐 3단계 사업에서는 출판사, 서점, 도매상, 도서관 등 해당 주체와 기관이 모두 참여하는 본격 준비단계에 들어간다. 모두의 노력이 더해지면 신뢰할 만한 도서의 정보와 판매 정보, 독자 정보가 출판사와 서점에서 실시간으로 만들어지고 공유하는 시대가 열릴 것이다.

미디어와 어떻게 만나는가?

언론과 방송, 잡지, 전문지 등 다양한 미디어와의 소통은 주로 책을 담당한 편집자가 맡아 진행한다. 물론 규모가 큰 출판사의 경우 홍보 담당자가 따로 있기도 하고, 출판사에 따라 대표나 편집주간, 편집장이 직접 챙기는 곳도 있다. 2000년대에 들어서면서 포털이나 플랫폼, SNS 채널, 팟캐스트, 유튜브 등을 통한 콘텐츠 기획과 홍보 같은 온라인 마케팅 활동이 늘었고, 2010년대에는 출판사에서 온라인 마케터, 디지털 콘텐츠 담당자, SNS 담당자 등으로 불리는 전담 인력과 이를 관장하는 독립적인 팀, 부서가 신설될 정도로 활성화되었다.

이러한 변화에 따라 편집자는 미디어의 특성에 맞게 신간과 저자 정보를 전달하는 기존 홍보 업무와 더불어 디지털 미디어 홍보 업무도 진행한다. 편집자는 온라인 마케터나 SNS 담당자와 함께 신간을 폭넓게 알리고 전파할 수 있는 다양한 디지털 미디어와 채널을 찾아 디지털 콘텐츠로 기획하여 홍보하는 일을 직간접적으로 지원한다. 각종 미디어와의 효과적인 소통 방법을 정리한다.

첫째, 미디어의 특성을 파악한다

서평이나 뉴스를 다루어줄 만한 미디어의 지면이나 프로그램에 늘 관심을 둔다. 신간 목록을 보면 그 출판사의 편집 방향이나 흐름, 취향을 알 수 있듯이, 미디어도 마찬가지다. 먼저 홍보하려는 미디어의 특성을 파악한다. 서평이나 책 관련 지면이나 프로그램은 물론이고 과학, 경제, 문화, 교육, 건강 등 자신이 다루는 장르나 분야, 독자 대상과 연관이 있는 곳을 찾아 목록을 만들고 관리한다. 포털이나 플랫폼, SNS 미디어, 팟캐스트, 유튜브 등의 채널도 사이트나 매체의 특성과 사용자층의 특징을 살펴 어디에 어떤 콘텐츠를 제공하고, 어떤 방식으로 연결하면 서로 도움이 될지 찾아내는 것이 핵심이다.

둘째, 타깃 미디어를 선정한다

누가 광고는 비싸고 홍보는 저렴하다고 했는가? 단행본 출판사에서는 신간 홍보를 위해 대개 50~100곳, 많으면 200여 곳의 미디어에 신간과 보도자료를 보낸다. 이 과정에서 최소 100만 원의 비용이 든다. 1년에 신간을 50종 출간하면 5,000만 원, 100종이면 1억 원의 비용이다. 따라서 습관적으로 발송하지 말고 신간의 성격과 특징에 따라 타깃 미디어와 지면, 프로그램을 선정하여 발송한다. 필요하면 편집자의 이메일과 보도자료를 먼저 제공하고, 상대가 관심을 보이면 책을 발송하기도 한다.

포털, 플랫폼, SNS 미디어는 타깃 미디어의 선정만이 아니라 미디어의 특성에 맞는 콘텐츠를 기획하고 재가공해서 적절한 연결과 제휴의 길을 찾아야 한다. 디지털 환경이 빠르게 변화하고 다양한 채널이 등장하면서 미디어 커뮤니케이션은 갈수록 '좁고 깊게' 하는 것이 중요해졌다. 한 가지 사안의 소통 상대가 비록 수십, 수백 명에 불과하더라도 남다른 소통과 공감으로 수십, 수백 배의 파장을 불러올 수 있다는 점에 주목한다.

셋째, 홍보에 적합한 책의 정보 가치를 찾는다

타깃 미디어나 채널을 오래 접하다 보면 미디어 고유의 특성과 더불어 미디어가 찾는 정보의 특징과 가치를 파악할 수 있다. 그 눈으로 신간과 저자를 살피면서 그 속에 담겨 있는 정보 가치를 찾아낸다. 편집자는 원고를 감별하는 눈, 저자를 찾는 안목을 가지고 있다. 이를 바탕으로 미디어의 특성, 지면과 프로그램의 특징을 파악하고, 기자와 PD, 진행자와 작가, 채널 운영자와 콘텐츠 매니저 등 홍보 대상자들이 원하는 정보의 특징과 매력을 찾아낼 수 있다.

넷째, 다양한 정보를 주고 기획을 제안한다

편집자가 미디어의 홍보 대상자에게 줄 수 있는 것은 책과 보도자료만이 아니다. 편집자가 가지고 있는 출판 정보, 장르와 분야의 흐름, 취재나 인터뷰할 만한 국내외 저자 정보는 물론이고, 해당 미디어와 기사, 프로그램에 대한 의견, 아이디어 등 다양하다. 일회적인 홍보 대상이 아니라 지속적인 관계를 맺고 소통해야 할 홍보 대상이라면 신간이 나왔을 때 해당 정보와 더불어 상대방이 귀 기울여 들을 만한 정보와 아이디어를 제공한다. 연재도 좋고, 저자 인터뷰나 특강, 특별 기획이나 트렌드와 관련한 정보도 좋다. 아이디어와 저자 네트워크가 풍부한 미디어 담당자와 편집자가 만나면 필요한 정보를 주고받는 쌍방향 소통의 유익함이 쌓여 남다른 관계가 형성된다.

다섯째, 뉴스와 콘텐츠를 직접 만든다

서평이나 책 소개가 전부는 아니다. 책은 그 자체가 뉴스메이커의 속성을 지닌 콘텐츠의 종합선물세트다. 때로는 사회적으로 중요한 논쟁이나 담론을 만들고, 문화의 흐름을 주도하는 역할을 하기도 한다. 책과 미디어, 책과 교육, 책과 사회, 책과 정치, 책과 경제, 책과 과학, 책과 영화, 책과 예술, 책과 다큐멘터리, 책과 종교, 책과 문화, 책과 환경, 책과 건강, 책과 여성……. 책은 사회의 모든 쟁점과 담론, 뉴스와 콘텐츠의 원천 정보를 제공한다.

이러한 책의 특성에 주목하여 책으로 뉴스를 만든다. 학술서나 교양서, 소설만이 아니다. '30분 시리즈', 《아침형 인간》, '아무튼 시리즈'처럼 새로운 콘셉트와 스타일의 기획이 사람들의 생활양식을 바꾸고 언론과 방송, 디지털 미디어를 통해 새로운 흐름과 유행을 만들어내기도 한다. 기자회견, 포럼, 특강, 인터뷰, 이벤트를 기획하여 뉴스를 직접 만들고 사회적으로 전파할 기회가 다양하게 열리고 있다는 점에 주목한다.

신간의 보도자료를 어떻게 쓰는가?

편집자는 좋은 원고를 찾고, 기자는 좋은 기사를 찾는다. 보도자료는 좋은 기삿거리를 찾는 기자를 위한 것이다. 따라서 신간 보도자료는 정확도가 우선이다. 자화자찬하지 말고, 신뢰할 만한 정보를 주고, 기자가 책의 가치를 빠르게 파악할 수 있도록 책의 특징을 정확하고 분명하게 압축한다. 신간 보도자료를 작성할 때 염두에 둘 기본 사항들을 정리한다.

- 정확하게 쓴다. 기자는 사실(fact)을 중시한다. 서평 기사일지라도 정확도는 기본이다.
- 간결하게 안내한다. 책의 머리말이나 추천사를 통째로 복사하여 붙이면 안 된다. 핵심만 간추려 쓰고, '참조 본문 67쪽'처럼 안내한다.
- 중요한 것부터 쓴다. 편집자는 월, 일 단위로 마감하지만, 기자는 시, 분 단위로 마감한다. 매일 시, 분에 쫓기는 그들에게 보내는 '보도를 요청하는' 자료에서는 중요한 것을 뒤로 숨기지 말고 먼저 꺼내 보여주어야 한다.
- 보도자료가 다섯 장을 넘으면 첫 장에 개요와 특징을 압축해서 정리하여 핵심을 파악할 수 있도록 안내한다.
- 출판사의 기획 의도, 저자의 집필 배경, 기타 집필과 기획, 편집 과정에서 특별히 주목할 사항이 있으면 덧붙인다.
- 과대 포장이나 자화자찬은 금물이다. '최초', '최고' 같은 표현을

상투적으로 쓰지 않는다.

- 재출간, 개정판은 이 사실을 분명히 밝히고, 번역서의 원제와 제목이 다를 때는 원제를 알려준다.
- 필요한 경우 저자나 역자 인터뷰를 덧붙일 수 있다. 수신자는 기자다. 그들의 시선을 잡을 만한 내용이 있을 때만 덧붙인다.
- 적절한 서평 필자를 추천하는 편집자 주를 달아도 좋다.
- 때로는 편집자의 이메일이나 손편지를 활용한다.

보도자료는 말 그대로 보도를 위해 필요한 정보를 효과적으로 제공하는 자료다. 따라서 기자의 눈과 호흡, 지면에 맞추어 작성하는 것이 기본이다. 일간지의 출판 지면은 주로 단신으로 소개하는 정보 중심의 신간 안내(한두 문장), 박스로 실리는 단평(短評)이나 짧은 서평(원고지 3~5매), 기자나 전문가의 서평이나 화제의 책(원고지 5~7매), 짧은 저자 인터뷰나 소개(원고지 3~4매), 초점 인터뷰와 책 소개(원고지 5~7매), 초점 서평(원고지 12~15매) 등으로 구성한다. 지면의 편집 방향과 기자나 부서장의 안목에 기초하여 주로 화제성·시의성·대중성·독창성 등을 고려해 선택하고 배치한다.

독자와 어떻게 직접 소통하는가?

출판사가 독자와 직접 만나는 경로는 크게 세 가지다. 첫째, 신간 정보를 직접 발송하는 것이다. 도서 목록, 홍보물, 신간 안내문 등을 우편물이나 이메일, 문자 메시지 등으로 독자에게 직접 발송하여 신간 정보를 알린다. 둘째, 각종 행사를 통해 독자와 직접 소통한다. 정기 강연, 특강, 학술회의, 시독회, 이벤트 등을 연다. 셋째, 웹 환경을 이용한 직접 소통이다. 출판사는 홈페이지, 블로그, 페이스북, 인스타그램, 팟캐스트, 유튜브 등의 웹 채널을 통해 책과 저자를 중심으로 한 다양한 정보를 독자에게 제공하면서 독자와 직접 소통할 수 있다.

출판사와 독자의 직접 소통에서 편집자가 주로 담당하는 일은 첫째, 도서 목록이나 신간 안내문, 홍보물을 편집·제작하고, 둘째, 강연 같은 각종 행사를 준비하여 실행하며, 셋째, SNS 미디어와 디지털 기술 환경을 활용해 독자적인 소통을 활성화하는 것이다. 이러한 일은 주로 마케팅 담당자, SNS 담당자와 함께 진행한다.

도서 목록이나 신간 안내문, 홍보물을 기획하여 제작할 때는 홍보의 대상이나 목적, 범위, 배포 방식을 먼저 마케터와 함께 분명히 설정하고 착수한다. 정기적인 도서 목록이나 신간 안내문은 미디어를 창간하여 운영하듯 전략적인 편집과 배포, 결과의 평가가 필요하다. 도서 목록과 신간 안내문의 수신자는 독자다. 판형, 체제, 목록의 구성과 편집 등을 기획할 때 생산자보다는 독자 중심으로 사고하여 그들에게 유용하고 편리하도록 배려한다.

책을 통한 이벤트는 날로 늘고 있다. 편집자는 저자와 독자, 출판사와 독자가 책을 매개로 다양한 지식·정보·문화의 교류, 체험, 교육, 학습, 토론, 논쟁의 장을 넓히는 이벤트나 프로그램을 기획할 수 있다. 이는 포럼이나 세미나, 콘퍼런스, 특강, 시독회, 토론회, 답사, 캠프, 여행, 정기 강연, 특별 체험, 학습, 교육, 여가 프로그램 등 저자와 책의 특징, 독자 대상에 맞게 다양한 방식으로 개발할 수 있다. 참여하고, 소통하고, 체험하고, 즐기는 지식문화 프로그램의 개발과 확장이 필요하다. 서점이나 도서관, 정부나 지방자치단체의 다양한 기관, 각종 연구소나 시민단체, 문화센터, 학교, 기업 등과 연계하여 진행할 수 있다.

일본의 한 출판사는 종이접기 시리즈를 펴내면서 관련 교육과 체험, 대회 프로그램을 개발하여 20년 가까이 매년 수십만 부의 판매량을 올렸다. 유럽에서는 20~30명 규모의 작가와의 토론을 지역 순회 방식으로 진행하여 독자의 저변을 탄탄히 다진다. 미국에서는 한 저자의 강연과 토론회, 인터뷰 등을 집중적으로 기획하여 한두 달 동안 매일 3~4건, 총 100건이 넘는 일정을 저자와 편집자가 동행하여 소화한다. 이들이 행사를 개최하며 노리는 것은 '대규모'의 주목과 파장보다는 '소규모'의 체험과 공감을 통한 입소문이다. 언더그라운드 가수의 소규모 라이브 공연처럼 저자와 독자의 거리를 좁히고 함께하는 문화 체험으로 공감의 폭을 넓히는 것이 중요하다.

출판사의 홈페이지, 블로그, 페이스북, 인스타그램, 팟캐스트, 유튜브 등은 독자와 직접적으로 폭넓게 소통할 수 있는 새로운 공간이자 통로다. 이는 첫째, 서점을 거치지 않고 직접 소통할 수 있으며, 둘째, 책을 매개로 온·오프 통합형 소통이 가능하고, 셋째, 장기적으로는 이를 기반으로 저자-출판사-독자 사이의 다양한 지식문화 공동체를 형성할 수 있는 특징을 가진다.

출판사가 독자를 직접 만나는 사례는 다양하다. 그러나 이러한 시도의 방향은 하나다. 그것은 바로 책을 매개로 다양하게 소통함으로써 출판이 21세기 정보화 시대와 디지털 환경의 시대에 능동적으로 조응하고, '나의 정보', '나의 이야기'를 풍부하고 다양하게 제공하는 창조와 교류, 공존의 문화를 주도하는 미디어로 거듭나기 위한 시도와 도전이다.

놓치기 쉬운 결정적인 실수

– 언론, 방송, 포털 등 영향력 있는 미디어나 사이트 등에 홍보할 때 굳이 영향력 있는 인맥을 찾거나 동원할 필요가 없다. 원고의 출간 여부를 일차적으로 가늠하는 사람이 담당 편집자이듯, 게재 여부를 판단하는 것 역시 미디어 담당자의 몫이다. 우회하지 말고 담당자와 직접 소통하는 것이 좋다. 홍보를 성사시키기 위해 지나치게 사정하거나 청탁하지도 마라. 자사의 출판 방향과 맞지도 않고, 수준도 낮은 원고를 가지고 와서 사정한다고 책을 내지 않듯이, 미디어와 맞지 않고 정보 가치가 떨어지는 것을 애걸한다고 다루지 않는다. 미디어 담당자와 편집자는 서로 다른 환경에서 일하지만, 정보와 콘텐츠를 다루는 편집자라는 점에서 유사한 기준과 안목을 가지고 있다. 미디어 홍보의 핵심은 신문이나 방송이든 디지털 미디어든 그 미디어에서 다루고 싶은 정보를 적합한 콘텐츠로 제공하는 것이다.

– 어느 출판사에서 시리즈를 펴냈다. 100여 종의 책을 전시할 이동식 전시대를 만들기로 했다. 미리 마케팅부와 대략 조사해서 70~80여 개를 1개당 몇십만 원을 들여 제작하여 서점에 보급했다. 그러나 실제 설치한 곳은 열 군데를 넘지 않았다. 진열대를 설치할 공간이 부족했기 때문이다. 그나마 설치한 곳도 얼마 후 고객의 동선을 방해한다며 치워버렸다. 결국 전시대는 무용지물이 되고 말았다. 현장 조사도 취약했고, 서점 담당자의 의견도 충분히 듣지 않고 진행한 결과다.

– 홍보물 역시 이런 경우가 많다. 목적과 대상은 물론, 용도와 수량을 정확히 조사해서 기획하지 않고, 어림잡아 1,000부, 5,000부 하는 식으로 만들다 보면 출판사 여기저기에 철 지나 쓸모없게 된 도서 목록, 신간 안내문, 각종 홍보물이 쌓이게 된다.

– 어느 날 특정 학문 분야의 책들을 올곧게 펴내온 출판사의 사장이 심각한 표정으로 찾아왔다. 출판사가 부도 위기라고 한다. 어려운 상황을 한참 듣다 보니 지나친 기증본 관습 역시 도마 위에 올랐다. 신간마다 300부 이상을 기증본으로 발송하고 있다고 했다. 나는 깜짝 놀랐다. 주요 언론사와 해당 분야의 학술지, 연구소는 물론이고 전국 대학교의 교수와 연구자에게까지 기증본을 보내는데, 교수와 연구자 중에 기증본을 받지 못하면 출판사로 전화해 역정을 내는 분들도 있고, 이로 인해 출판사에 대한 소문과 이미지도 나빠지는 바람에 보낼 수밖에 없다고 한다. 전 세계에서 우리나라만 유독 지나친 기증본 관습이 강하게 남아 있다. "책 도둑은 도둑질이 아니다." "책 인심이 박하면 선비가 아니다." 이런 말들은 개인 간에만 적용될 뿐, 출판문화에서는 개선해야 할 악습이다.

절대 하지 말아야 할 것

– 자사의 마케터를 멀리하지 마라. 그들은 책의 유통과 보급, 전파의 최전선에서 활동하는 사람들이다. 그들의 활동에 관심을 보이고 가능한 모든 것을 지원하며, 그들의 의견을 최대한 주의 깊게 들어라.

마케터를 절대로 무시하지 마라. 노련한 마케터는 편집자가 신간에 대해 어떤 환상을 가졌는지 알고 있다. 다만 편집자의 자존심을 배려해 침묵할 뿐이다. 기획의 시작에서 끝까지 항상 그들에게 의견을 구하라. 편집자가 생각하는 것보다 책에 대한 열정과 안목을 가진 마케터가 훨씬 많다. 훌륭한 마케터를 동료로 만들면 전국의 서점을 손에 넣은 것과 같다.

– 출판사를 창업한 사장들이 자주 묻는다. “일간지 홍보를 어떻게 하나요?” 나의 대답은 간단하다. “우선 홍보하고자 하는 일간지를 구독합니다.” 서평이 실리길 원하면 그 일간지를 사서 구독하는 것으로 시작한다. 학술지나 전문지도 마찬가지다. 읽으면서 소통의 고리를 찾는다. 지면이나 프로그램을 보지도 않고 홍보하려는 것은 출판사에 지원하는 사람이 출판사의 도서 목록도, 그 출판사에서 발행한 책도 전혀 읽지 않고 면접을 보는 것과 같다. 나는 집에서 다섯 개의 일간지를 구독해 매일 아침 읽고 출근한다.

– 디지털 미디어도 마찬가지다. 먼저 소통하고 네트워킹해서 그 미디어나 채널과 관계를 맺는 것이 우선이다. 당장 한 번 써먹고 버리려 하지 말고 계속 소통하면서 자연스레 그들이 요구하는 정보와 데이터를 읽고, 내가 가진 것들을 그들에게 맞게 흐르도록 한다. 종이책을 오래 편집한 편집자가 포털이나 SNS 미디어의 특성을 종이책의 관점으로 이해하여 콘텐츠를 기획하고 무리하게 진행하다 낭패를 보는 경우가 있는데, 이 역시 의욕이 앞선 나머지 미디어 특성을 이해하지 못한 결과다.

– 반대의 사례도 있다. 한 문학 편집자는 사진과 동영상에 관심이 많았다. 편집자와 SNS 담당자가 함께 웹툰을 의뢰할 작가를 섭외해 스토리보드를 짜고, 영상 콘티를 그려서 직접 북트레일러를 촬영하고 편집했다. 음악에도 일가견이 있었던 편집자는 책을 위한 곡을 썼고, 이 모든 것을 PC와 스마트폰으로 즐길 수 있도록 웹페이지를 기획했다. 편집자가 서점 마케터와 호흡을 맞추어 성과를 만들어내듯, 온라인 마케터나 SNS 담당자와 성과를 내려면 상호 이해라는 전제가 있어야 한다.

현장에서 쓴 편집자 노트

– 작가와 저자를 연예인처럼 만들려 애쓰지 마라. 그들은 작가이고 저자다. 그들의 작품이나 저서를 계기로 취재하고 인터뷰하는 것 역시 그들과 상의해서 그들의 의견을 존중하고 그들의 판단에 따르는 것이 기본이다. 괜찮은 작가와 저자는 자신들이 나서야 할 때와 물러설 때, 절제해야 할 때와 침묵할 때를 스스로 가늠하고 조절할 줄 안다.

– 실제로 있었던 일이다. 지방의 한 서점에서 유명 저자와의 대화를 열었다. 열심히 홍보했지만 20명 남짓 모였다. 적은 숫자에 실망한 저자는 서점의 행사장에 나타나지 않았다. 독자들의 실망은 분노로 변했다. 저자, 서점, 출판사는 행사 전에 최소 참가 인원을 정하고 이를 독자들에게 미리 알려 서로 신뢰를 잃지 않도록 노력해야 한다.

– 저자와 독자는 책의 세계에서 둘 다 주인공이다. 저자와 독자가 서로 눈을 마주치고 대화하는 것, 이것이 새로운 세기에 책이 열어야 할 이벤트의 핵심이다. 태초부터 저자인 사람은 없다. 모든 저자는 독자에서 시작한다. 독자가 저자가 되고, 저자가 독자가 되는 길을 편집자와 출판사가 활짝 열어줄 때 출판의 희망이 싹튼다.

– 미래형 출판, 미래형 편집자를 이야기할 때 차별적 네트워크의 형성과 쌍방향 소통은 필수다. 서점, 미디어, 독자와의 통로를 활짝 열고 안테나를 세워라. 요구하기 전에 먼저 다가가고 먼저 주어라. 당장 눈에 보이는 이득이 없다고 문을 닫지 마라. 그들과 자유롭게, 동등하게 소통하는 길을 찾아라. 출판사는 좋은 책의 편집과 발행만으로 21세기 지식사회를 열어갈 수 없다. 책을 통한 교류, 창조적 토론, 성찰, 향유 과정을 통해 출판사는 사회와 긴밀한 관계망을 형성하며 사회와 공존하는 과정에서 생존하고 성장하는 길을 찾아야 한다.

9장

미래의 편집자를 위한 조언

—

50년, 스테디셀러의 삶을 그려라

—

출판사에 입사해 틈나는 대로 출판 관련 책이나 자료를 찾아 읽고, 출판계 선배들의 강의를 듣고, 다양한 전문가를 만나 궁금한 것을 물으며 부족한 것을 채웠다. 책을 읽고, 강의를 듣고, 인터뷰할 때는 늘 수첩과 필기구를 가지고 다니며 부지런히 메모했다. 그렇게 기록한 수십 권의 수첩을 지금까지 보관하고 있다. 일주일에 한두 차례는 수첩의 기록을 살펴보면서 특별한 것들을 추려 노트북의 편집일지 파일에 추가해두었는데, 그 시절의 편집일지 중 강의평과 관련한 한 대목을 공개하면 이렇다.

> 열린책들 홍지웅 선배의 편집 강의는 그가 만든 책만큼이나 꼼꼼하고 구체적이고 매력적이어서 출판인의 강의도 책만큼 멋스러울 수 있다는 사고의 전환을 선사했다. 한길사 김언호 사장은 베스트셀러에 반쯤은 눈이 멀었던 나에게 '스테디셀러는 베스트셀러와 다른, 색다르고 강력한 힘을 가졌다'는 새로운 자각을 주었다. 지식산업사 김경희 사장의 강의는 나에게 숨어 있는 투사적 편집자의 열정과 에너지를 일깨워주었고, 커뮤니케이션북스 박영률 선배의 강의는 내가 꼭 해야만 하거나 하고 싶은 것을 정확하고 간결하게 정리하고 표현하는 것의 힘과 중요성을 안내해주었다.

훌륭한 편집자, 훌륭한 출판인으로 살아가려면 어떻게 해야 할까?

어떻게 하면 능력과 잠재력을 갖춘 프로 편집자가 될 수 있을까? 아마 그 당시 내가 궁금했던 것들의 밑바탕에는 이 물음이 깔려 있었던 것 같다. 이 글을 쓰다가 어느 날 문득 출판계 선배들의 강의를 찾아 듣던 30대 초반의 그 시절이 생각났다. 내가 출판 현장에서 일하며 좀 더 애써 노력했고 실천했던 것들, 지금도 여전히 실천하고자 하는 것들을 정리해놓으면 미래의 편집자들에게 도움이 되겠다는 생각이 들었다.

여기서 말하는 '미래의 편집자'란 편집자 지망생이나 수습 편집자와 함께 5~10년 후 한국 출판의 미래를 이끌 20~30대 후배 편집자들을 염두에 둔 지칭이다. 그동안 만났던 선배 편집인들만이 아니라 여러 나라의 편집자들과 나눈 대화나 글, 강의, 현장에서 일하며 직접 느낀 것 중에서 도움이 될 만한 것들을 추렸다. 1991년부터 써온 편집 일지의 도움이 컸다. 여기에 정리한 조언들은 사실 나 자신을 향한 것이다. 아래에 소제목을 한데 모아두었다. 읽어보고 내키지 않는 것은 과감히 무시하고, 한두 가지라도 와닿는 것이 있다면 자기 방식대로 실천해보면 좋겠다.

내 직업이 맞는지 점검해본다 | 3,000가지의 실무를 빠르고 정확하게 익힌다 | 내 직업의 머리말을 써본다 | 자기 분야의 전망을 연구한다 | 시장의 흐름과 독자의 갈증은 다르다 | 출판은 '원맨쇼'가 아니다 | 저자를 이해하되, 독자의 관점을 견지한다 | 저자와 적절한 거리를 유지한다 | 이런 저자라면 집착하지 않는다 | 의사 결정은 분명히, 빠르게 한다 | 이유 없이 편집하지 않는다 | 읽는 책을 편집한다 | 콘셉트와 기대치를 분명히 한다 | 예산안을 미리 짠다 | 저자

네트워크를 쌓는다 | 최적의 스태프를 선정한다 | 문제에 부닥치면 서점을 찾고 책을 읽는다 | 하지 말아야 할 것도 늘어난다 | 매년 자신을 인터뷰한다 | 몸을 쓰는 취미를 가지면 좋다 | 물류 창고와 반품 재생의 현장을 가본다 | 인쇄소 기장과 현장에서 만나본다 | 제본소에서 따끈한 책을 만져본다 | 3년 단위로 일한다 | 있는 곳에서 최선을 다한다 | 뒷일을 준비한 후 사표를 쓴다 | 작은 서점을 주목한다 | 미루지 않는다 | 편집일지를 쓴다 | 50년, 스테디셀러의 삶을 그린다

내 직업이 맞는지 점검해본다 | 3년을 일했는데도 편집자라는 직업에 매력을 느끼지 못한다면 다른 일을 찾아본다. 출판 편집자는 화려하거나 근사해 보이는 직업이 아니다. 책상 앞에 앉으면 사소한 것들에 수없이 촉각을 곤두세워야 하고, 사람을 만나면 그들의 앞이 아니라 뒤나 옆에서 그들의 말과 글에 오감을 집중해야 한다. 편집자란 사실 책을 편집(編輯)하는 일에 대해 편집(偏執)적인 증상, 즉 다소 병적인 집착을 가진 사람이다. 이 일에 빠져 누가 뭐라고 하든 제 갈 길을 스스로 개척하는 인내심과 실행력을 가진 사람만이 지속할 수 있다. 책 읽기만이 아니라 책 만들기에 미쳐야 가능한 일이다. 3년 동안 열심히 해보았는데, 이 길이 10년이든 20년이든 계속 가고 싶은 길이 아니라면 다른 길을 찾는 게 좋다. 편집자 지망생은 출판사의 문을 두드리기 전에 한 번 더 생각해보자. 소명 의식까지는 아닐지라도 편집자에 남다른 매력과 충동을 느끼지 못한다면 출판사 입사를 위한 자기소개서에 자주 쓰듯 '책을 좋아하는 독자'로 남는 게 좋다.

3,000가지의 실무를 빠르고 정확하게 익힌다 | 영국에서는 편집자를 지망하는 입사자는 최소 2년 동안 편집자의 비서를 거친다. 수습 편집자라 부르는 이들은 각종 서류와 원고를 복사하고 정리하고, 필요한 정보와 자료를 찾고, 쓰레기 더미라 불리는 투고들을 분류·정리하여 검토하면서 편집자의 모든 업무를 보조한다. 수습 편집자는 이 과정에서 두 가지를 얻는다. 첫째, 동시에 벌어지는 잡다하고 사소한 일들을 능숙하게 처리하는 편집자의 실무를 미리 익힌다. 대략 3,000가지의 일을 보조하면서 정확하고 빠르게 일을 마무리하는 실무능력을 익힌다. 둘째, 이 과정에서 편집자의 길을 갈 사람과 포기할 사람이 아주 분명하게 드러난다. 이 과정에서 평균적으로 10명 가운데 2~3명만 편집자가 된다.

내 직업의 머리말을 써본다 | 모든 책에는 머리말이 있듯, 내 직업의 비전을 그려가는 자서전의 머리말을 써본다. 머리말은 본문을 쓰기 전에, 본문을 쓰는 과정에서, 본문의 초고를 마치고, 최종 탈고를 하고 나서 수정을 거듭하며 쓰는 경우가 많다. 앞으로 살아갈 출판인의 삶을 한 권의 책으로 기획하여 스스로 저자가 되어 써본다면 어떤 이야기를 담고 싶은가? 3년 후, 5년 후, 10년 후의 모습을 그리면서 내 직업적 자서전의 머리말을 쓰고, 1판, 2판, 3판의 개정을 거치며 덧붙여 간다.

자기 분야의 전망을 연구한다 | 어떤 문제가 성장과 발전을 가로막고 있는가? 어떤 기회와 도전에 직면하고 있는가? 단순히 편집자 개인의 이해나 회사의 요구만이 아니라, 자신이 활동하는 분야의 성장과 성

숙을 위해 어떤 역할과 시도가 필요한지 연구하고 토론한다. 어느 나라든 문화산업의 핵심인 출판을 이끄는 주역은 출판학자들이 아니라 출판 현장에서 책을 기획하고 펴내는 출판업계 종사자들이다. 그러니 현장에서 일하는 이들이 연구하고 토론하며 출판문화산업의 전망을 이끌어가야 한다. 출판산업을 이끌어가야 한다고? 매일 원고와 씨름하고 마감에 쫓기는 내가 무슨? 아니다. 나의 직업적 전망을 그려나가는 것과 내가 속한 분야나 장르의 직업적 전망을 살피고 연구하는 것은 모두 나를 위해 필요한 일이다.

시장의 흐름과 독자의 갈증은 다르다 | '시장의 흐름을 읽어라.' 맞는 말이다. 그러나 시장의 흐름과 독자의 잠재적인 갈증은 일치하지 않는다. 시장이란 독자가 어쩔 수 없이 선택한 차선의 결과다. 눈에 보이는 시장의 요구만이 아니라 독자의 잠재적인 갈증에도 귀를 열고 마음을 열어야 한다. 시장의 흐름과 유행에 지나치게 민감하면 오히려 독이 된다. 적절히 소화하면 감각을 잃지 않고, 지나치면 중심을 잃어 감각조차 퇴행할 수 있다. 시장의 흐름은 수면 위로 떠오른 빙산의 일각이다. 그 저변에 있는 갈증과 대화하며 '한 방의 해결책'이 아니라 독자 스스로 10종, 20종, 100종의 책으로 갈증을 해결하며 성장할 수 있도록 도와주는 것, 그것이 출판 편집자가 하는 일이다.

출판은 '원맨쇼'가 아니다 | 편집자에게 누군가 결정적인 아이디어를 주었다. 그로 인해 기대 이상의 성과를 보았다. 그 사실을 아무에게도 말하지 않고 모든 것을 자신이 한 양 행세했다. 이제 저자와 동료 편집자는 그에게 좋은 정보나 아이디어를 주지 않는다. 출판은 원맨쇼

가 아니다. 출판이라는 운동장에 들어가면 훌륭한 팀 플레이어와 팀 메이커가 되어야 한다. 그 과정에서 자기가 골을 넣었다 해도 저자를 비롯한 모든 스태프에게 그 공을 돌려라. 자세히 살펴보면 사실이 그렇다. 3,000개의 생각이 잘 어우러져야 책으로 나오는데, 무슨 수로 그 많은 것을 혼자 떠올릴 수 있겠는가? 팀플레이를 잘하는 선수가 결국 훌륭한 편집장이 되고 훌륭한 출판인이 된다. 그런 편집자는 창업해도 사람들이 모인다.

저자를 이해하되, 독자의 관점을 견지한다 | 역량 있는 저자는 대부분 독자를 배려한다. 글쓰기 능력도 별로인데 편집자의 수정 제안에 반발을 넘어 반감을 갖는 저자가 문제다. 그런 저자와 '원고의 수정'을 놓고 의견 다툼이 있을 때 저자의 처지를 충분히 이해하되 독자의 시선을 끝까지 견지한다는 자세로 설득해야 한다. 성장 가능성이 있는 저자라면 당장은 힘들더라도 독자의 목소리에 귀를 연다. 간혹 저자는 순수한 예술가, 편집자는 얄팍한 포장사라는 도그마에 빠진 저자도 있다. 그들에게는 작품의 완성도를 말하라. 편집자는 독자의 시선으로 원고를 읽는 동시에 책의 완성도를 높이는 책임자다. 저자가 원고의 완성도를 위해 끝까지 수정을 거듭하며 책임을 다해야 편집의 완성도 역시 동반한다는 점을 강조하며 설득해야 한다.

저자와 적절한 거리를 유지한다 | 수준 낮은 원고나 신뢰하지 못하는 저자의 원고는 출판하지 않는 게 좋다. 능력 있는 편집자 중에도 '내가 손대면 달라질 수 있다'며 원고의 중요성을 간과하는 경우가 있는데, 편집자의 역할과 능력에도 한계가 있으므로 좀 더 엄격한 기준을

가지고 판단해야 한다. 반면 일단 선택하면 신뢰와 책임을 지고 만나야 한다. 책을 펴내다 보면 저자에게 실망할 때가 한두 번이 아니다. 글과 다른 모습을 보일 때도 많다. 완벽한 사람은 없다. 저자도 편집자와 같은 인간이다. 기대가 크면 실망도 큰 법이다. 내가 실망한 만큼 저자도 내게 실망한다. 저자와 편집자는 적절하게 거리를 두면서 원고에 집중하는 것이 좋다. 저자와 편집자의 관계를 이끄는 동력은 팬심이 아니라 파트너십이다.

이런 저자라면 집착하지 않는다 | 새로운 저자를 발굴하는 것은 편집자의 중요한 과제다. 발굴과 섭외의 열정이 강하다 보면 피해야 할 저자와 계약할 때도 있다. 성과가 어느 정도 있으면 힘들더라도 다음 책으로 이어가려는 집착 욕구가 생긴다. 그러나 이런 저자라면 집착하지 않는 게 좋다. 편집자를 인격적으로 대하지 않는 저자, 공과 사를 구별하지 못하는 저자, 원고와 책의 완성도를 높이는 데 협력하지 않는 저자, 글쓰기는 뒷전이고 말만 늘어놓으며 계약금만 높이려는 저자는 그가 아무리 베스트셀러 저자라 할지라도 피해야 한다. 지구상에 편집자의 관심을 기다리는 저자와 원고는 널려 있다.

의사 결정은 분명히, 빠르게 한다 | 편집자에게 승진은 결정할 것이 많아진다는 의미다. 의사 결정은 늘 요구하는 시간보다 조금 빠르게 하자. 수습 시절부터 익숙해진, 판단과 결정을 상사에게 미루는 습관부터 버려야 한다. 사실 이 습관은 초보자 시절부터 버리는 게 좋다. 경력 3~5년 차 편집자에게 '원고 소견서 쓰는 법'을 알려주고 실전에서 해보도록 했다. 최종 결론인 출간 여부에 대해 두루뭉술하게 표현하

거나 편집장에게 판단을 미루는 경우가 많았다. '신중함'과 '소심함'은 다르다. 방향과 속도가 중요한 편집 업무에서 분명하고 빠른 판단과 의견은 편집자가 갖추어야 할 능력이자 자질이다.

이유 없이 편집하지 않는다 | 이유 없는 편집은 편집자를 비전문가로 만든다. 상황에 맞추는 재능을 발전시킬 수는 있어도, 상황을 이끄는 안목과 힘은 부족하게 된다. 본문 글자의 크기, 행간, 판면은 왜 그렇게 했는가? 사진은 왜 그 자리에 있는가? 왜 표지에 제목과 부제를 함께 썼는가? 편집의 모든 요소에 대해 정확한 이유와 근거를 설명할 수 있어야 한다. 이른바 '편집자의 감각'은 이유 있는 편집의 과정에서 싹트는 전문가의 오감 가운데 하나다.

읽는 책을 편집한다 | 책은 별생각 없이 들추는, 심심풀이 땅콩 같은, 보고 버리는 무료 잡지나 신문이 아니다. 책의 지면을 TV의 패널이나 영화의 스크린이나 백화점의 현란한 진열대나 놀이동산의 어지러운 롤러코스터로 착각하지 마라. 책의 편집은 한 자 한 자 손으로 읽는 점자책처럼 한 가지 서체와 글자만으로도 고전의 가치가 있는 '오래 읽는 책'으로 편집할 수 있다는 믿음에서 시작한다. 독자가 글을 읽으며 사고하고, 성찰하고, 그 과정에서 무언가 스스로 창조해나가는 '읽는 책'의 무한한 가능성을 열어야 한다.

콘셉트와 기대치를 분명히 한다 | 만들고자 하는 책의 방향과 콘셉트, 수준과 기대치를 저자나 디자이너 등 함께 일하는 사람들과 명확하게 공유해야 한다. 추상적인 완벽함이란 없다. 현장에서 벌어지는 대

부분의 갈등과 문제는 콘셉트와 기대치가 일치하지 않는 데서 비롯한다. 일본에서는 저자와 편집자가 저자의 초고에 표시한 개고 사항을 쪽마다 일일이 보며 서로 합의한 대로 개고와 수정이 되었는지 확인한 후 서명한다. 우리가 보기에는 지나친 일이지만, 모든 과정마다 서로 사전에 기대하는 수준을 정한다는 점이 중요하다. 무엇이든 일단 각자 해놓고 나서 판단하면 갈등이나 오해를 불러올 수 있다.

예산안을 미리 짠다 | 시간과 비용 또한 프로젝트의 질적 수준을 결정하는 중요한 항목이다. 비용이란 '일정한 시간 안에 목표하는 바를 이루는 데 드는 모든 돈'을 말한다. 책을 만드는 모든 일은 비용을 지출하는 일이다. 기획에서 제작까지 중요한 개발 과정은 비용으로 계량화할 수 있으며, 실제로는 그보다 웃도는 비용이 지출된다. 항상 예산안을 초기부터 짜두고 한계선을 정해야 한다.

저자 네트워크를 쌓는다 | 편집자의 최고 자산은 저자와의 네트워크 수준이다. 공에 집착한 나머지 선수를 놓치면 안 된다. 책은 원고와 편집이 만나야 만들어진다. 아무리 훌륭한 기획이라도 집필할 만한 저자가 없으면 실현할 수 없다. 네트워크를 정기적으로 점검해서 넓혀나간다. 새롭게 떠오르는 저서를 읽고, 저자에게 이메일을 보낼 수 있는 기획의 시공간을 확보한다.

최적의 스태프를 선정한다 | 우수한 편집이 필요한 기획일수록 무엇보다 교정과 교열, 디자인, 사진, 일러스트 등에서 최적의 전문 인력을 조직할 수 있어야 한다. 때로는 그 분야 최고의 인력을 작업에 참여시

켜야 한다. 개인의 취향에 의존하지 말고, 출판사 안팎의 다양한 전문 인력과 열린 자세로 소통하자. 단행본 출판사인 휴머니스트가 《살아있는 한국사 교과서》와 《살아있는 세계사 교과서》를 발간하여 교과서 편집의 새로운 장을 열었다는 평가를 받을 수 있었던 것은 최적의 전문 편집자, 디자이너, 삽화가, 조판 전문가 등 우수한 스태프를 선정해서 팀을 조직한 것이 결정적인 요인이었다.

문제에 부닥치면 서점을 찾고 책을 읽는다 | 해답의 절반은 서점과 책에 있다. 반복되는 문제일수록 서점에서 찾고 책에서 구한다. 편집자의 책꽂이를 보면 그가 어떤 문제로 씨름했는지 알 수 있다. 자신의 전문성을 높이는 데 필요한 책은 주저 없이 사서 읽어라. 책은 내 지갑을 열어 스스로 찾아 읽어야 효과가 있다. 나는 편집자 시절에 시장조사에서 막히면 시장조사와 관련된 책을, 마케팅이 궁금하면 마케팅 책을 찾아 읽으며 도움을 받았다. 그렇게 스스로 찾아 읽은 책들이 나의 책장을 채울수록 나 또한 성장한다는 사실을 경험했다.

하지 말아야 할 것도 늘어난다 | 해를 거듭할수록 하지 말아야 할 것이 늘어난다. 정치인과 기업인의 홍보용 자서전을 내지 않는다. 사재기와 댓글 조작을 하지 않는다. 더 많은 계약금과 더 좋은 조건을 내세워 저자를 섭외하지 않는다. 책을 과장하지 않고 정확하게 편집하고 소개한다. 하지 말아야 할 크고 작은 일을 정리해둔다. 경력자가 될수록 편집자로서 해야 할 것이 많아지는 만큼, 하지 말아야 할 것도 늘어난다. 그러나 갈수록 경쟁이 치열해지는 현실에서는 하지 말아야 할 것을 경계하기보다 해야 할 것이 더 많이 요구한다. 그러다가 상처

가 나고 염증이 생겨 중병에 시달릴 수 있다.

매년 자신을 인터뷰한다 | 프랑스의 대표적인 출판사인 갈리마르(éditions Gallimard)에서는 매년 편집자의 한 해 성과와 성장을 놓고 당사자와 선배 편집자들이 모여 토론한다. 성장하는 축구선수일수록 녹화 자료를 보며 자신의 경기 내용을 분석한다. 자신에 대한 평가를 두려워하지 말자. 조직에서 요구하는 업무 평가서보다는 스스로 자신의 직업적 활동을 돌아보며 무엇이 성장을 가로막고 무엇이 성장을 돕는지 프로답게 자신을 대상화하고 객관화하며 살피는 과정이 필요하다. 말이 아니라 글과 문서로 정리하고, 필요한 것은 상사와 토론하며 성장의 요소들을 발견하고 채우는 과정을 매년 실천하면 나의 직업적 비전이자 동력으로 작용한다.

몸을 쓰는 취미를 가지면 좋다 | 출판은 끊임없는 정신노동의 연속이다. 한편으로는 매일 처리해야 하는 온갖 업무가 있고, 한편으로는 저자, 일러스트레이터, 마케터, 디자이너 등 공정마다 다양한 사람과 소통한다. 일도 사람과의 소통도 쉬운 것이 없다. 당연히 각종 스트레스에 시달린다. 편집자는 책상 앞에 앉아 일하는 시간이 많다. 컴퓨터로 일하는 시간이 많아지면서 목, 어깨, 허리의 통증으로 고생하는 편집자가 늘고 있다. 30대까지는 버티지만, 40대가 되면 몸도 마음도 힘들어진다. 30대부터 자신의 취향에 맞는 운동을 하나 정도 취미 삼아 즐기면 40대부터 진가가 드러난다. 걷기, 산책, 요가, 명상, 달리기, 수영, 검도, 등산, 여행, 탁구, 배드민턴. 무엇이든 자신의 몸과 마음을 위로하고 응원하는, 몸으로 하는 취미 하나쯤은 필요하다. 나 역시 30대부

터 지금까지 여러 운동을 즐기고 있는데, 많은 도움이 되고 있다.

물류 창고와 반품 재생의 현장을 가본다 | 서점이 책의 장터이자 운동장이라면, 물류 창고와 반품 재생 현장은 서점의 입구이자 출구와 같다. 물류 창고를 가보면 책들이 시장에서 어떻게 유통되는지 한눈에 관찰할 수 있다. 매일 서점으로 나가는 책, 반품으로 들어오는 책, 대기하고 있는 책을 현장에서 살펴보면 서점에서 느끼는 것과는 사뭇 다른 것들을 느끼게 된다. 반품을 재생하는 현장을 보면 또 다르다. 편집주간 시절에 반품 재생 현장을 찾았다가 담당자로부터 "책을 어떻게 만들었길래 뭉텅이로 돌아오느냐?"고 호된 질타를 받은 적이 있다. 드릴 말씀이 없었다.

인쇄소 기장과 현장에서 만나본다 | 인쇄소가 대부분 2교대로 근무할 당시에는 내가 편집한 신간의 인쇄를 야간 조가 맡는 날도 많았다. 밤 근무는 새벽 1시에서 4시가 가장 힘들다. 새벽 2시경에 박카스를 한 박스 사 들고 찾아가면 20년 베테랑 인쇄기장이 책에서 배울 수 없는 생생한 이야기를 들려주기도 했다. 그들이야말로 진정한 전문가다. 현장에서 그들과 대화하지 않고 인쇄소만 탓하는 편집자와 디자이너가 간혹 있다. 책 편집과 디자인은 인쇄에서 구현된다는 사실을 현장에서 익혀야 그들 역시 전문가로 불릴 수 있다.

제본소에서 따끈한 책을 만져본다 | 제본소는 책을 완성한다. 책이 완성되기 30분 전에 도착해서 막 나온 따듯한 신간을 만져보라. 사고가 없는 한, 100번을 경험해도 뿌듯하다. 모든 것이 그러하듯 마지막 과정

은 특히 흥미롭고 신기하다. 제본의 각 과정을 유심히 살펴보고 묻고 이해하자. 책을 기획하고 편집하는 데 기대 이상으로 유용하다. 표지와 본문이 만나는 과정에서 기계의 회전수를 지나치게 높이면 책등의 정확도가 떨어진다는 사실도 현장에서 얻은 산지식이다.

3년 단위로 일한다 | 출판은 3년 단위의 농사 짓기와 같다. 올해 초 10종의 씨를 뿌리면 올해 말 3종, 다음 해 4종, 그 이듬해 3종의 수확을 얻는다. 3년 후에야 그 성과를 가늠할 수 있다. 출판사를 옮길 때 '이곳에서 최소 3년을 몰입할 수 있는가?'를 판단해야 한다. 출판사 역시 편집자를 3년 단위로 살펴보아야 한다. 서로 3년 단위의 목표와 과제를 분명히 하고, 그 성과와 부족한 점을 월·분기·연 단위로 점검해 3년 후에는 출판사도 편집자도 발전할 수 있도록 관리한다. 3년 단위의 기획은 출판사와 편집자 서로에게 '기준과 방향이 있는 출판'인지 '그냥 열심히 하는 출판'인지를 구별하는 질적인 시간 개념이다.

있는 곳에서 최선을 다한다 | 일단 취업하기로 작정했으면 현재 일하는 곳에서 최선을 다하자. 편집자 셋이 모이면 출판사 내부의 갖가지 문제가 화제로 등장한다. 특별한 문제점이 없는 한 당신도 10년 이상 일하면 대부분 팀장이나 편집장이 된다. 그리 머잖은 훗날 팀장, 편집장, 주간, 사장이 되어 비슷한 문제를 반복하지 않으려면 성찰하고 문제점은 그때그때 고쳐야 한다. 내 후배들은 내가 화제로 삼았던 낡은 문제들에서 벗어나 더욱더 건강한 문제의식을 가지고 일할 수 있도록 나 스스로 개혁과 변화의 주체가 되어야 한다.

뒷일을 준비한 후 사표를 쓴다 | 시인 원재훈이 작가 성석제를 인터뷰했다. 〈신동아〉에 실린 인터뷰 기사에는 사표와 관련한 작가의 일화가 있다. 처음 사표를 내자 동료들이 다시 생각하라며 술을 사줬다. 공술을 먹고 일하다 다시 사표를 내니까 또 술을 사줬다. 며칠 있다 또 사표를 내니 그때는 모두 그만두라고 했다. 직장인들의 자화상이다. 나 역시 두 출판사에 다녔지만, 대책 없이 나왔다. 첫 출판사에서는 해고를 당했는데, 그로 인한 상처가 커서 출판계를 떠나 다른 일을 찾으려 했다. 두 번째는 6년을 넘기고 전망을 잃어서 스스로 사표를 썼다. 사실 뒷일을 준비한 후 사표를 쓰기는 쉽지 않다. 하지만 지금은 과거보다 출판사 선택의 폭이 넓어졌다. 연봉과 직책보다 자신의 전문성을 더 깊고 넓게 펼칠 수 있는 곳으로 준비한 후 옮기자. 자신을 위한 계획도 필자를 섭외하듯 좀 더 세심하게 준비하는 게 현명하다.

작은 서점을 주목한다 | 길을 가다 서점을 발견하면 잠시 들어가 살펴보자. 의외로 흥미로운 사실을 발견한다. 구파발 시외버스 터미널의 한 평 서점도 좋다. 군인이 휴가를 떠날 때 어떤 읽을거리를 찾는지 알 수 있다. KBS 본관의 구내 서점에 들어가 보면 PD와 방송작가가 어떤 책을 찾는지 알 수 있고, 여행할 때 각국의 공항 터미널 서점을 잠시 둘러보면 전 세계 여행객의 요구와 취향을 알 수 있다. 박물관에 있는 서점도 좋고, 작지만 개성 있는 동네 서점이나 독립 서점도 좋다. 대형 서점이나 온라인 서점에서 찾기 힘든 특별한 책들을 볼 수 있다. 미국 알래스카에 갔다가 작은 서점을 발견하고 들어간 적이 있다. 158쪽 분량의 《웃음을 위한 낚시: 알래스카의 바다낚시 유머(Fishing for a Laugh: Reel Humor from Alaska)》가 그 서점의 베스트셀러 1위였다.

미루지 않는다 | 저자와 대화할 때, 각종 회의에 참석할 때 해야 할 말이 있다면 머뭇거리지 말고 꺼낸다. 프로의 세계에서는 말하지 않고 후회하는 것보다 말하고 후회하는 것이 성장에 훨씬 도움이 된다. 기획안을 작성하고, 제목을 결정하고, 이메일의 답장을 보내고, 저자를 섭외하거나 인터뷰하는 등 편집자의 모든 일에서 때를 놓치지 않는 것이 중요하다. '제안서를 좀 더 잘 다듬어서 보내야지.' 하며 며칠 미루는 사이에 상황이 달라진다. 상사나 동료와 문제가 생겼을 때 갈등을 피하려고 '나중에, 다음에' 하고 묻어두지 않는 게 좋다. 기획은 먼저 다가가는 것이다. 미루는 습관이 있다면 일할 때는 버려야 한다. 미루는 습관은 신중함보다는 게으름에 가깝다. '일 잘한다', '능력 있다'는 평을 듣는 편집자들의 특징은 주로 속도에서 드러난다.

편집일지를 쓴다 | 휴머니스트에 입사한 이들이 입사 초기에 가장 인상적이라고 손꼽는 것은 모든 직원이 실시간으로 써서 올리는 편집일지를 누구나 볼 수 있다는 점이다. 하루에 두세 번 쓸 때도 있고, 며칠을 거를 때도 있다. 쓰는 이마다 스타일이 달라서 읽다 보면 그 사람의 직업적 캐릭터까지 읽힌다. 각자가 쓰는 일지의 주체는 자신이다. '나'를 주어로 하는 일지를 쓰다 보면 내가 일의 주체라는 인식이 확고해지고, 나와 함께 일하는 모든 이가 나의 중요한 파트너라는 사실을 인식하게 된다. 대표를 포함해 출판이라는 운동장에서 함께 뛰는 모든 부서의 선수들이 어떤 일을 어떻게 하고 있는지 실시간으로 공유하면 수많은 일을 소통해야 하는 출판사라는 조직에서 개인과 조직 모두에게 강력한 힘을 발휘한다.

50년, 스테디셀러의 삶을 그린다 | 출판사와 출판인은 시간이 흐를수록 빛을 발한다. 10년 안에 명성을 얻는 출판사나 30대에 성공한 편집자는 드물다. 출판의 세계에서 빛을 발하는 것은 '색깔'과 '종수'다. 색깔은 출판의 방향과 편집의 특징에서 나온다. 종수는 인내와 시간에서 나온다. 단기적으로는 색깔이 종수를 앞서지만, 장기적으로는 종수를 동반하지 못한 색깔은 뒤처진다. 출판사가 자신의 색깔로 100종, 1,000종 종수를 쌓아가며 성장하듯, 편집자도 자신의 색깔로 10종, 100종 경험의 폭을 '깊고 넓게' 쌓아가면서 성숙한다. 출판사와 출판인은 깊어져야 넓어질 수 있다. 문학에서 깊어지면 역사를 만나고, 역사에서 깊어지면 과학을 만난다. 출판인도 마찬가지다. 자신과 더 깊게 만나고, 업계의 동료와도 더 깊게 만나는 것이 출판인의 세계와 가슴을 더 넓게, 더 오래도록 강렬하게 이끄는 것이다. 50년, 스테디셀러의 삶을 그려라.

10장

출판의 중추,
편집장은 어떤 역할을 하는가?

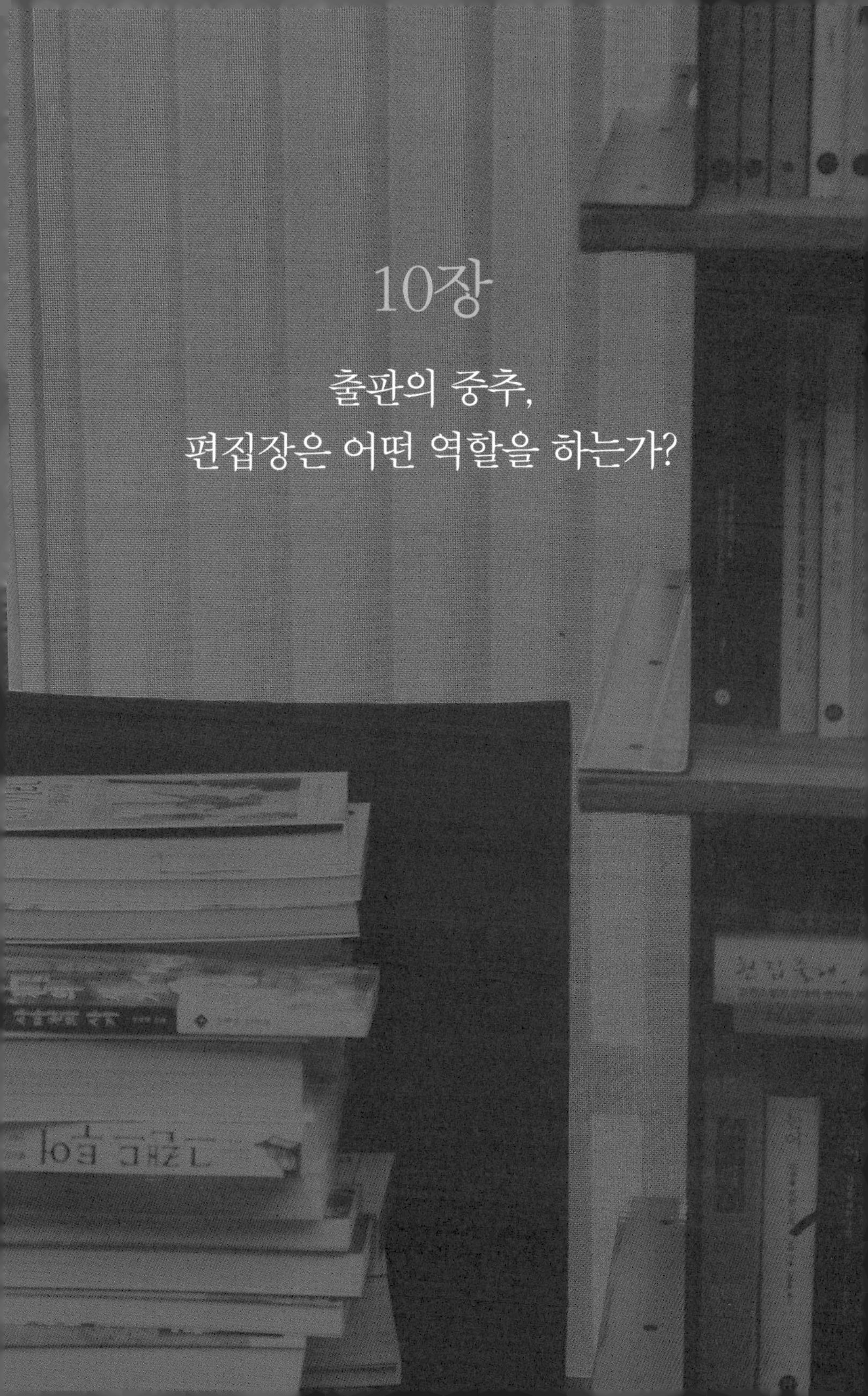

편집자는 누구나 편집장을 꿈꾼다. 나 역시 그랬다. 편집장은 모든 면에서 나와 달랐다. 나보다 원고를 몇 배나 빨리 읽었고, 판단도 정확했다. 저자와 대화하는 수준도 달랐다. 어느 날 내가 그 자리에 올랐다. 첫날부터 마음이 두근거렸다. 무엇을 어떻게 해야 할까?

막상 편집장을 맡으니 성취감은 잠시뿐이었다. 달라진 것은 단 하나, 그동안 내 밖에 있던 책임감이 하루아침에 내 안으로 들어왔다. 이전에는 맡은 일만 잘하면 되었다. 결과가 좋지 못해도 어느 정도 피할 수 있었다. 그러나 편집장은 달랐다. 3,000가지 일 가운데 절반 이상을 스스로 판단해서 실행해야 했다. 작업의 시작과 과정, 마무리를 직접 챙겨야 했다. 결정적으로 그 결과까지 모두 책임져야 했다. 사방에서 처리해야 할 일들이 책임감과 함께 몰려들었다.

편집장이란 무엇인가?

편집장이란 신간의 편집에 관한 총괄적인 권한과 책임을 지는 편집자를 말한다. 편집장의 직책과 호칭, 역할과 책임은 출판사의 규모와 성격에 따라 다양하다. 그렇다면 편집자와 편집장을 구분 짓는 결정적인 차이는 무엇일까? 그것은 바로 출판의 방향이다. 일반적으로 편집장은 '한 종의 신간'을 다루는 미시 출판의 영역과 '출판의 흐름과 방향'을 다루는 거시 출판의 영역을 통합적으로 사고하고 실행한다. 이것이 편집자와 편집장을 구분하는 질적 차이의 핵심이다.

미시 출판
- 원고의 출간 결정, 편집안의 결정
- 본문의 편집, 디자인, 제작
- 책의 판매 부수 예측
- 책의 정가, 초판 발행 부수, 중쇄 발행 시기와 부수 결정
- 책의 홍보, 마케팅
- 인세 정산과 지급

거시 출판
- 편집 정책과 지침
- 디자인 정책과 지침
- 책의 질, 제작 비용에 대한 정책, 가격 정책
- 마케팅 예산과 정책, 구간 도서 할인 정책
- 재고 관리, 인사, 재정, 경영 원칙
- 저작권 관리, 저자 관리 원칙

미시 출판이란 한 종의 신간을 출간하는 모든 출판 행위를 말한다. 편집자는 이 과정에서 저자와 원고를 선별하고, 특정한 매력과 수준으로 책을 펴내는 경험을 쌓는다. 거시 출판이란 각각의 신간을 특정한 방향으로 흐름을 만들어가며 출간하는 정책적인 출판 행위를 말한다. 편집자는 이 과정에서 향후 출판의 방향을 찾는다.

편집장이란 출판이라는 운동장에서 거시 출판과 미시 출판 두 영역을 자유자재로 넘나들며 차별적인 경기를 펼치는 선수이자 감독이다. 그가 펴내는 한 종 한 종은 따로 놀지 않는다. 분야와 편집, 디자인, 마케팅 등 정책의 일관성을 갖는다.

편집장이란 무엇인가? 편집장이 가져야 할 핵심적인 능력은 무엇인가? 책을 잘 만든다고 편집장이 되는 것은 아니다. 미시 출판의 영역에서 오랜 경험을 쌓았다고 해서 훌륭한 편집장의 자질을 갖추었다고 말할 수 있는 것도 아니다. 그것은 전제일 뿐이다. 편집장이란 세분화·전문화·차별화에 기초한 확고한 방향을 가지고 출판의 새로운 흐름을 이끄는 편집자를 말한다. 나는 이를 '출판 미디어 전략가로서의 편집장'이라 부른다. 출판 미디어 전략가란 오늘날의 출판 환경을 고려한 개념이다. 경쟁의 심화, 시장의 침체, 미디어 환경의 변화가 갈수록 심각해지는 전환기에 출판 미디어의 차별성과 생존의 길을 전략적으로 설계하고 실행하는 능력이야말로 출판사의 신간 발행에서 가장 중추적 역할을 담당하는 편집장의 핵심 자질이다.

출판 미디어 전략가로서의 편집장

출판 미디어 전략가로서의 편집장은 출판 내적인 환경과 출판 외적인 환경이라는 두 가지 큰 흐름에서 당대의 출판을 설계하는 사람이다. 출판 내적인 환경은 저자-출판사-서점-독자와 그 직접적 환경을 말하며, 출판 외적인 환경은 이를 둘러싼 사회 전반의 환경, 특히 출판이 담당하는 지식과 서사를 둘러싼 미디어 환경을 말한다. 출판 미디어 전략이란 이 두 환경 속에서 차별적이고도 경쟁력 있는 출판을 지속해서 펼쳐가는 출판의 방향과 질, 속도를 말한다.

편집장은 출판 미디어 전략가로서 어떻게 사고하고 실천하는가?

첫째, 100종을 한 종처럼 설계한다. 뿌리가 깊고 줄기가 튼실한 나무처럼 시장과 분야, 저자군, 독자층을 세분화하고 전문화하며 흐름과 방향, 정책을 독창적으로 설계한다. 따라 하지 않는다. 비슷하면 장기적으로 성공할 수 없다. 출판 시장 내적으로 새로운 흐름을 만들고, 출판 시장 외적으로 듣고 보는 미디어(audio-visual media)와의 차별성을 분명히 한다. 이를 위해 편집장은 두 가지 전략회의를 통합적으로 운영한다. 사장과 발행인, 마케팅·관리 분야 책임자들과의 전략회의, 편집자와 디자이너, 일러스트레이터, 스태프와의 편집회의, 이 둘을 통해 출판 미디어의 방향과 특징을 차별적으로, 지속적으로, 강력하고 세심하게 이끌어야 한다.

출판사는 차별적인 철학(Philosophy)과 사명(Mission), 정책(Policy), 목표(Objective), 전략(Strategy), 전술(Tactics)을 통해 고유의 출판 활동을 펴는데, 이를 통합적으로 표현하는 출판 미디어 전략은 편집장 혼자만의 힘으로 구사할 수 없다. 두 가지 전략회의가 필요한 이유다. 변화무쌍한 현대의 출판에서 거시 출판과 미시 출판, 즉 출판 미디어의 전략과 전술은 도식적으로 나누어지거나 위에서 아래로 일사불란하게 흐르지 않는다. 편집장과 경영진, 편집장과 스태프의 긴밀한 소통이 그 어느 때보다 중요한 시기다. 자기 안에 머무는, 자의식만 강한 편집장은 구시대의 편집자상이다.

둘째, 단기·중기·장기의 목표와 전략을 분명히 세운다. 변화와 위기가 동시에 찾아오면 순식간에 중심을 잃기 쉽다. 변화와 위기가 심할수록 목표와 전략을 확고히 한다. 방향과 목표가 분명해야 변수에 대응할 수 있다. 월·분기·1년 단위의 단기 목표, 2~3년 단위의 중기 목표, 4~5년 또는 10년을 그리는 장기 목표를 수치로 짠다.

출판은 지식문화 산업이다. 편집장은 문화적 가치와 목표, 기업적 가치와 목표 둘 다 놓치지 말아야 한다. 내년에 몇 종을 어떻게 출간해서 어떤 차별적 메시지를 제공할 것인가? 이를 통해 얼마만큼의 성장률과 이익률을 얻을 것인가? 편집장은 이에 대해 수시로 묻고 답해야 한다. 분기별로 점검했을 때 향후 6개월 동안 상황이 좋아질 기미가 없다면 어떻게 위기를 넘어설 것인가? 편집장은 한 종의 기획과 편집을 철저하게 진행하는 한편, 단기·중기·장기의 목표와 전략을 세우고 상황을 정기적으로 점검해야 한다.

셋째, 발행인처럼 계획한다. 편집장이 1년 동안 실행하는 모든 업무는 비용이 따른다. 출판 계약, 자료 구매, 취재 조사, 편집, 일러스트, 사진, 카탈로그, 도서 목록……. 어느 것 하나 예산의 편성과 비용의 지출 없이는 불가능하다.

한 해의 중요한 업무를 설계할 때 목표(objective), 규모(volume), 시간(time), 예산(budget), 이익(profit), 이 다섯 가지를 반드시 정리한다. 전략의 입안에서 말하는 목표란 거시적인 목표(goal)가 아니라 전략을 실행해서 얻고자 하는 구체적인 성취다. "역사 분야의 통사 입문서 시장을 주도한다." 이 단 한 문장이 바로 편집의 방향이자 목표다. 규모와 시간은 출판 전략의 주요 항목이다. "3년 동안 100종의 통사 입문서를 기획, 출간한다." 이런 식으로 기간과 규모를 정한다.

예산안의 점검과 편성은 편집장이 직접 해야 한다. 간혹 "난 숫자에 약해", "계산하는 거 체질에 안 맞아"라고 말하는 편집장이 있다. 미국이나 유럽, 일본과 비교해 한국의 출판사는 몇몇 대자본형을 제외하고는 대부분 소규모 독립자본형 출판사다. 최소의 자본으로 최대의 효과를 기대해야 하는 만큼, 예산의 편성과 점검을 더욱 철저히 해야 한다. 편집장이 직접 해야 현실감을 잃지 않는다.

편집장의 예산 기획이란 주어진 '아주 적은, 그러나 소중한 한도' 안에서 최대의 효과를 찾는 노련한 편집의 기술과 같다. 예산과 이익을 세밀하게 점검해야 한다. 이익은 금전적인 이익만을 의미하지 않는다. 예를 들어 20명의 필자에게 각 20매의 원고를 청탁하는 책을 기획했다고 하자. 매당 1만 5,000원의 원고료를 지급한다면 원고료 총 600만 원, 개발비 300만 원, 예비비 100만 원이 투여되며, 편집과 디자인, 제작비 등을 추가하면 정가 1만 8,000원에 손익분기점이 6,700부 정도로 추산된다고 해보자. 그런데 예상 판매 부수는 1년에 6,000부라면 어떻게 할 것인가? 이 프로젝트 하나만 놓고 판단하면 단기적으로 500만 원 정도의 손실을 예상하지만, 주요 필자들과의 네트워크를 만들고 해당 장르나 분야에서 이슈을 만들고 흐름을 주도할 수 있는 기획이라면 사장을 설득해서 추진해야 한다. 출판의 방향과 흐름을 이끄는 편집장이 목표와 규모, 시간, 예산, 이익을 점검하고 계획할 수 있다면 전략적·정책적 출판이 가능하다.

편집장의 네 가지 역할

출간 일정 입안과 관리

편집장은 출판사의 편집 방향과 정책에 기초해 연·분기·월 단위로 신간 출간 일정과 계획을 세우고, 기획과 개발, 편집, 홍보 등의 업무를 맡는다. 그중 연간 출간 계획을 세우고 이를 일·주·월·분기 단위로 점검하는 일은 편집장 업무의 중심이다.

연간 출간 계획의 입안과 관리는 내가 8년 동안 편집주간으로 일하며 하루도 놓치지 않은 일이었다. 당시 나는 2주에 1종, 연간 최소 24종 발행을 목표로 정했다. 한 분야의 출판을 계획할 때 최소한 연간 20종 이상은 발행해야 출판의 흐름을 이어갈 수 있다고 판단했기 때문이다. 연간 일정의 기획과 관리는 1년마다 하는 것이 아니다. 매일 하는 일이다. 평일에는 매일 30분, 금요일에는 1시간을 이 일에 배정해서 매주 3시간씩 점검했다. 금요일마다 다음 주의 일정과 변수를 세밀하게 점검하지 않으면 주말이 편하지 않았다. 거시 출판과 미시 출판의 전략적 통합은 연간 출간 계획을 일상에서 어떻게 실천하고 배치하는가에 달려 있다.

정기적인 결산과 평가

출판사의 업무 평가는 편집장이 이끌어야 한다. 업무 평가의 목표는 피드백이기 때문이다. 평가의 결과를 거시적으로는 출판의 기준과 방향, 정책으로 반영하고, 미시적으로는 한 종마다 책의 장점을 효과적으로 살리는 편집의 기술적 진보에 이바지하도록 해야 한다. 이는 편집장과 스태프들이 평가를 주도할 때 가능하다. 편집장의 업무, 스태프들의 업무에 대한 정기적인 결산과 평가를 마케팅부나 관리부, 사장에게 넘기지 마라. 자칫 성과를 계량화하는 데 초점을 맞추고, 평가가 연봉과 성과급, 승진만을 위한 도구로 전락해서 열정적이던 팀은 흩어질 수 있기 때문이다. 먼저 편집장과 스태프들이 팀 단위로 결산해서 과정과 결과를 공유한다. 그러고 나서 팀원 각자의 성장에 필요한 평가를 이어간다. 마케팅부나 관리부와 함께하는 평가는 그다음에 해도 늦지 않다.

출판은 개인 경기가 아니다. 훌륭한 팀과 선수는 경기가 끝난 후 녹화 자료를 보며 경기의 과정을 공유한다. 팀 평가와 개인 평가를 감추지 않고 진행하고, 이에 기초해서 다음 경기에 대비한 팀 훈련과 개인 훈련을 한다. 편집장의 결산과 평가 작업도 이렇게 해야 한다. 편집장과 담당자들이 논의하고 작성한 기획안, 연간·분기·월 단위의 계획, 편집일지, 발행 도서, 홍보와 마케팅 활동, 독자의 반응과 평가, 각계의 반응, 판매 결과, 손익 결과는 분석과 평가를 위한 녹화 자료들이다. 이를 놓고 다음의 성장과 진보를 위해 어떤 노력이 필요한지 서로 찾고 공유하며 팀과 개인이 함께 공존하며 성장할 수 있을 길을 찾아야 한다.

도서 목록의 설계와 확장

출판사를 평가하는 가장 중요한 실물의 준거를 하나만 들라면 무엇일까? 바로 도서 목록이다. 유럽이나 미국에서는 출판사를 사고파는 일이 잦다. 대표적인 사례가 펭귄랜덤하우스다. 펭귄랜덤하우스는 출판사를 인수 합병하는 초대형 출판 그룹의 상징으로 불릴 만큼 많은 출판사를 인수했다. 출판사를 사고팔 때 가장 중요한 자료가 바로 도서 목록에 대한 가치 평가다.

편집장을 평가하는 중요한 기준 가운데 하나도 바로 그가 펴낸 책들의 목록이다. 간혹 베스트셀러 한두 종으로 편집장의 역량을 평가하는 경우가 있다. 편집자의 감각을 엿볼 수는 있지만, 편집장을 평가하는 잣대로는 부족하다. 출판 미디어 전략가로서의 편집장의 자질은 그가 펴낸 도서 목록의 성격과 흐름, 규모, 수준, 독자의 반응, 사회적 영향력 등에서 거의 모든 것이 드러난다. 따라서 해당 분야에서 편집장으로서 최소한 5~6년 정도가 지나야 눈에 보이는 결과를 알 수 있다.

물론 창업하는 출판사의 편집장을 맡지 않는 한, 시작부터 차별적인 도서 목록을 설계하는 일이 말처럼 쉽지 않다. 하지만 편집장에게 도서 목록의 설계와 확장은 출판사의 철학과 사명, 정책, 목표, 전략, 전술을 합한 것만큼 소중하다. 한 종에 집착하지 말고 목록을 연구하라. 이 일을 자신의 중심 과제로 삼아라. 편집장은 10년 후에 도서 목록으로 말해야 한다. 그래야 특정 분야와 흐름에서 저자 자산, 편집 경험, 인력 자산, 독자 자산이 쌓인다. 그 후 발행인으로 나서라. 직접 출판사를 창업해서 실행해도 좋다. 이를 실행할 수만 있다면 편집장이든 사장이든 상관없다.

대표 도서의 기획과 관리

먼저 도서 목록을 설계해서 출판의 흐름을 세우고, 그 과정에서 대표 도서를 기획한다. 대표 도서란 출판사 또는 출판사의 특정 출판 흐름이나 성격, 특징을 대표하는 브랜드 가치를 지닌 도서를 말한다. 저자에게 대표작이 있듯이 출판사마다 대표작이 있다. 예를 들어 역사서 20종을 설계한다고 하자. 그 가운데 몇 종은 저자, 주제, 독자층을 고려하여 평균 이상의 대표작으로 선보인다. 물론 늘 기획한 대로 되는 것은 아니다. 의외의 도서가 대표 도서로 부상하기도 한다. 대표 도서란 기획과 편집, 저자의 역량, 독자의 반응, 시대적 흐름이 만나 현장에서 솟아오르는 것이다. 그 과정에서 목록을 재편집하는 묘미를 맛볼 수 있다. 독자와 소통하며 대표 도서를 주기적으로 설계하자.

스테디셀러로 자리 잡은 대표 도서의 경우, 일정한 시점마다 개정하여 그 흐름을 이어갈 수 있다는 장점이 있다. 출판 미디어의 특징이자 매력 가운데 하나다. 《미학 오디세이》는 1994년 도서출판 새길의 편집주간 시절에 출간하여 휴머니스트를 창업한 후 2004년 10년 만에 3권으로 완간해서, 2014년 20주년 에디션의 발간까지 일곱 차례의 개정판을 발행하면서 스테디셀러의 명성을 이어가고 있다.

도서 목록의 설계와 대표 도서의 기획은 다음 장에서 구체적으로 다루겠다.

일정과 완성도, 어느 것이 먼저인가?

월·분기·연간 출간 전략과 일정을 세우고 한 종의 신간 일정을 관리하면서 편집장이 자주 직면하는 상황이 있다. 바로 일정과 완성도 사이의 갈등이다. 발행 예정일을 지킬 것인가, 아니면 완성도를 높일 것인가? 이 문제는 초보 편집장과 노련한 편집장 모두 겪는 고민이다. 자칫 잘못 운영하면 편집부와 마케팅부, 편집부와 사장의 갈등으로 불거질 수도 있다. 어느 쪽의 의견으로 정리되어도 팀워크에 나쁜 영향을 미친다.

우선 원칙부터 정리한다. 한 종의 책을 완성하는 과정은 책의 수준(level), 비용(cost), 기간(time)에 의해 결정된다. 신간을 어떤 수준으로, 어느 정도의 인력으로, 어느 정도의 기간 안에 완성하는가? 세 가지는 모두 기획과 편집의 수준을 결정한다. 이 관점으로 보면 책의 완성도와 발행 예정일은 대립하는 것이 아니라 동전의 양면처럼 한 몸이다. 편집자의 역량은 발행 예정일에 맞게 목표한 수준의 신간을 발행할 줄 아는 능력이다. 따라서 발행 예정일에 맞추어 신간을 내는 것이 원칙이다. 이 관점을 분명히 하고 모든 일정과 품질을 관리하는 경험을 쌓아야 '매번 마감에 쫓기면서도 발행 예정일과 완성도 둘 다 놓치는 최악의 편집장'에서 벗어날 수 있다.

다음으로 관리 방식을 살펴보자. 일정 관리는 한 종의 일정 관리와 연간 단위의 전체 신간의 일정 관리가 있다. 이 둘을 매일 교차하며 점검하여 단기적으로는 월·분기별 일정과 현재 진행하는 신간에 집중한다. 이때 예상할 수 있는 변수까지 점검해야 한다. 노련한 편집장일수록 변수를 예상하고 관리하는 데 뛰어나다. 집필, 교정과 교열, 디자인, 사진, 일러스트, 그래픽 모두 사람이 하는 일이다. 그래서 인쇄나 제본과 달리 기획이나 편집 과정은 수많은 변수로 가득하다. 사람 한 명이 늘면 그만큼의 변수가 생기는 것이다. 편집장은 일정을 관리할 때 함께 일하는 사람들이 변수라는 점을 놓치지 말아야 한다.

저자에서 스태프까지 한 종의 출간을 위해 함께하는 모든 사람에게 다음의 사항을 적절하게 미리 알린다. 발행 예정일을 왜 지켜야 하는가? 얼마나 많은 사람이 한 종의 신간을 위해 일하고, 정해진 일정과 과정마다 대기하고 있는가? 한 사람의 실수나 방치로 얼마나 큰 손실과 피해가 발생하는가?

한 종의 완성을 위해 왜 약속한 기간 안에 창의적인 작업을 마무리해야 하는지, 수많은 이유 가운데 몇 가지만 추린다.

- 인쇄소와 제본소는 모두 정해진 시간에 최종 데이터를 기다린다. 약속한 시간에 도착하지 않으면 일정을 미루고, 다른 책을 먼저 작업한다. 연기한 만큼 신뢰를 잃고 대기 시간도 늘어난다.
- 서점은 예고한 날짜에 책이 들어오기를 기다린다.
- 마케팅부는 예정한 날에 책을 서점에 공급해야 서점과 신뢰의 관계를 맺어 목표한 마케팅 활동을 펼칠 수 있다.
- 언론, 잡지, 방송, 라디오 등 미디어는 책 소개를 위한 최적의 검토 시기와 기사 마감 시간을 정해놓고 있다.
- 출고 일정의 확정은 곧 판매와 수금 일정에 직접 영향을 미치며, 이는 저자의 인세, 스태프의 비용을 지급할 물적 기반이 된다.
- '발행 예정일'을 기다리는 독자가 의외로 많다.

변수는 주로 회사 외부의 인력에서 발생한다. 저자가 탈고를 일주일 연기하면 출간은 한 달 지연된다. 재교지에 대한 저자의 최종 점검이 늦어져서 모든 담당자가 대기하기도 하고, 본문을 마감하고도 머리말이나 추천사, 한국어판 머리말 등이 들어오지 않아 출간 일정이 일주일, 심지어 한 달이나 늦어지기도 한다. 일러스트, 사진, 도표 등 편집 재료가 많은 경우에는 모든 인력의 호흡이 맞아야 한다. 때로는 단 한 장의 사진으로, 때로는 단 한 명의 지체로 수십 명의 스태프가 대기할 때도 있다. 한 종의 책은 눈에 보이는 저자와 편집자 둘만으로 완성되지 않는다. 제작, 유통, 홍보, 마케팅의 영역에서 수십, 수백 명의 인력이 예정한 날의 출간을 위해 노력하고 있다는 사실을 공유하고 관리하는 지혜가 필요하다.

월·분기·연간 출간 일정의 입안과 관리

편집장은 신간과 구간의 개정판 발행 일정을 관리하는 현황판을 놓고, 한편으로는 월·분기 단위의 단기 출간 일정, 다른 한편으로는 연간·3년 단위의 중장기 출간 일정을 주기적으로 점검해야 한다. 우선 단기 현황판인 월·분기별 출간 일정의 관리에서 유의해야 할 사항을 정리한다.

첫째, 월·분기별 단기 출간 일정표를 짠다. 출간 일정은 1년을 기본으로 하여 1개월과 3개월은 단기, 3년은 장기 계획과 일정의 기본 단위로 삼는다. 3년을 내다보고 1년의 출간 계획을 세우듯, 3개월 단위로 점검하면서 월별 일정을 짠다. 이때 문장과 문장, 단락과 단락, 꼭지와 꼭지, 장과 장을 겹쳐서 파악하듯, 가장 기본 단위인 3개월과 그다음 3개월을 겹쳐서 정리한다. 1개월, 3개월, 6개월은 1년 계획에 기초한 단기 계획과 일정의 현황판이다.

1/4분기 3개월의 첫 달에 2/4분기 출간 예정 도서의 일정을 총괄적으로 점검하고, 제목이나 핵심 개념, 편집 형태, 판형, 장정, 가격, 초판 발행 부수를 논의하고 점검한다. 예를 들어 2/4분기의 시작인 4월이라면 7월에서 9월까지 3/4분기에 해당하는 출간 도서의 일정을 점검하고, 해당 도서들의 주요 결정 사항들을 마무리한다. 출판이 방송이나 신문, 잡지와 다른 점은 1년 후에 출간할 도서를 예고할 수 있다는 점이다. 3개월 후에 발행할 도서의 주요 결정 사항을 미리 점검해 두면 집중적으로 관리할 초점이 무엇인지 분명해진다.

둘째, 독자 지향의 배치 전략을 세운다. 원고가 입고된 순서대로 편집 일정을 맞추고, 편집 일정 순서대로 출간 일정을 짜는 것은 발신자 중심(sender-oriented)의 미디어 소통 방식이다. 원고 마감 일정을 반영한 후, 출판 시장과 독자 환경을 고려한 수신자 중심(receiver-oriented)의 일정으로 재배치한다. 처음부터 모든 신간을 이렇게 배치하기는 쉽지 않다. 하지만 최소한의 원고가 쌓이고 경험도 축적되면 점점 생산자 중심의 배치에서 독자 중심, 시장 중심으로 재배치한다. 특히 적절한 시기를 요구하는 주요 도서, 전략 도서, 대표 도서는 재배치의 우선순위에 해당한다.

사실 많은 도서가 적기를 놓친다. 적기를 알면서도 일정을 맞추지 못하거나 미루지 못해 그 시기를 놓친다. 작업하는 대로 내야 하는 현실적 상황 때문이다. 그러나 일정으로 보면 9월 출간이 가능해도 다음해 1월에 출간하는 것이 훨씬 효과적일 때가 있다. 출판 미디어 전략가로서의 편집장이라면 이를 염두에 두고 관리할 줄 알아야 한다. 이를 위해 특정한 사례를 만드는 경험도 필요하다. 한 종의 확실한 모델을 현실에서 보여주면 사장과 저자, 스태프 들은 그 방향으로 움직인다. 이때 마케팅부와 의기투합해서 과정과 결과가 어떻게 다른지 보여준다. 출판에서 남다른 사례를 성공시킨 경험은 그 어떤 주장이나 설득보다 큰 변화를 이끈다.

셋째, 저자에서 스태프까지 모든 관련자와 소통한다. 월·분기 일정은 전술이 아니라 전략과 전술이 만나는 실제 상황판이다. 신간의 발행을 둘러싼 모든 업무가 여기에 집결한다. 일정 점검을 단지 '세심한 관리'의 일부로 전락시키지 말아야 한다.

월·분기 일정의 관리에서 저자, 스태프와 일상적으로 소통한다. 혼자 결정하고 밀고 나가지 말고, 경청하고 파악하고 설득한 후 의기투합한다. 사장에서 총무까지 시기를 놓치지 말고 논의한다. 능력 있고 책임감이 강한 편집장일수록 혼자 해결하려고 고민하다 문제가 발생한다. 전화 한 통화, 이메일 한 통, 잠깐의 카톡이나 메신저 소통으로 해결할 수 있는 일을 머뭇거리다가 사소한 것이 눈사람처럼 커지는 일이 허다하다. 출판사의 성장 동력은 신간의 발행에 있다. 신간이 나오는 날, 출판사의 분위기는 달라진다. 골이 터지는 순간 모든 선수와 스태프가 환호하듯, 신간이 나오는 날 출판사에는 뭔가 될 것 같은 분위기가 흐른다. 편집장은 일정의 관리에서 출판사 내외의 모든 스태프와 소통하며 이런 분위기를 이끌어야 한다.

연간 계획을 세울 때 고려할 사항

달력대로 하면 1월 초에 지난해를 결산하고, 이어 새해의 계획을 세운다. 하지만 출판 현장에서는 여름 시장이 끝나는 8월 초에 겨울 시장 준비를 구체적으로 점검한 후 신년 계획에 들어간다. 그래야 9월부터 겨울 시장 전략과 신년의 기획을 맞물려 진행할 수 있다.

연중 계획을 세울 때 고려할 사항들을 정리한다. 아는 것과 실행하는 것은 완전히 다르다. 얼마나 중요한 사항인지 알고 있지만 실천하지 못한 것들이 있다면 일단 실행해본다. 장르와 분야의 특성을 고려하여 '1년 계획'을 경험해보면, 매년 계획한 만큼 출판사도 개인도 성장하는 놀라운 순간을 맛볼 수 있다.

첫째, 책의 연간 판매 사이클을 점검한다

연간 계획을 짤 때 출간 일정과 배치 전략을 반드시 점검해야 하는데, 이때 적절한 시기의 점검이 매우 중요하다. 같은 신간을 어느 시기에 출간하느냐에 따라 주목도, 구매력, 독자의 반응, 판매 그래프 모두 달라진다. 예를 들면 여름에는 소설이, 가을에서 겨울에는 비소설이 상대적으로 주목도가 높다. 경제경영서나 자기계발서는 연말에 그래프가 올라가 1~2월이 되면 정점에 이른다. 학습과 교재, 교양서는 2월 초에서 3월 초 이른바 '신학기 시장'에 정점에 이른다. 2월에 시작하여 3월이면 최고점에 오르고 4월의 특판 수요까지 이어지는데, 한 해 총판매의 절반 이상을 이 시기에 올리는 책도 많다. 물론 이러한 책의 연간 판매 사이클은 정해진 규칙이 아니라 하나의 흐름이어서 매년 경험과 데이터를 살피면서 점검해야 변화의 흐름을 읽을 수 있다.

둘째, 기획에도 주기가 있다

새해 들어 작심하고 기획에 나섰다. 몇몇 필자를 섭외하려고 이메일을 보내고 전화를 돌렸다. 연초라 다들 바빠 쉽게 만나주질 않는다. 그나마 여러 번 간청해 몇 명을 만났지만, 한 해의 집필 일정이 이미 정해져 있어서 새로운 기획이 끼어들 여유가 없다. 이렇듯 기획의 현장에서 저자들과 만나보면 신간의 기획 활동에도 흐름이 있고 적기가 있다는 사실을 알게 된다. 시장 흐름에 조응하는 책의 연간 판매 사이클이 있듯, 저자들도 새로운 책을 계획하고 집필을 시작하는 흐름이 있다. 그것이 바로 저자의 집필 환경에 따른 흐름과 주기다. 예를 들어 초·중·고·대학의 학교 일정과 연관 있는 저자들에게 상대적으로 긴 겨울방학은 단행본 집필의 좋은 기회다. 필력이 있는 저자들은 겨울방학 전에 집필 일정을 세운다. 그러니 12월이나 1월이면 당연히 늦다. 연말 연초에는 신년 인사를 나누며 한 해의 일정을 확인하고, 여름방학을 앞둔 4월에서 5월, 겨울방학을 앞둔 9월에서 10월에 신간 기획에 집중하는 것이 효과적이다.

셋째, 마감일과 발행일을 정한다

왜 매번 모든 신간을 쫓기듯 마감하고, 발행 예정일이나 적기를 놓치는 경우가 자주 생길까? 악순환의 고리를 끊으려면 문제에 정면으로 부딪쳐야 한다. 발행일, 마감일을 확실히 정하자. 출간의 적기를 점검하고, 모든 변수를 고려하고, 예비 일정을 추가하여 발행일을 정한다. 쫓기는 일정이 아니라 상황을 이끌어가는 일정으로 바꾸어야 한다. 신간 계획에서 전략적으로 중요한 도서는 발매와 수금 유형을 고려하여 매월 15일 이전에 배치하고, 제작처, 제작 기간, 시장 현황, 서점 홍보, 마케팅 흐름을 고려하면 발행 요일도 정해서 관리하는 게 좋다.

펭귄랜덤하우스(Penguin Random House) 뉴욕 본사의 부사장인 스킵 다이(Skip Dye)를 만났을 때 그가 이렇게 말했다. "중요한 대중물은 대부분 화요일에 출간한다. 금요일 저녁에는 친구들과 즐기고, 토요일은 쉬고, 일요일에는 쇼핑을 한다. 월요일은 한 주의 시작이라 바쁘다. 화요일이 신간 발행의 적기다. 화요일에 출시하면 신간에 대한 주목도가 높다. 수요일에는 새로운 음반, DVD를 출시하는 요일이라 피한다. 반면에 초·중·고생을 위한 책은 대부분 토요일에 출간한다. 주중에는 서점에 나갈 수 없기 때문이다."

넷째, 개발 요소를 미리 확정한다

제목의 결정을 왜 마감이 임박할 때까지 미룰까? 편집 시안을 탈고 전에 확정하는 것은 불가능할까? 제작 사양, 정가를 미리 정하면 책의 완성도가 떨어질까? 그렇지 않다. 발행 예정일을 확정한 도서는 주요 개발 요소를 미리 점검해야 한다. 편집장은 책의 편집 이전에 편집의 방침을 정할 수 있는 경험과 안목을 가진 사람이다. 중요한 기획은 원고 없이 편집 시안을 확정하고 원고 청탁을 한다. 단행본의 경우 계약 단계에 이르면 책의 주요한 사항을 모두 결정할 수 있다. 나머지는 변수에 대한 관리와 점검이다. 과정과 마감에 쫓겨 뒤따라가지 말고 이끌어가자. 이를 위해서는 콘셉트, 사양, 개발 요소, 제목, 심지어 표지의 방향과 스케치까지 미리 점검한다. 그러면 스태프들이 진행하는 개발 과제가 명확해져서 실무처리가 빨라진다.

사내 의사소통을 어떻게 할 것인가?

첫째, 실시간으로 소통하는 팀 문화를 만든다

잘되는 식당들에는 공통점이 있다. 주방을 공개한다는 점이다. 주방을 공개하면 손님에게 신뢰를 얻는다. 때로는 요리에 관해 질문도 하고, 능숙한 손놀림에 감탄하기도 하면서 공감과 연대감이 조성된다. 편집장이 편집의 과정을 스태프에게 일상적으로 공개하고 함께하는 분위기를 만들면 훌륭한 팀으로 거듭난다. 인트라넷, 단톡방 등을 통해 현황판을 공유하여 함께 점검하고, 편집장의 편집일지를 실시간으로 공유하면서 소통한다. 의사소통의 속도가 빨라지고, 정확해지고,

잡음도 줄어든다. 변수와 문제가 생겨도 함께 대처할 수 있다. 편집장이 이렇게 실천하고 운영하면 스태프들이 스스로 변수와 논의할 사항을 적시에 공유해 팀 분위기가 살아난다. 이때 나중으로 미루는 태도 대신 바로 대처하고 해결하는 팀 문화를 이끌 필요가 있다.

둘째, 사장의 두 가지 관점과 역할에 주목하여 소통한다

출판사의 사장은 크게 두 가지 역할을 한다. 경영자와 발행인의 역할이다. 사장은 출판사 경영의 대표이자 최종 의사 결정권자다. 사장이 출판사의 생존과 성장을 위해 경영의 관점에서 논의할 때 편집장 역시 이 관점에 주목해서 목표와 계획을 세우고, 신간과 구간의 판매 현황과 흐름을 점검하고 관리하며 소통한다. 한편으로 사장은 책의 발행에 대한 책임과 권한을 갖는 발행인이다. 발행의 방향과 정책, 전략적인 신간이나 시리즈의 입안, 새로운 장르나 분야의 진출, 편집과 디자인의 방향과 정책 등을 논의할 때는 이 관점에 주목하여 구간의 경험과 각종 데이터, 시장 현황과 흐름에 대한 조사 등에 기초하여 소통한다. 만일 사장이 어느 한쪽에 치우쳐 중심과 균형이 흔들린다면 마케팅, 관리 부문의 책임자와 함께 조언할 수 있어야 한다. 출판사의 사장이 경영자의 역할과 발행인의 역할을 제대로 하지 못하면 출판사는 좌표를 잃는다. 편집장은 사장처럼 점검하고, 사장은 편집장처럼 실행해야 한다. 두 사람의 소통과 호흡이 출판사의 현재와 미래를 결정한다.

셋째, 마케팅부와 긴밀히 소통하여 팀워크를 넓힌다

역동적인 출판사에서는 편집부와 마케팅부가 긴밀하게 소통한다. 두 부서가 수시로 오가며 팀으로 움직이니 벽이 생길 틈이 없다. 편집장이 나서서 두 부서의 벽을 허물어야 한다. 처음 출판사에 입사해 가장 답답했던 점이 편집부와 마케팅부가 따로 움직이는 것이었다. 편집부장과 마케팅부장이 각자의 영역만 강조하고 사장이 이를 방관했다. 가뜩이나 인원도 적은 출판사에서 두 부서가 따로 일하니 시너지는커녕 반목과 갈등이 쌓였다.

때로는 마케팅부장이나 담당자와 함께 시장조사를 하고, 저자와의 조촐한 모임에도 합석해서 함께 논의한다. 편집부와 마케팅부의 소통은 의지나 시스템의 정비만으로 가능한 일이 아니다. 통합 마케팅의 관점에서 두 부서는 하나의 팀이다. 표지와 제목, 기획안이나 원고에 대한 모니터링에서 마케팅 계획의 입안과 집행까지, 일상의 업무에서 소통하며 팀워크를 넓히고 다져나가면, 어느 순간 두 부서가 하나의 팀으로 느껴질 때가 있다.

넷째, 편집의 현장을 한눈에 파악하며 지휘한다

편집장은 선수, 주장, 코치, 감독의 역할을 동시에 수행한다. 정기적인 편집회의, 부정기적인 각종 회의를 효율적으로 진행하면서 현장의 모든 상황과 실무자들의 진행 상황과 상태를 한눈에 파악한다. 스태프들이 모였다 헤어지면 뭔가 달라져야 한다. 앞으로 나가려는 동력을 방해하는 것들을 없애고, 머뭇거리는 것들을 제거하면서 업무의 진행과 흐름에 탄력을 주고, 방향과 속도를 조절한다.

추진력이란 공을 몰고 혼자 달려가는 것이 아니다. 각자의 위치와 역할에서 한 방향으로 움직일 때 팀워크가 생성된다. 사내 인트라넷, 메신저, 단톡방 등을 이용해 정보와 상황을 공유하고, 상황에 따라 빠르고 정확하게 판단하여 앞으로 나아갈 수 있는 환경을 만들어주는 것이 편집장의 존재 이유이자 지휘 능력을 가늠하는 기준이다.

놓치기 쉬운 결정적인 실수

– "난 원래 먼저 말 거는 거 싫어하거든. 그러니까 네가 먼저 알아서 보고해." 아직도 간혹 이렇게 이야기하는 편집장이 있다. '원래 까칠해서', '원래 화를 참지 못하는 성격이어서', '원래 다른 사람을 챙기는 걸 싫어해서'. 편집장의 이런 말과 태도 때문에 얼마나 많은 편집자가 좌절하는가? 이런 편집장이라면 아무리 능력이 뛰어나도 통솔력을 발휘하기 어렵다. 편집장이라면 별 매력적이지도 않은 개성이나 성격은 집에 놓아두고 출근해야 한다.

– 이 '원래' 시리즈는 '원래' 사장들이 시작했다. 나 역시 출판사에 처음 입사해 지금까지 별의별 '원래 캐릭터'를 많이 겪었다. '원래 아침잠이 많아서' 점심 무렵 출근하는 사장, '원래 술을 마셔야 본심을 드러내는 성격이어서' 업무 시간에는 시종 냉랭한 사장, 심지어 '원래 말을 포장하지 못하는 성격이어서' 폭언과 막말도 거르지 않고 자유롭게 구사하는 사장도 있었다.

– 출근할 때 집에 두고 와야 할 개성과 성향이 있다면, 직업적 역할로 보강하고 발전시켜나갈 개성과 특징도 있다. 경기의 흐름을 이끌어야 할 선수 겸 주장인 편집장이 '원래 혼자 일하는 걸 좋아해서' 소

통하고 일을 넘겨야 할 때조차 머뭇거리고 혼자 해결해야 직성이 풀린다면 어떻게 해야 할까? 만일 편집장의 위치와 역할에 분명한 의지와 열정이 있다면 고쳐야 한다. 팀원들과 함께 일하는 방법을 논의하고, 프로세스를 만들고 실행하면서 팀의 리더로 거듭날 길을 열어야 한다. 그럴 수 없다면 편집장이 아니라 혼자 일할 길과 방법을 찾는 게 좋다.

– 출판사의 인사관리 담당 책임자들과 서울북인스티튜트에서 재직자직무향상과정을 수강한 편집자들에게 물었다. "편집자가 회사를 떠나는 이유가 무엇인가?" 30퍼센트 이상이 '사장이나 상사와의 불편한 관계로 인해 출판사를 떠났다'고 답했다. 편집장은 주로 사장과의 불편한 관계로, 편집자는 주로 편집장과의 갈등으로 출판사를 떠난다. 사장과 상사의 비인격적 언어 습관과 태도는 출판사의 비전, 연봉 및 노동환경과 더불어 출판계 이직의 3대 요인이다.

– 편집장의 업무 유형과 특징은 '기획의 발상과 추진력이 뛰어난 편집장', '꼼꼼한 편집과 놀라운 마감으로 편집의 수준을 높이는 편집장', '빠른 의사 결정과 의사소통 능력이 뛰어난 편집장'의 사례처럼 현장의 업무에서 차별적인 장점으로 드러난다. 그것이 바로 프로다운 편집장의 역할이다. 이러한 직업적 개성과 특징이야말로 '원래' 타고나는 것이 아니라 수많은 현장 경험에서 싹트고 발휘되는 그만의 장점이라 할 수 있다.

위험한 징후, 위기의 상황

편집장이 현장에서 직면하는 위기의 상황은 열거할 수 없을 만큼 다양하다. 여기에서는 주로 의사소통과 관련한 위기의 상황, 이를 감지할 수 있는 징후 몇 가지를 적는다. 편집장의 위기는 편집 현장 전체의 위기다. 이런 징후가 있다면 무시하거나 미루지 말고 곧바로 대처해야 한다.

- 문제가 발생했을 때 함께 논의해서 곧바로 해결하지 않고 곰곰이 생각하다가 문제를 쌓아둔다.
- 문제의 원인이 주로 자신에게 있다고 생각한다. 자신만 잘하면 된다고 생각하여 함께 논의해서 해결하는 과정을 자주 미룬다.
- 생각은 진보적이지만 실제 현장에서는 보수적이어서 과거와 현재의 방식이 옳다고 믿고, 혁신을 위한 변화를 이끌지 못한다.
- 자기 생각이 완전히 정리되기 전까지 사장이나 스태프와 논의하는 것을 피한다. 바로 논의해서 해결할 일을 습관적으로 미룬다. 일주일 후에도 '생각 중', '정리 중'인 사안이 많다.
- 근무시간 중의 회의나 미팅에서는 아무런 말이 없다가 퇴근 후 술자리에서, 그것도 꼭 취기가 도는 헤어져야 할 시간에 이야기를 꺼낸다.
- 사장이나 경영진과의 의사소통이 원활하지 않아 불편한 관계가 되었을 때 상대방이 말을 걸어오기 전까지 그 상태를 유지한다.
- 자신이 책임자로 진행한 신간의 반응이 연이어 기대 이하여서 스

태프들의 사기가 꺾였을 때 고민만 하고 방치한다.

기획 편집의 현장에서는 크고 작은 문제 상황이 수없이 생긴다. 그 가운데 가장 심각한 문제는 그 상황을 방치하는 것이다. 편집자와 저자, 편집자와 디자이너, 편집자와 마케터 사이에 충돌과 언쟁은 언제든지 생길 수 있다. 이를 방관하거나 방치하면 업무 분위기와 팀워크가 흔들린다. 업무의 원칙과 현실적인 흐름을 고려하여 팀워크를 어떻게 다시 정비할 것인가? 편집장은 개인적인 감정을 절제하고 곧바로 그 방안을 찾고 해결에 나서야 한다. 임금 인상과 조정의 시기에 평가의 결과가 다르고, 개인의 이해가 심각하게 부딪힐 때 어떤 원칙과 기준, 방식으로 팀과 개인의 역량을 결집할 것인가? 편집장이 할 수 있는 최선의 대처 방안은 무엇인가? 편집장은 항상 함께 일하는 사람들과 소통함으로써 문제를 해결하고 팀워크를 이끌어야 한다.

현장에서 쓴 편집자 노트

– "안(案)이 없는 편집자는 단순 숙련공이다." 일본의 편집자 사이에서 유행했던 말이다. 기획안, 개고안, 구성안, 편집안, 제목안 등 편집자는 수많은 안을 내놓는다. 편집장은 안의 기안자이자 검토자, 최종 결정자다. 편집자들이 받아들일 수 없는, 근거 없는 '감(感)'을 편집장의 권위로 밀지 마라. 안이 아니라 근거 없는 감(感)만으로 프로의 세계를 헤쳐나갈 수 없다.

– 한 출판사의 편집장에게 물었다. "편집장의 역할은 무엇이죠?" 그가 대답했다. "출판사의 모든 일 가운데 사장과 마케팅부장이 하는 일 빼고 다 하는 사람이죠." 맞는 말이다. 한국의 출판사에서 편집장은 자금 관리와 수금을 빼고 무슨 일이든 다 한다. 나 역시 사장을 포함해서 7명이 전부인 출판사에서 처음 편집주간을 맡아 매일 대걸레질을 하고, 책을 포장하고, 학술대회에 나가 책을 팔기도 하고, 전국의 도매상과 서점을 다니기도 하고, 인쇄소에서 밤을 새기도 했다.

– 단 한 명의 편집자와 일해도, 아니, 때로는 편집장 혼자 일하는 처지에 있다고 해도 다음의 질문을 자주 던져야 한다. 편집장이란 무엇인가? 편집장은 어떤 사람으로 거듭나야 하는가? 편집자 시절을 떠올려보자. 편집자란 무엇인가? 내가 그리고 싶은 편집자와 편집장의 상(像)은 무엇인가? 그동안 생각해온 편집장의 상을 그 자리에 올랐을 때 실천해야 한다. 편집자나 편집장이 출판사를 창업해서도 그래야 한다. 단 한 명의 편집자와 일해도, 아니, 1인 출판사의 사장일지라도 출판사의 사장이란 무엇인가? 내가 그리고자 하는 출판사 사장의 상은 무엇인가?

– 편집자 시절에 경험했던 편집장의 장점을 배우고 단점을 과감히 넘어서라. 내가 경험한 좌절과 고민을 후배 편집자들이 반복하게 하지 마라. 편집자는 편집장을 위한 훈련 과정이며, 편집장은 출판사 사장과 발행인을 위한 훈련 과정이다. 오늘 편집장의 자리에 오른 내가 어제의 편집장 수준을 넘지 못하고, 오늘의 사장이 어제의 사장을 넘지 못하면 출판의 미래는 없다. 배우고 싶은 사람, 본받고 싶은 사람이

있어야 사람이 모인다. 함께 일하며 보람을 느끼고 성장하고 있다는 사실을 확인할 때 사람들이 몰려든다. 사람이 모이는 업종이라면 희망이 있다는 증거다.

– 훌륭한 편집장이란 무엇인가? 함께 성장하는 법을 아는 편집장이다. 그와 함께 일하면 다르다. 무엇인가 성장하는 것을 느낀다. 기대 이하의 결과가 나왔을 때 외면하거나 기죽는 대신 정확하게 그 이유를 찾고 공유한다. 좋은 결과가 나왔을 때 그 의미를 부여해 가치를 높인다. 그 과정이 때로는 힘들고 까다롭지만 보람 있고 즐겁다. 후배에게 이런 평가를 받는 사람이 훌륭한 편집장이다.

– 편집장은 기획과 편집의 과정에서 발생하는 모든 사안에 대한 의사 결정자이자 해결자다. 사고, 위기, 문제 상황을 해결의 관점에서 파악하고 이끌어야 한다. 조직에 대한 태도도 마찬가지다. 미시 출판과 거시 출판 두 영역에서 만나는 모든 사람과 의사 결정, 해결, 책임, 마무리의 관점에서 소통하라. 편집장은 비평가가 아니라 3,000가지의 변화무쌍한 상황에서 가능성을 찾고 실행하는 실천가다.

– 편집장의 과정에서 발행인의 길을 열어라. 평생 편집자로 남겠다고 지나치게 고집하지 마라. 편집자, 책임 편집자, 편집장 그리고 발행인의 길은 평생 편집자로 남는 가장 역동적이고 진보적인 길이다.

11장

도서 목록을 어떻게 개발하고 확장하는가?

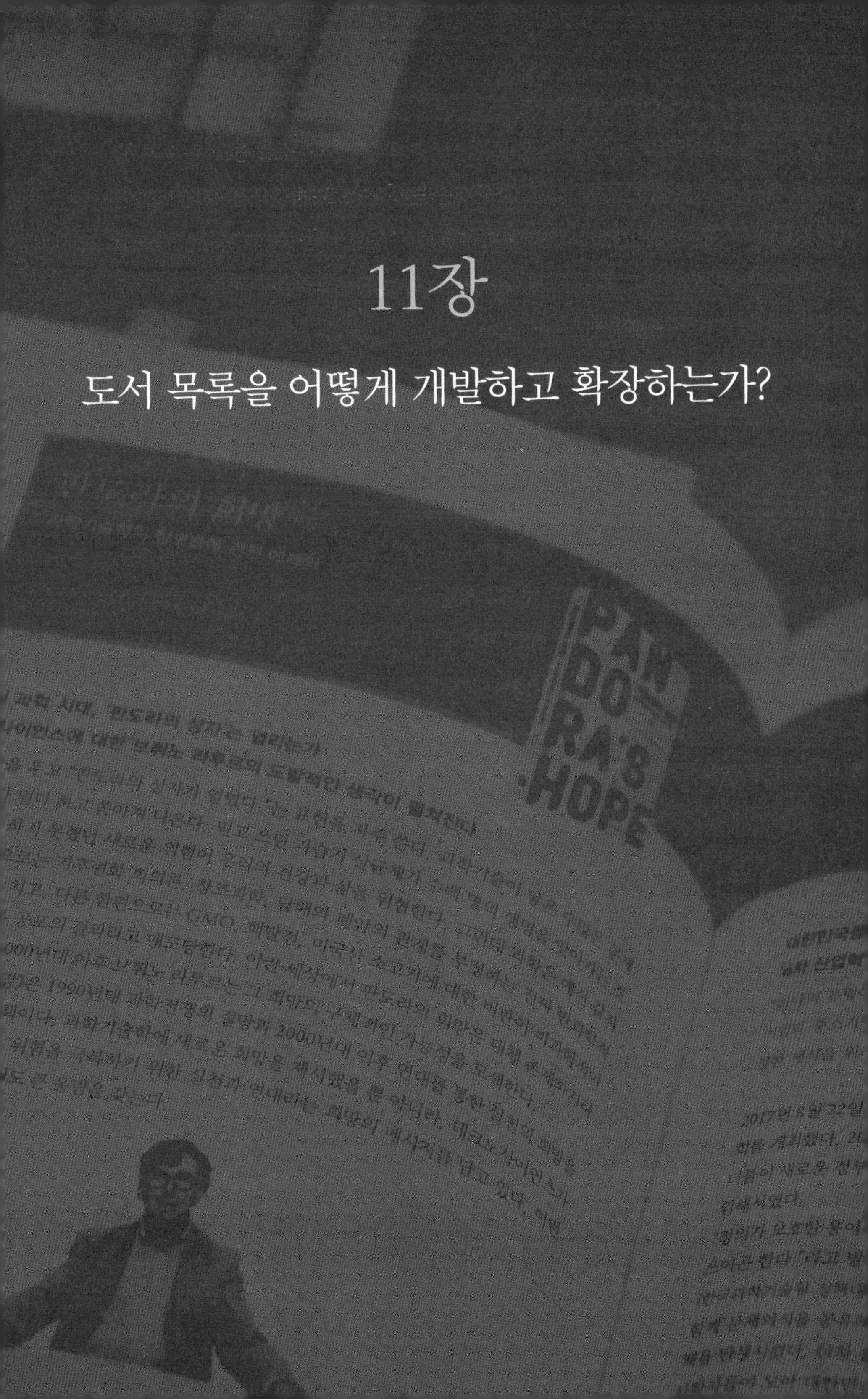

"출판인으로서 가장 힘든 일은 무엇인가?" "가장 큰 보람은 무엇인가?" "가장 하고 싶은 일은 무엇인가?" 누군가가 나에게 이런 질문을 던지면 주저 없이 목록이라고 대답할 것이다. 세 가지 질문의 답은 같다. 출판의 역사는 목록의 역사다. 출판의 역사는 수많은 저자와 편집자, 독자가 지난 시대의 목록을 읽고, 동시대 사람과 소통하며, 당대의 목록을 만들어가는 과정이다. 목록의 역사는 출판의 역사다. 아울러 문화사의 기초다. 목록은 한 출판사를 넘어 그 시대의 사상, 문화, 예술, 학문, 교육 등 각 분야의 역사를 구성하는 기초 자료이기 때문이다.

출판은 곧 목록의 역사

을유문화사 창립 50주년 기념 행사에 참석했다. 1세대 출판인들의 이야기를 직접 들을 수 있는 귀한 자리였다. 을유문화사 50년의 역사가 한눈에 들어오는 전시장을 관람하니 가슴이 뿌듯하고 벅차올랐다. 그날 편집일지에 이렇게 썼다. "그 엄혹한 시대에 선배들이 일군 방대하고 체계적인 당대의 목록이 경이로울 뿐이다. 그 수준을 어떻게 따라하겠는가?"

민음사, 문예출판사, 까치, 문학과지성사, 창비, 한길사, 열린책들,

사계절의 목록을 읽으며 우리는 무엇을 배우는가? 영국, 프랑스, 독일, 미국, 일본의 전통 있는 출판사들의 목록을 보며 우리는 어떤 자극을 받는가? 지금은 이전보다 훨씬 변화무쌍한 미디어 격변의 시기다. 이런 환경에서 어떻게 차별적인 목록의 역사를 그려갈 것인가? 새로운 출판의 역사를 어떻게 펼쳐갈 것인가?

목록은 한 사람의 위대한 저자나 탁월한 편집자의 힘만으로 만들어지지 않는다. 목록은 인류가 기나긴 과정에서 쌓아온 지적·문화적 유산의 보고다. 과거와 현재의 목록에서 배우고, 동시대의 저자나 독자와 깊고 넓게 소통하면서 10년, 20년, 30년, 100종, 200종, 300종을 이어가는 과정에서 형성되고, 변화하고, 발전하는 것이다. 이것은 매우 힘든 일이다. 그러나 출판인이라면 목록의 위대함과 목록의 힘을 머리만이 아니라 가슴으로 이해하고 받아들여야 한다. 어찌 보면 편집자, 편집장, 편집인, 출판인, 발행인으로 불리는 사람이 직업적 생애 동안 놓치지 않고 추구해야 할 최고의 사명이 바로 목록이라 할 수 있다. 그러니 뒷날로 미루지 말고 도전해야 한다. 출판이란 결국 앞선 세대가 만든 목록의 유산을 확장하여 다시 후세에게 물려주는 목록의 진보 과정이기 때문이다.

목록 만들기는 왜 필요한가?

장기적인 안목을 가지고 다른 출판사와 차별되는 도서 목록을 개발하여 이를 축적하고 확장하는 과정을 출판사의 '도서 목록 만들기 과정(the process of building the backlist)'이라 한다. 이 목록 만들기는 한편으로는 출판사의 장점을 최대한 살리면서 출판사의 신뢰와 명성을 쌓는 과정이며, 또 한편으로는 효과적인 생존과 단계적인 성장의 길을 여는 과정이다. 출판사의 미디어 생존 전략에서 목록 만들기가 왜 반드시 필요한지 정리한다.

출판사의 브랜드를 만든다

출판사는 발행하는 책들을 통해 두 가지를 쌓는다. 하나는 남다른 신뢰와 명성, 또 하나는 경제적인 기반이다. 다른 출판사와 차별되는 목록은 그 출판사에 대한 남다른 선호도를 낳고, 이것이 쌓이면 신뢰와 명성을 얻는다. 신뢰와 명성을 얻으면 다음 책을 낼 수 있는 경제적 기반이 만들어진다. 서점과 도서관에 갈 때마다 경이롭다. 수만, 수백만 종의 책이 펼쳐 보이는 광경 앞에서 인류가 만들어낸 '다양성의 절정'을 느낀다. 이처럼 출판은 다양성의 기초이자 상징이다. 출판의 세계에서 차별적인 목록을 이어가며 자기만의 브랜드를 만들어가는 것은 가장 빠르고 효과적인 생존법이다.

저자 섭외에 유리하다

역사 교양서를 집필 중인 저자가 있다. 어떤 출판사를 선호할까? 출판업계에서 연 매출 1, 2위를 차지하는 출판사일까? 아니다. 역사 분야, 그중에서도 역사 교양서 분야에서 가장 책을 잘 만들고, 잘 팔고, 신뢰도 있는 출판사를 원한다. 특정 분야나 특정 시장에서 차별적 도서 목록을 가지고 있으면, 그 분야의 저자 섭외 경쟁에서 확실한 우위를 차지할 수 있다. 저자는 출판사의 최고 파트너다. 튼실하고 강력한 구간 목록에 기초한 출판사 브랜드 포지셔닝(publishing house brand positioning)은 독자보다 저자의 영역에서 더 강력한 효과가 있다.

원고와 편집의 질적 수준을 이어갈 수 있다

좋은 구간 목록은 일정 수준을 갖춘 원고의 유치에도 영향을 미친다. 앞서 나온 책들의 수준에 기초해 차기작의 원고 선별 기준이 만들어지기 때문이다. 편집에도 기준점의 역할을 한다. 구간 목록은 교정, 교열의 수준, 편집 개발의 수준, 디자인의 수준을 형성하는 기초로 작용한다. 특히 구간 목록 중에서 흐름을 이끄는 주요 도서들은 저자와 편집자를 비롯한 모든 스태프에게 영향을 미친다. 문학과지성사, 창비, 문학동네, 열린책들 등의 출판사에서 출간하는 문학 작품은 대부분 일정 수준의 작품성과 대중성을 갖고 있다. 목록을 이끄는 그들만의 잣대가 만들어낸 결과다.

마케팅에 유리하다

문학과 인문학, 자연과학에 두루 강력한 구간 목록을 가진 출판사가 실용서 시장에 진출하려 했다. 몇 권의 신간을 냈지만 여러 장벽과 난관에 부딪혔다. 그 분야에서는 신생 출판사와 다를 바 없었기 때문이다. 특정 분야의 시장을 이끄는 차별적인 구간 목록은 이어지는 신간의 진열과 홍보, 판매에 유리한 조건을 제공한다. 차별적인 구간 목록은 서점에서 강력한 브랜드 파워를 가진다. 그런 구간 목록을 가진 출판사는 그러지 못한 출판사보다 시장에서 세 배 이상의 마케팅 영향력을 발휘한다. 마케팅 활동에서 세 배는 '서로 비교할 수 없는 대상'을 뜻한다.

'지속 가능한 출판'의 길을 연다

베스트셀러 1종과 스테디셀러 10종 중 어느 것이 좋을까? 비교 기간에 따라 다르다. 1년에 20만 부가 팔린 베스트셀러 1종과 1년에 평균 3,000부가 팔린 스테디셀러 10종은 수치로 보자면 20만 부 대 3만 부로 비교 대상이 아니다. 그러나 10년을 놓고 보면 다르다. 매년 베스트셀러를 1종씩 낸 출판사와 매년 스테디셀러를 10종씩 쌓아온 출판사를 10년 후에 비교해보면 어떨까? 극단적으로 보면 베스트셀러를 10종 낸 출판사는 여전히 연간 20만 부일 뿐이지만, 스테디셀러 100종을 쌓은 출판사는 연간 30만 부다. 20년, 30년이 흐르면 비교조차 불가능할 수 있다. 물론 현실에서는 존재하지 않는 사례다. 하지만 종합 베스트셀러 1위가 10년 후 목록에서 지워지는 사례는 수없이 많다. 반대로 베스트셀러 순위에는 없지만 10년 동안 꾸준히 독자의 손길과 입소문에 오르며 목록을 이끄는 스테디셀러의 사례 역시 수없이 목격된다. 목록은 이처럼 지속 가능한 출판의 길을 열어준다.

독자층 만들기에 유리하다

특정한 장르와 분야에서 인정받는 책을 꾸준히 내며 이어가다 보면 '그 출판사의 책이라면 추천할 만하다'는 신뢰가 싹튼다. 목록이 쌓이면서 신뢰도 함께 쌓이고, 그 과정에서 독자층이 생긴다. 독자와의 신뢰 관계에 기초한 독자층 만들기는 목록의 축적만으로 이루어지지 않는다. 출판 시장에서 독자의 브랜드 포지셔닝은 제목과 저자〉서점〉출판사 순이다. 독자는 책을 사서 읽으면서 제목과 저자를 가장 잘 기억하고, 그다음으로는 책을 구매한 서점을 기억한다. 한두 종의 책으로 출판사를 기억하는 독자는 드물다. 따라서 출판사는 각종 채널을 통해 독자와 만나며 책과 출판사를 기억하도록 해야 한다. 차별적인 목록 작업과 함께 저자 특강이나 이벤트 등 다양한 독자 참여 프로그램을 개발하고, SNS와 팟캐스트, 유튜브 채널 등으로 정기적으로 소통하며, 북클럽 등 독자 커뮤니티를 운영하고 서비스를 제공하는 등 여러 방법으로 독자층을 만들어간다.

계획 경영, 예측 경영이 가능하다

목록이 축적되는 과정은 곧 각종 데이터가 축적되는 과정이다. 이 과정에서 도서 정보, 판매 정보, 독자 정보가 쌓인다. 예를 들어 페미니즘과 관련한 100종의 목록을 가진 A출판사가 있다고 하자. A사는 그 100종을 발행하는 과정에서 초판 발행 부수, 연간 및 월별 판매 부수, 서점 및 유통 경로별 출고 부수, 도서별 독자의 반응과 독자 정보 등 풍부한 정보를 갖게 된다. 여기에 기획과 편집, 디자인과 마케팅 활동을 하며 쌓은 정보와 데이터, 네트워크와 경험까지 더해보자. A사는 이제 출판이라는 바다를 항해하는 '지도'와 함께 '나침반'을 가진 것과 같다. 계획하고 예측하는 출판사 경영이 가능해졌다.

기획, 편집, 홍보, 마케팅의 전문성과 경쟁력을 갖춘다

출판은 세 가지 힘의 총합으로 이루어진다. 첫째, 책을 잘 만드는 힘, 둘째, 책을 잘 파는 힘, 셋째, 책을 매개로 잘 소통하는 힘이다. 이 세 가지 힘이 결합하여 책을 통해 사람과 사회에 영향을 미치며 변화를 이끄는 것이 바로 출판 미디어의 역할이자 매력이다. 목록이 축적되는 과정은 결국 이 세 가지 힘을 전문적으로, 차별적으로 축적하는 과정이다. 그 과정에서 출판사에서 일하는 기획자, 편집자, 디자이너, 마케터, 제작자, 관리자 등이 차별적인 경험을 쌓으며 전문성과 경쟁력을 갖게 된다.

어떻게 목록을 개발하고 확장하는가?

목록을 만드는 과정은 매우 전략적이며, 아주 끈질긴 심사숙고의 노력이 뒤따라야 한다. 질 데이비스의 표현대로, 목록의 개발은 "단순히 특정 분야에서 일반적이고 광범위한 수백 종의 신간 목록을 지속해서 모아놓고 '자, 이제 우리도 요리, 소설, 역사, 생물학 분야의 목록을 가졌다'라고 말할 수 있는 것이 아니다."

목록의 개발과 축적, 확장 과정은 짧게는 10~20년, 길게는 30~40년의 세대별 주기를 갖는다. 유럽과 미국은 약 160년, 일본은 110년, 한국은 70년 동안 목록의 역사를 그렸다. 20세기 후반과 21세기 초반에 이르러서는 디지털 환경의 가속화와 미디어 환경의 변화로 출판산업의 양상과 속도 모두 급격한 변화를 보였다. 하지만 큰 흐름으로 보면 양질의 목록을 계속 축적하고 확장한 출판사들이 생존과 성장을 이어가고 있다.

출판사의 목록은 구간 목록과 신간 목록으로 나누어진다. 구간이란 일반적으로 현재 시점을 기준으로 지난해에 발행한 도서를 말한다. 2020년 10월이 현재 시점이라면, 2019년 12월에 나온 도서는 구간 목록에 들어가고, 2020년 1월에 나온 도서는 신간 목록에 들어간다. 좀 도식적이긴 하지만, 2019년 12월 31일에 발행한 도서는 다음 날 구간으로 불리고, 2020년 1월 1일 발행한 도서는 1년 동안 신간으로 불린다.

신간과 구간을 나누는 기준은 출판사마다, 분야나 책의 성격마다 다르다. 출판의 주기를 구별하는 기준이 다르기 때문이다. 계절별로 신간 목록을 펴내기도 하고, 학교의 개강에 맞추어 2월과 9월에 새로운 목록을 선보이기도 한다. 구간 목록은 이처럼 '철이 지난 도서', '발행한 지 6개월이 지난 도서', '작년과 그 이전에 발행한 도서'의 총목록을 가리킨다.

구간 목록은 이미 발행한 도서 중에서 '현재까지 지속해서 팔리는 도서들의 목록'을 의미하기도 한다.(David M. Brownstone, Irene M. Frank, *The Dictionary of Publishing*, Van Nostrand Reinhold Company, 1982, p. 25.) 영미권의 출판사들이 신간과 구간의 목록을 'new', 'old'가 아니라 'front', 'back'이라 부르는 것은 바로 출판 목록의 특성을 반영한 것이다. 오늘을 이끄는 새로운 책은 지난 책의 기반에서 나온다. 따라서 당대의 목록이란 지금을 이끄는 신간 목록(Frontlist)과 이를 뒷받침하는 구간 목록(Backlist)으로 이루어진다. 출판의 세계에서 '오래된', '새로운'의 의미는 패션 업계에서 말하는 그것과 다르다. 출판에서는 가장 오래된 것이 지금 우리에게 가장 창조적인 것이 될 수 있다. 패션의 세계에서는 한 철 지난 옷만 입어도 '유행에 뒤지는' 사람이라 하고, 10년 전의 유행을 재창조하면 '복고풍'이라 한다. 하지만 책의 세계에서는 100년 전의 것을 '스스로 끊임없이 새로운 것을 창조하는' 고전이라 부른다.

출판사의 목록 작업은 이처럼 '지난 책들을 기반으로 새로운 책을 어떻게 기획하고 펴내면서 차별적인 당대의 목록을 쌓아갈 것인가?'를 연구하고 실천하는 출판의 핵심적인 활동을 말한다. 이는 미래의 관점에서 자신이 다루는 분야의 구간 목록과 신간 목록을 함께 창조적으로 사고하는 과정에서 싹튼다. 이제부터 살펴보려는 목록의 개발과 확장 과정에서 가장 기본적으로 사고해야 할 것은 다음과 같다.

- 다른 출판사와는 다른 차별성을 어떻게 지속해서 이어가는가?
- 다른 출판사와는 다른 출판의 방향, 편집 정책은 무엇인가?
- 신간 목록을 개발하기 위해 어떻게 조사하고 연구·학습하는가?
- 구간 목록을 어떻게 분석하고 확장하는가?
- 구간 목록과 신간 목록이 어떤 관계를 갖는가?
- 저자의 저작들을 통해 어떻게 독서의 줄기를 이어가는가?
- 대표 도서를 어떻게 기획하고 관리하는가?
- 스테디셀러를 어떻게 분석하고 기획하는가?
- 구간 목록의 흐름을 이끄는 도서들은 어떤 특징을 갖는가?

세분화·전문화·차별화·계열화 전략

출판 시장의 세분화·전문화·차별화·계열화는 목록 만들기의 기초 전략이다. 시장 세분화는 도서관과 서점의 도서 분류를 참고한다. 도서관과 서점의 분류 체계는 출판 시장의 세분화와 가장 관련이 깊다. 물론 똑같지는 않다. 출판 시장 세분화의 정확한 개념은 시장을 지식문화적인 측면에서 차별적인 요구 사항과 특성, 행동을 갖는 저자층과 독자층이 존재하는 영역으로 나누는 작업을 말한다.

역사 시장에는 철학이나 사회과학, 자연과학과는 다른 저자층과 독자층이 있다. 역사 시장 안에서도 학술이나 교양, 교육 부문은 서로 다른 저자층과 독자층을 가진다. 한국사, 동양사, 서양사 역시 그러하다. 물론 어느 정도 겹치기도 하지만, 확연히 구분할 수 있다면 시장을 나눌 수 있다. 이때 역사를 대분류로 하여 다양한 중·소 분류 체계로 시장을 나눈다.

이 과정에서 타깃 시장을 정하고 이를 전문화·차별화·계열화하는 것이 출판 시장의 타깃 포지셔닝 전략의 기본 개념이다. 타깃 시장의 선정은 차별적인 저자층과 독자층의 선정을 말한다. 저자층과 독자층의 관점에서 시장을 세분화하면 크게 전문가 그룹, 마니아 그룹, 일반 대중 그룹으로 나뉜다. 이를 반영한 텍스트의 수준과 성격으로 분류하면 크게 전문서와 일반 대중서로 나뉜다.

현실에서 목록을 만드는 과정은 실로 다양하다. 역사서 목록만 해도 통사에서 시대사, 정치사, 문화사, 인물사로 넓혀갈 수 있고, 전문서에서 대중서로 확장할 수도 있다. 성인 역사서에서 차별적인 목록의 중심을 세운 후 청소년, 어린이 역사서로 가지를 뻗을 수도 있다.

지식문화의 성숙과 발전에 따라 출판 시장은 갈수록 세분화·전문화·차별화·계열화의 과정을 밟는다. 따라서 당대의 10년 목록을 구상할 때 해당 분야의 지나온 10년과 앞으로의 10년을 내다보는 조사와 연구가 필요하다. 예를 들어 1980년대부터 열리기 시작한 아동서 시장은 1990년대 중·후반 들어 초등 저학년과 고학년으로 세분, 확장되었고, 이들이 성장하면서 청소년 분야, 5~7세의 취학 전 유아서로 넓혀졌다. 만일 향후 10년 동안 어린이 학습 교양서의 목록을 쌓고자 한다면, 1980년대의 접근법과는 달리 '초등학생 일반'이 아니라 '초등 입학생' 또는 '초등 저학년' 등으로 좀 더 세분화해서 고민해야 한다.

초등 입학생 또는 5~7세의 유치원생이나 초등 예비생을 위한 기초 학습서 또는 교양서 목록 100종을 연구할 수 있다.

목록의 계열화란 해당 분야에서 시장의 흐름과 독서의 흐름을 반영하여 계열성 있는 도서 목록을 순차적으로 설계하며 계획적으로 책을 펴내는 과정이다. 한 종 한 종 사이의 관계를 형성함으로써 책의 가계도를 만들고, 이를 통해 독서의 줄기를 이어가면서 목록에 있는 책들의 생명력을 지속시키는 것이 중요하다.

세분화·전문화·차별화·계열화 전략에 기초하여 목록을 만들어가는 몇 가지 방법을 정리한다.

첫째, 목록의 조사와 연구, 학습과 토론이 필요하다

"기업, 특히 제조업의 성장은 연구 개발(R&D, Research and Development) 역량의 지속적인 투자에 달려 있다." 이는 출판사에도 맞는 경구다. 차별적인 경험과 안목을 바탕으로 새로운 목록을 지속적이고도 효과적으로 연구, 조사, 개발하는 능력은 출판사가 보유해야 할 핵심 역량이다. 차별적인 목록을 개발하기 위한 방향 설정, 선별의 기준, 규모, 편집 디자인의 정책과 지침, 개발 과정, 시장 진입에서 집중, 확장까지의 출간 시나리오와 배치 전략은 집요한 출판 연구 개발(Publishing R&D)의 결과다.

2017년 10월, 《안 부르고 혼자 고침》의 출간을 시작으로 선보인 휴머니스트의 '자기만의 방' 시리즈는 2년의 준비 과정이 있었다. 밀레니얼 세대를 위한 단행본 시리즈 개발을 위해 1년 동안 조사하고 연구하며 기획과 편집의 차별적인 방향을 토론했다. 1년의 연구 개발 과정을 마치고 팀을 구성한 후 다시 1년 동안 목록 작업을 했다. 100종의 목록을 어떻게 구성하고 어떤 단계를 거치며 성장할 것인가? 이 점을 염두에 두고 초기 목록 30종의 윤곽이 잡혔을 때 신간을 선보이기 시작했다. 《좋아하는 곳에 살고 있나요?》, 《작은 여행, 다녀오겠습니다》, 《채식은 어렵지만, 채소 습관》, 《주말엔 옷장 정리》, 《쉬운 일은 아니지만》, 《우리 각자의 미술관》, 《사물에게 배웁니다》로 이어지는 책들은 모두 새로운 목록을 향한 연구와 토론에서 출발했다.

둘째, 구간 목록을 어떻게 확장하는가?

구간 목록을 가진 출판사는 자사가 보유한 목록의 장점과 특성을 구체적으로 파악해야 한다. 구간 목록에서 얻은 도서 정보, 판매 정보, 독자의 반응을 살피면서 첫째, 적절한 시기에 내용을 수정, 보완하거나 표지나 편집을 새로 해서 개정판을 발행하며 목록을 이어갈 수 있다. 둘째, 구간 목록에서 얻은 정보와 경험에 기초해 신간의 목록을 추가하며 목록을 확장할 수 있다.

고단샤, 이와나미쇼텐, 주오고론신샤(中央公論新社) 등 1890년에서 1910년 사이에 창업한 일본 출판의 1세대는 신서와 문고의 시대를 거치며 막대한 양의 목록을 쌓았다. 1960년대 이후 이들은 신간의 발행과 함께 수천, 수만 종에 달하는 구간 목록을 대대적으로 재편집했다. 표지나 편집의 변화만이 아니라 청소년, 직장인 등 새로운 독자층에 맞추어 목록을 다시 선별해 개정하여 펴내면서 확장에 적극적으로 나섰다.

1978년 황동규의 《나는 바퀴를 보면 굴리고 싶어진다》로 시작해 2017년 500종을 넘어선 문학과지성사의 시인선 시리즈는 2017년 10종, 2018년 16종, 2019년 18종의 시집을 이어 출간하면서 40년 이상 독자의 사랑을 받으며 신뢰와 명성을 이어가고 있다.

셋째, 저자를 통해 어떻게 독서의 줄기를 이어가는가?

가장 많은 책을 쓴 저자는 누구일까? 미국 국립도서관의 통계에 따르면, 222권을 쓴 레닌이다. 톨스토이는 122권을 써서 3위를 기록했다. 만일 한 출판사가 이들의 저작을 모두 연이어 출간했다면 어떤 일이 벌어졌을까? 저자는 출판 브랜드의 맨 앞에 위치하는 기억 코드이며, 다음의 독서를 이어가는 목록의 방향이자 줄기다. 어느 저서에 감명을 받으면 그 저자의 이전 저작을 찾아 읽고, 다음 저작을 고대한다. 이처럼 저자는 독서의 흐름을 잇고 목록의 줄기를 만드는 핵심 코드다. 저자와 평생 손잡고 저서를 이어가는 전통을 가진 독일의 경우 출판 계약의 기간이 20년, 30년인 이유가 여기에 있다.

한국에도 버금가는 사례가 있다. 1993년 6월 《개미》 1권, 한 달 후인 7월 2, 3권의 출간으로 시작한 열린책들의 베르나르 베르베르 저서 출간은 오늘날까지 거의 매년 거르지 않고 이어지고 있다. 2017년부터는 매년 5월이면 1, 2권으로 구성된 신간을 선보이고 있다. 《잠 1, 2》(2017년 5월), 《고양이 1, 2》(2018년 5월), 《죽음 1, 2》(2019년 5월), 《기억 1, 2》(2020년 5월). 놀라운 일이다. 1993년부터 2020년까지 17년 동안 이어진 베르나르 베르베르의 출간 목록은 한국 출판 역사에서 보기 드문 저자 목록 쌓기의 대표적인 사례다. 무선본·반양장본·양장본의 적절한 적용과 배치, 신간의 주기적 출간과 구간의 적절한 재출간 등으로 독서의 줄기를 이어오는 과정은 전작 목록 출판의 전범이라 할 만하다.

넷째, 스테디셀러를 어떻게 분석하고 기획하는가?

목록 쌓기란 한마디로 스테디셀러를 목록으로 쌓는 것이다. 해당 분야의 지난 10년간 스테디셀러 목록을 찾고 관찰해보면 한 출판사가 아니라 여러 출판사의 책들로 짜인다. 예를 들어 역사 분야의 스테디셀러를 조사한다고 하자. 대분류 역사 시장, 중분류 입문서 시장, 소분류 통사 입문서 시장에서 지난 10년 동안 발행한 한국사, 세계사의 주요 도서는 물론이고, 청소년과 어린이 대상의 역사 입문서 시장도 조사에 포함한다. 이렇게 스테디셀러의 목록을 만들고, 이 도서들의 역사를 다시 추적하고 조사·분석한다.

특정한 장르, 분야, 주제의 시장을 이끄는 스테디셀러의 대표적인 도서들은 별도의 검토와 분석이 필요하다. 예를 들어 1990년대 청소년 교양을 이끌었던 《반갑다, 논리야》(사계절, 1992년), 답사 문화를 활짝 열었던 《나의 문화유산답사기》(창비, 1993년), 새로운 역사 읽기의 장을 연 《조선시대 사람들은 어떻게 살았을까?》(청년사, 1996년) 등은 1990년대 교양서의 흐름에서 놓칠 수 없는 책들이다. 《이윤기의 그리스 로마 신화》(웅진지식하우스, 2000년)는 서점에서 신화 평대를 만드는 데 결정적인 역할을 했다. 2003년에 동아시아에서 초판을 선보인 후 2011년에 어크로스에서 개정증보판을, 2020년에 다시 개정증보 2판을 출시하며 2000년대 과학 출판의 대중화 물꼬를 튼 《정재승의 과학 콘서트》, 페미니즘의 시작과 확산에 이바지한 《페미니즘의 도전》(교양인, 2005), 《우리는 모두 페미니스트가 되어야 합니다》(창비, 2016), 인문학과 자연과학의 경계를 허문 《대담》(휴머니스트, 2005), 강의를 바탕으로 출간하여 2000년대 인문학 강의 열풍을 이끈 《강의》(돌베개, 2004)와 《정의란 무엇인가》(김영사, 2010년. 2014년 와이즈베리에서 재출간) 등은 해당 분야의 목록 기획에서 주목하여 검토해야 할 대표적인 스테디셀러다.

목록을 만들 때 확인해야 할 것

목록을 설계하며 출판하는 과정은 책으로 하나의 역사를 그려나가는 과정이다. 역사란 한 개인의 삶이라 할지라도 자신이 원하는 방향대로만 흐르지는 않는다. 자신과 현실 사이에 끊임없는 대화와 성찰의 과정이 필요하다. 개인이 내일의 관점에서 과거와 현재를 성찰하며 성장과 성숙의 지혜를 찾듯, 양질의 목록 축적은 이런 과정에서 싹튼다. 열정과 에너지의 70퍼센트는 신간과 근간의 발행에 쏟고, 30퍼센트는 출판사와 출판사의 목록이 지나온 과거와 현재를 정리하고 분석하는 작업에 써라.

목록 만들기 과정에서 점검해야 할 주요 사항과 방법을 정리한다.

주기적으로 목록을 점검한다

"연간 몇 종의 신간을 출간했는가? 목록을 쌓아오는 과정에서 종수가 부족한가? 아니면 질적으로 문제가 있는가?" 연간 신간 발행 종수, 판매 부수, 독자 반응을 주기적으로 점검한다. 시장과 독자의 반응에 기초해 종수와 품질을 살피는 것이 중요하다. 품질은 좋은데 종수가 부족하면 종수를 늘릴 방안을 찾고, 종수는 충분하나 품질에 문제가 있다면 신간의 선별과 편집 과정을 점검하고 이를 개선하는 데 주력한다. 둘 다 문제가 있다면 목록의 방향을 재고해야 한다.

3년의 판매 데이터와 독자 반응에 주목한다

신간 계획의 입안과 결산은 대개 1년 단위로 한다. 그러나 목록을 점검하고 설계할 때는 3년 단위로 하는 게 좋다. 3년 동안 판매가 이어지고 있는가? 이것이 목록 점검의 초점이다. 구간 목록을 도서별로 3년의 판매 데이터와 독자 반응을 결산하여 점검하면 새로운 것을 발견한다. 스스로 독자를 재생산하며 놀라운 생명력을 발휘하는 책도 보이고, 손보면 다시 살아날 책도 보인다. 3년간 쌓인 독자 정보나 독자가 쓴 서평이나 댓글을 살펴보면 기대 이상의 것을 얻는다.

전문가들의 의견을 듣는다

"해당 분야의 전문가들은 목록을 어떻게 평가하는가? 양질의 목록을 평가하고 선정·추천하는 전문가 그룹, 기관이나 단체는 어떻게 평가하는가?" 전문가에게 묻고 그들의 의견을 듣는다. 이 과정에서 목록을 이끄는 대표 도서들, 목록의 지형을 이루는 도서들, 목록에서 뺄 도서들, 개정이나 재편집이 필요한 도서들, 우선해서 추가해야 할 도서들에 대한 각종 정보와 의견을 모으고, 목록의 방향이나 저자와 원고 선별의 기준, 구성과 글쓰기 및 편집 방침의 수정과 보완 등 개선점을 찾는다.

도서를 안내하고 추천하는 다양한 채널의 정보를 수집, 분석한다

유치원, 초·중·고, 대학, 기관, 단체와 도서관, 서점, 도매상, 총판 등에서 어떤 도서를 추천 도서로 선정하는가? 출판사의 목록 중 어떤 도서들이 그들의 추천 목록에 올랐나? 도서를 안내하고 추천하는 경로와 주체는 다양하다. 주목할 점은 1회에 그치지 않는다는 것이다. 주기적으로 반복하여 안내하고 선정하고 추천한다는 것은 스테디셀러의 가능성이 크다는 뜻이다. 베스트셀러는 일시적으로 집중적인 주목으로 만들어지고, 스테디셀러는 지속적인 추천의 필요성에 의해서 만들어진다. 스테디셀러의 생명력은 독자가 주기적으로 재생산되는 곳에서 부여한다. 이 경로를 추적하고, 그들의 목록에 오른 책을 분석해서 그 목록에 자사의 책이 오르도록 하는 것은 스테디셀러의 기획과 관리에서 놓치지 말아야 할 지침이다.

독자와의 관계를 어떻게 변화시킬 것인가?

출판사가 목록을 쌓으며 가치를 높이는 활동을 출판 브랜드 작업이라고 한다. 책명, 저자명, 출판사명은 출판 브랜드의 가치를 구성하고, 그 가치를 기억하는 핵심어다. 목록 만들기는 구성과 개발, 확장만이 아니라 모든 마케팅 활동 과정에서 독자와 어떻게 만나는가도 중요하다. 독자가 출판사에 직접 전화하거나, 출판사에서 운영하는 홈페이지, 블로그, 페이스북, 인스타그램 등을 통해 문의하거나 불만을 토로했을 때 출판사는 어떻게 반응하는가? 저자와의 행사에서 독자의 질문에 저자는 어떻게 답하는가? 이 모든 것이 저자와 출판사에 대한 독자의 기억을 만들고, 그 기억들이 쌓여 브랜드가 만들어진다. 출판사가 독자를 어떤 눈으로 마주하고, 어떤 자세로 대하고, 어떻게 만나야 할지 정리한다.

발행 부수에서 독자로

출판사에서 발행 부수와 출고 부수, 반품 부수, 재고 부수, 판매 부수는 매우 중요한 수치이며, 이에 관한 데이터베이스의 축적과 관리는 목록의 축적 과정에서 얻는 중요한 자산이다. 그러나 판매 부수와 매출액, 이익의 수치만으로 사고하다 보면 정작 중요한 독자를 놓칠 수 있다. 부수를 독자로 전환하라. "몇 부 팔렸는가?" 이렇게 묻지 마라. "몇 명의 독자가 이 책에 환호했는가?" "어떤 불만과 아쉬움을 남겼는가?" 이렇게 바꾸어 물어라. 영화는 티켓 판매 수가 아니라 관객 수로 말한다. '300만 장 판매 돌파'와 '300만 관객 돌파'는 의미가 다르다. 출판도 판매 부수보다는 독자의 수와 반응에 주목해야 한다.

불특정 다수에서 특정 소수로

21세기 디지털 환경의 출판에서 '대중'이란 불특정 다수가 아니라 특정 소수를 의미한다. 특정 소수가 환호하는 책을 생각하고, 그들과 책을 매개로 다양하게 소통하자. 지구촌(global village)이란 다양한 문화적 특성이 있는 마을(village)이 지구적으로 공존하는 사회를 말한다. 한 동네에 나의 이야기에 주목하는 사람이 몇 명은 있듯, 우리가 펴내는 책에 주목하는 독자는 소수지만 곳곳에 있다.

1회 구매자에서 평생 독자로

미국의 마케팅 전략가들은 2000년대부터 고객 가치의 개념을 바꾸었다. 미국 유통업계의 강자 홈데포(Home Depot)사는 고객 1명당 가치를 38달러에서 2만 5,000달러로 늘렸다. 과거에는 고객의 지갑을 한 번 여는 데 주목했다. 그러니 고객 1명당 평균 38달러였다. 이를 평생 고객으로 바꾸어 1년 평균 30회 방문, 평균 22년 이용한다는 새로운 기준으로 계산해보니 놀랍게도 고객 1명당 600배가 넘는 가치가 탄생했다. 홈데포사의 사례는 사실 새로운 것이 아니다. 출판은 아주 오랫동안 독자와 긴밀한 친분을 쌓아왔다. 저자와의 대화, 도서 목록의 발송, 독자엽서를 통해 독자와 남다른 교감을 이어왔다. 디지털 환경에서도 이를 더욱 강력하게 이어가는 길을 찾아야 한다.

독자는 영원히 독자인가?

독자는 말 그대로 독자일 뿐인가? 인간은 듣기를 통해 말하기를 배우고, 읽기를 통해 쓰기를 익힌다. 청자가 화자가 되듯 독자가 저자가 된다. 청자로 시작하지 않은 화자가 없듯, 독자로 시작하지 않은 저자는 존재하지 않는다. 출판사와 편집자는 독자를 책을 파는 대상, 즉 구매자, 소비자로만 생각하지 말아야 한다. 그들은 자신의 삶을 스스로 열어가기 위해 책을 찾는다. 그 과정에서 자신의 이야기를 만든다. 모든 독자는 자신의 이야기를 만들어가는, 잠재적인 저자다. 저자와 편집자, 독자가 경계를 허물고 각자의 이야기에 귀를 기울이고 소통하라. 책의 세계에서 우리는 모두 독자이자 편집자이자 저자다.

출판 브랜드의 확장 전략

출판사가 자신의 브랜드 가치를 만들고 확장하려면 차별적인 목록을 만드는 과정에서 기존 미디어와 디지털 환경을 이용한 모든 활동을 재배치하는 한편, 다음과 같은 질문을 던지고 답을 찾아야 한다.

- 양질의 차별적인 목록을 어떻게 개발, 확장하는가?
- 저자와 책이 담고 있는 메시지, 정보, 콘텐츠를 어떻게 전파할 것인가?
- 다양한 미디어와 어떻게 연대하고 소통을 이끌 것인가?
- 학문, 예술, 문화, 교육 등 다양한 영역에서 출판 미디어 네트워크를 어떻게 구축할 것인가?
- 영화, 전시, 공연, 애니메이션, 드라마, 다큐멘터리 등 다른 대중문화 장르와 책이 어떻게 만나고 확장할 것인가?
- 디지털 환경과 책, 디지털 세대와 출판이 어떻게 효과적으로 만날 것인가?
- 출판 콘텐츠 미디어가 IT 기술 환경과 조응해 어떤 새로운 길을 열 것인가?

이 질문들에 답하는 과정에서 목록의 확장 경로와 방법을 찾고 경험을 쌓을 수 있다. 목록 만들기 과정에서 독자의 독서 흐름과 경로에 따른 출판 브랜드의 확장 방법에는 일반적으로 다음의 네 가지 방식이 있다.

횡적 확장

첫째, 같은 독자층을 대상으로 삼아 연관 분야로 확장한다. 1990년대 초·중반에 중·고등생과 교사의 주목을 받았던 《교실밖 국사여행》(사계절) 시리즈와 《재미있는 과학여행》(김영사) 시리즈가 그 사례다. 사계절은 국사·지리·국어 등 인문과 사회 분야에서, 김영사는 물리·화학·생물 등 자연과학 분야에서 각각 청소년 교양서의 브랜드 파워를 만들었다.

둘째, 성공한 브랜드를 연관 분야로 확장한다. 1990년대 컴퓨터 시장에서 큰 성공을 거둔《무작정 따라하기》(길벗) 시리즈는 어학·여행 등으로 확장하여 600종 가까이 출간했다.

브랜드의 횡적 확장에서는 내용, 편집 수준, 가격 정책의 일관성, 독서의 흐름을 잇는 적절한 출간 시기와 종수, 강점을 가진 분야에서 시작하여 연관 분야로 확장, 확장 분야의 독자 요구와 브랜드 콘셉트의 연결과 조화 여부 등에 대해 점검할 필요가 있다.

종적 확장

같거나 비슷한 분야에서 나이, 세대, 수준별, 부문별로 확장하는 것을 말한다. 이는 패밀리 브랜드와 함께 출판 브랜드 확장의 가장 일반적인 전략 가운데 하나다. 민음사나 창비는 성인 부문에서 얻은 브랜드 파워를 어린이 부문으로 확장했다. 사계절은 1980년대 인문·사회과학 분야 출판의 경험을 바탕으로 1990년대 초부터 성인, 청소년, 어린이의 세대별 교양서 목록으로 확장하는 데 성공했다. 전문서 영역에서 쌓은 경험과 명성을 일반 대중서로 확장하는 길도 있고, 반대의 길도 있다. 예를 들어 미술 분야의 전문서 출판사가 일반 교양서 분야로 확장하고, 다시 청소년 미술 교양서로, 그다음 초등, 영유아 등으로 확장할 수 있다. 고전이나 성서를 성인, 청소년, 어린이 등 세대별로 펴내는 것도 종적 확장의 대표적인 사례다. 브랜드의 종적 확장에서는 세대별·수준별 독자층을 조사하고, 이를 반영해서 원고의 난이도를 조절하고 편집 스타일을 개발하며, 1년, 3년, 10년 단위의 단기·중기·장기적인 목록의 설계와 투자를 점검해야 한다.

패키지 브랜드 전략

같은 내용을 편집과 디자인, 가격을 달리하여 독자층을 확장하는 것을 '패키지 브랜드 확장 전략'이라 한다. 책의 가격과 판형, 제본 방식은 독자층의 확장에 영향을 미친다. 일본에서는 양장본과 문고본, 미국에서는 하드커버(양장본)와 페이퍼백(보급용 또는 북클럽용 무선제본)이 오래도록 이어졌다. 우리나라에서는 1980년대에 이르러 문고본이 점차 사라지고 신국판 무선본이 주류를 이루었다. 미국이나 유럽, 일본에서는 대개 양장본에서 문고본이나 페이퍼백으로 확장하는데, 신국판 무선본이 이미 대중적으로 자리 잡은 우리나라에서는 먼저 무선제본으로 인지도를 쌓고, 이후 양장본을 발행하는 특성을 보인다. 물론 학술서나 전문서의 경우, 초판은 양장본, 중쇄 이후는 무선제본으로 발행하기도 한다.

우리나라에서는 1990년대 후반에 들어서 판형과 장정이 다양해지기 시작했다. 책의 판형과 장정은 새로운 환경, 새로운 세대가 이끈다. 2000년대에 이르면 작고 매력적인 변형 판형의 책들이 등장하고, 2010년대에 밀레니얼 세대가 독서 시장을 이끌면서 판형, 장정, 표지의 변화가 정점에 달했다. 표지를 새로 한 '리커버 에디션'이 인기를 끄는 독특한 현상을 낳기도 했다. 패키지 전략에서는 편집, 디자인, 제작 요소를 중점적으로 연구하고 점검하는 것이 필수다. 편집자, 제작자, 디자이너, 마케터가 참여하는 특별한 R&D TF팀을 구성하는 것도 고려한다.

패밀리 브랜드 전략

성공한 출판사 브랜드를 여러 분야로 확장하는 전략이다. 민음사가 비룡소, 황금가지, 사이언스북스로 확장하듯, 우리나라에서는 성공한 출판사를 모기업으로 삼아 새로운 장르나 분야, 부문으로 진출하며 독자적인 본부, 부문, 자회사, 계열사, 임프린트 등 패밀리 브랜드로 확장하는 사례가 많다. 패밀리 브랜드 전략의 입안과 실행은 곧 출판사의 창업 계획과 같다. 철저한 사전 조사와 계획 없이 양적인 확장에 대한 과욕은 금물이다. 모기업의 자산과 경험을 바탕으로 좀 더 빠르고 효과적으로 시장에 진입할 전략을 세우고, 세부적으로 검토하고 점검하는 것이 중요하다.

목록, 브랜드 개발에서 유의할 사항

첫째, 양적인 접근보다 중장기적으로 줄기와 흐름을 이어간다

단행본은 전집물처럼 방판이나 총판 등 별도의 판매 조직을 두기 어렵다. 서점을 주요 유통과 판매 경로로 삼는 단행본 출판에서는 양적인 규모로 단기간에 시장과 독자를 움직일 수 없다. 단기간 집중적으로 마케팅하는 베스트셀러와 달리 스테디셀러의 목록을 이어가려면 한 종마다 주목도와 인지도를 쌓으며 목록의 방향과 독서의 줄기를 이어가는 순차적이고 장기적인 연계 전략으로 접근해야 한다.

둘째, 5년 동안 100종을 이어갈 목록을 찾는다

도서 목록 설계의 기본은 시장의 규모를 조사하고 예측하는 것이다. 저자군(검증된 저자, 가능성 있는 저자, 예비 또는 잠재 저자의 규모), 독자층(전문가, 마니아, 일반 독자의 규모), 경쟁 출판사의 강점과 목록을 조사해서 시장과 독자의 반응과 규모를 파악한다. 지나온 10년의 흐름을 보면서 향후 1~2년의 중기, 3~10년의 장기 시장 흐름을 예측한다. 3~5년 안에 최소한 50~100종의 차별적인 도서 목록을 축적할 수 있고, 이를 통해 중장기적인 성장을 예측할 수 있다면 과감하게 도전해도 좋다.

셋째, 가다가 멈추거나 샛길로 빠지지 않는다

시장 상황을 고려하지 않고 앞만 보고 가라는 말은 아니다. 목록의 방향과 줄기, 전략을 세웠다면 한 종 한 종 흐름을 잃지 않고 이어간다. 팔리는 책에 휘둘리지 말고, 방향과 중심을 잃지 마라. 점검할 핵심 사항은 '잘 팔리지 않는' 상황이 아니라 '목표한 독자층의 실제 반응'이다. 예상했던 것보다 잘 팔려 샛길로 빠지는 경우도 의외로 많다. 판매부수보다 독자의 실제 반응에 주목해 시장의 물꼬를 조금씩 열어 스스로 줄기와 흐름을 형성해 흐를 때까지 이어가야 한다.

넷째, 수준의 일관성을 유지한다

책의 내용과 편집, 디자인, 가격, 홍보, 마케팅 등은 모두 출판 브랜드를 결정짓는 질적인 요소다. 목록과 출판 브랜드는 한 종의 밀리언셀러로 만들어지지 않는다. 탁월한 저자 한 사람, 뛰어난 편집장 혼자의 힘으로 차별적인 목록과 브랜드를 쌓을 수 없다. 거시 출판과 미시 출판의 모든 영역에서 최소한 '독자가 기대하는 만큼'으로 유지하고, 최대한 '기대한 것 이상'으로 진보할 수 있는 정책과 전략을 유지한다. 목록의 힘, 출판 브랜드의 힘은 방향과 수준, 출판 활동의 일관성으로 쌓이는 것이며, 이 또한 끊임없는 독자의 재생산 과정에서 성장한다.

목록의 다양한 연대

목록은 시장과 독자 환경의 변화에 반응하며 변화하고 발전한다. 학교나 단체, 기업 등에서는 수많은 추천 목록과 권장 목록을 만든다. 독자의 다양한 서평과 추천, 입소문도 목록 생성의 중요한 경로다. 출판사는 이러한 사회와 시장의 흐름에 기초해 다양한 목록의 연대에 나설 수 있다. 예를 들면 민음사, 창비, 문학과지성사, 문학동네가 주도하여 동시대 문학 독자를 위한 공동의 목록을 펴낼 수 있다. 자기 출판사 목록만이 아니라 해방 후 지금까지 발행한 소설 총목록을 놓고 다양한 목적과 대상에 따라 좀 더 체계적이고 유익한 목록을 펴낼 수 있다.

목록의 연대는 같은 장르나 분야만이 아니라 독자 대상에 따라 다양하게 펼쳐질 수도 있다. 예를 들어 초등학교 신입생을 위한 목록, 청소년을 위한 기초 교양서 목록, 중장년층을 위한 큰 활자 도서 목록 등을 생각해볼 수 있다. 분야별·세대별·주제별 목록의 다양한 연대 활동은 해당 분야에서 공동으로 독자층을 확대할 수 있을 뿐만 아니라 이를 통해 출판 브랜드의 가치를 함께 만들어나갈 수도 있다.

디지털 환경의 진보와 새로운 세대의 출현으로 목록의 연대 사례가 늘고 있다. 어린이, 청소년 분야에서 주로 진행되어왔던 목록의 연대가 2000년대 들어 온라인 포털이나 플랫폼에서 여러 출판사의 책들을 하나의 독서 주제와 흐름으로 엮어 소개하는 사례가 빈번해졌다. 휴가철에 읽을 만한 목록, 여행 갈 때 챙겨야 할 목록, 이별의 아픔을 달래는 목록 등 서점이나 언론에서 주로 진행하는 추천 목록을 출판사들이 나서서 만들고 있다. 2017년 9월, 《아무튼, 게스트하우스》(위고), 《아무튼, 서재》(제철소), 《아무튼, 피트니스》(코난북스)의 발간을 시작으로 2020년 6월 《아무튼, 산》(코난북스), 《아무튼, 스윙》(위고), 《아무튼, 언니》(제철소)까지 서로 다른 세 출판사가 32종의 《아무튼》 시리즈를 펴내며 공동의 브랜드로 공동의 목록을 만들며 신선한 연대의 길을 열어가는 사례의 등장은 반가운 일이다.

21세기의 출판은 디지털 환경을 맞아 기존의 목록 연대, 브랜드 연대를 넘어 각 출판사가 보유한 콘텐츠를 새롭게 연결하고 연대해서 시장과 독자층을 넓혀야 하는 과제를 안고 있다. 차별적인 목록과 콘텐츠를 축적하고, 그것들을 새롭게 연결함으로써 다양성과 차별성을 꽃피울 때 출판은 더욱더 깊고 넓게 성장할 것이다.

놓치기 쉬운 결정적인 실수

– 한국의 편집자 중에 의외로 "다양하게 경험해보고 싶다"는 편집자가 많다. 전공, 관심, 취향도 다양하고 선호하는 장르나 분야가 분명하지 않은 것이 특징이다. 유럽이나 미국, 일본의 편집자와 다른 점이다. "다양한 책을 더 풍부하게 만들고 싶다"는 욕구가 문제일 수는 없다. 그러나 다양한 경험을 거치면서 "앞으로 어떤 분야에서 어떤 차별성이 있는 전문 편집장이 되고 싶은가?"라는 질문을 자주 던져야 한다. 좀 더 빨리 자신의 강점과 전문성을 찾아 그 길을 열면 더 좋다.

– 목록을 점검할 때 실적 평가의 관점은 버리는 게 좋다. 연봉 조정

이나 성과급 책정을 위한 평가에서는 목록의 수치에 주목하고, 더 나은 목록을 개발하고 확장하기 위해서는 기획, 편집, 디자인, 제작, 가격, 홍보, 마케팅의 과정에서 무엇이 좋았고, 문제였고, 실수였는지 살펴본다. 거리를 두고 살펴보면 내지 말았어야 할 책도 분명히 있다. 이런 책에 대한 점검을 피하지 말아야 한다. 선별의 기준, 의사 결정의 과정을 점검하고 목록의 방향과 기준을 다시 곧추세워야 한다.

– 12년 경력의 편집장이 물었다. "저자가 다양한 주제로 집필하는 경우, 그 저자의 모든 책을 내야 하는가?" 유럽과 달리 한국에서는 한 저자의 저서를 한 출판사에서 모두 내는 경우가 거의 없다. 오래도록 명성을 이어가는 저자들의 목록을 검색해보면 여러 출판사에서 책을 펴냈다는 사실을 알 수 있다. 모든 책을 내겠다는 강박을 버리는 게 좋다. 출판사 목록의 방향과 흐름에 맞는 책을 제안하고 선별하는 게 중요하다. 나 역시 진중권과 30년 동안 책을 펴냈지만, 《미학 오디세이》(전3권), 《놀이와 예술 그리고 상상력》, 《진중권의 서양미술사》(전4권) 등 주로 미학과 예술 관련 도서 6종 11권만 펴냈을 뿐이다. 서점의 '진중권' 목록은 100종을 훌쩍 넘는다.

현장에서 쓴 편집자 노트

– 1836년 조지 루트리지(George Routledge)가 설립한 영국의 출판사 루트리지는 주로 인문과 사회과학 분야의 도서와 저널을 제공하며 190년 가까이 목록의 역사를 그리고 있다. 그들이 보유한 주요 도

서만 10만 종이 넘고, 매년 5,000종 이상의 신간으로 인문·사회과학 분야에서 세계적인 명성을 이어가고 있다. 1911년 가스통 갈리마르(Gaston Gallimard)가 설립한 프랑스의 갈리마르 출판사는 문학 분야에서 100년 넘게 목록을 쌓으며 프랑스에서 가장 영향력 있는 출판사라는 명성을 이어왔다. 대표적인 출판 그룹으로 성장한 갈리마르 출판사는 설립 100주년인 2011년에 "지난 100년 동안 38명의 노벨 문학상 수상 작가, 36명의 공쿠르상 수상 작가, 10명의 퓰리처상 수상 작가를 배출하고, 그들의 목록을 배급했다"고 발표했다.

– 100년 넘게 목록의 역사를 그려온 출판사들의 목록을 검토하다 보면 숙연해질 때가 많다. 태어나서 죽을 때까지 읽을 수 있는 목록의 깊이와 넓이에 감탄하고, 세대를 거듭하며 써온 100년 출판의 대서사시에 경탄하며 인종과 국가, 언어, 문화를 넘는 연대감을 느낀다. '요람에서 무덤까지.' 그들의 목록을 보면 실제로 '요람에서 무덤까지'라는 정신과 사명을 세대를 이어가며 실천해왔음을 알 수 있다.

– 종합 베스트셀러 1위는 존재하지만, 종합 출판사 1위나 종합 편집장 1위는 존재하지 않는다. 출판업계를 이끌어가는 세계 상위 출판사나 한국 상위 출판사들의 목록을 살펴보면 어느 출판사나 '종합'으로 통칭할 수 없는 특징이 있다. 목록을 장르나 분야, 특징에 따라 분류해 살펴보고 출판사 대표나 임원들을 인터뷰하면 각각의 브랜드, 장르, 분야를 이끄는 전문 편집장이 얼마나 다양하게 존재하는지를 알 수 있다. 그렇다. 이 점을 놓치지 말아야 한다. 그 사람을 뭐라 부르든 자신의 목록을 설계하고 이어가는 사람이 있다면, 그가 바로 출

판의 세계를 이끄는 주인공이다. 1836년에 조지 루트리지가 그랬고, 1911년에 가스통 갈리마르가 그랬듯 목록의 역사를 그리고자 하는 출판인이 존재하는 한 출판의 역사는 늘 새롭게 그려질 것이다.

12장

한국에서 편집자로 산다는 것

—

편집자 110명에게 물었다

—

애초에 이 장의 제목은 '편집자의 직업정신이란 무엇인가?'였다. '편집자란 무엇인가?'라는 질문을 던지고, 편집자의 직업정신과 사회적 역할을 정리하는 장으로 구상했다. 초고를 절반쯤 마쳤을 때 아마존에서 구매한 《편집자 세계의 블랙박스를 열다: 편집자의 목소리(Opening the Black Box of Editorship: Editor's Voice)》(예후다 바루크, 폴그레이브 맥밀런, 2008)가 도착했다. 영국의 학술지 편집자가 쓴 책인데, 이 책을 읽다가 마음을 바꿨다. 영국과 미국의 편집자 50명에게 설문지를 보내고, 그들의 답변을 기초로 쓴 이 책은 그 어떤 편집자의 책보다 생생한 전달력과 공감력이 있었다. "성공적인 편집자로 성장하기 위해 어떤 자질과 노력이 필요한가?" "편집자의 성장을 도운 것과 방해한 것은 무엇인가?" "수습 편집자에게 해주고 싶은 충고는 무엇인가?" 저자는 편집자들에게 이런 질문을 던짐으로써 편집자의 직업 세계와 직업 정신을 있는 그대로 담아내며 편집자의 블랙박스를 활짝 열었다.

한국의 편집자 110명이 답했다

'그래, 바로 이거다!' 싶었다. 한국에서 발행한 출판 관련 서적에서 편집자를 대상으로 직접 설문조사한 내용을 본 적이 없었다. 갑자기 반쯤 쓴 초고가 부끄러웠다. 책장을 덮고 설문지를 작성했다. 편집자의 직업정신과 역할에 관한 논의를 '한국에서 편집자로 산다는 것'이 어떤 것인지 편집자들의 목소리를 있는 그대로 담아내는 것으로 시작하고 싶었다. 질문은 다음의 여덟 가지로 압축했다.

- 뛰어난 편집자가 되기 위해 어떤 자질과 노력이 필요한가?
- 편집자 지망생 또는 수습 편집자를 위해 꼭 해주고 싶은 조언은 무엇인가?
- 편집자로 일하며 겪은 최악의 경험은 무엇인가?
- 편집자로 일하며 가장 기뻤을 때는 언제인가?
- 편집과 제작 과정에서 경험한 최악의 사고는 무엇인가? 어떻게 처리했는가?
- 가장 피하고 싶은 저자는 어떤 유형의 저자인가?
- 가장 만나고 싶은 저자는 어떤 유형의 저자인가?
- 어떤 편집자가 되고 싶은가? 자신이 그리고자 하는 편집자상은 무엇인가?

설문 대상을 1~4년 차 편집자와 5년 차 이상 책임 편집자에서 편집장까지 크게 둘로 나누어 설문지를 돌렸다. 이 책의 10장까지 초고를 마쳤을 무렵 55명의 답변을 얻었다. 1~4년 차 19명, 5~22년 차 32명, 나머지 4명은 경력을 밝히지 않았다. 모두 직접 작성한 답변 내용만 원고지 500매가 조금 넘었다. 내용은 기대했던 것보다 훨씬 구체적이고 생생했다. 집필 수준의 글들도 있었다.

그로부터 11년이 지났다. 개정판에서 가장 큰 작업이 바로 '2차 설문'이었다. 도무지 엄두가 나지 않았는데, 후배들이 나서주었다. 11년 전인 2009년 7월의 설문지에 질문을 하나 추가했다.

- 빠르게 변화하는 출판 환경에서 출판의 미래를 생각할 때 편집자로서 가장 고민되는 점은 무엇인가?

2020년 7월에 실시한 2차 설문에 55명의 편집자가 답했다. 1~4년 차 21명, 5~22년 차 34명으로, 출판사 규모와 분야도 다양했다. 답변의 분량은 원고지 600매가 넘었다. 2차 설문의 결과도 구체적이고 생생했고, 무엇보다 성실하고 솔직했다. 55명의 응답지를 정리한 후 다시 1차와 2차 설문을 통합해서 정리했다. 110명의 편집자가 쓴 1,100매의 응답지를 정리한 후에 12장의 제목을 붙였다. "한국에서 편집자로 산다는 것. 편집자 110명에게 물었다."

좋은 편집자가 되려면 어떤 자질과 노력이 필요한가?

왕성한 지적 호기심과 열린 태도

편집자가 가져야 할 첫 번째 자질로 꼽힌 것은 '왕성한 지적 호기심과 열린 태도'다. 110명 중 90명 이상이 언급했다. 압도적 1위다. '왕성한 지적 호기심'과 '열린 태도'를 가지고 '끊임없이 변하는 사회와 세상을 이해'하기 위해서 편집자는 어떤 노력을 해야 할까? 그들은 말한다. '방대한 독서', '다양한 정보 수집 활동'으로 지적 호기심을 채우며, '모르는 것을 기꺼이 묻고, 아는 것일지라도 한 번 더 확인하는 성실한 자세'가 필요하다고 강조한다. 편집자는 '지적 오만과 교만', '자기 만족'을 버리고, '경청'하고 '늘 배우는 자세'를 유지해야 한다고 덧붙였다.

세심함과 인내심 그리고 체력

두 번째로 꼽은 것은 '꼼꼼하고 치밀한 세심함', '꾸준하고, 지치지 않고 오래 이어가는 인내심', '체력'이다. 110명 중 60명 이상이 언급했다. 완성된 원고를 손에 쥐어도 서너 달, 때로는 계절과 해를 넘기며 인내심을 가지고 꼼꼼하게 살펴야 하는 것이 편집자의 역할이라는 점에서 좋은 책을 만들고 편집자를 성장시키는 현실적인 자질이자 덕목이다.

편집자가 갖춰야 할 네 가지 실무능력

한국의 편집자 110명은 '원고 파악 능력', '문장력과 표현력'. '의사소통 능력', '시장과 독자를 읽는 능력'을 좋은 편집자가 갖춰야 할 주요 실무능력으로 꼽았다.

첫째는 '원고를 정확히 파악하는 능력'이었다. '글을 엄격하게 평가할 수 있는 객관성', '원고의 핵심을 정확하게 잡아내는 능력', '원고의 장점을 발견하는 눈', '텍스트를 읽는 힘', '원고 이해력'이라고 대답했고, '원고 장악력'이라고 표현한 편집자도 있었다. 100명이 넘는 편집자가 거론했다. 편집은 곧 원고를 선별하고, 완성도를 높이는 개발 요소들을 찾아내는 안목에서 출발한다는 점을 확인해준 셈이다.

둘째로는 '문장력과 표현력'을 들었다. '읽고 이해하고 쓰는 능력', '문장의 오류를 잡아내는 능력', '상황에 맞게 글을 쓰는 능력', '장문의 글을 한 단락으로 요약하는 능력', '콘셉트를 잡고 이를 살리는 감각', '아름다운 언어를 구사하는 능력' 등 다양하게 대답했다.

셋째로는 '의사소통 능력'을 꼽았다. '마음을 사로잡는 섭외력', '필자의 잠재력을 끌어내는 소통 능력', '설득과 조정 능력', '미디어와의 소통 능력', '다양한 스태프, 전문가와 소통하는 능력', '사교적이고 세련된 의사소통 능력'이 필요하며, '다양한 전문가와 소통할 수 있는 기본적인 지식과 용어 이해', '외국어 독해와 구사 능력', '최소한 책 제목 정도는 알아볼 수 있는 외국어 능력'이 요구된다고 덧붙였다.

네 번째는 '시장과 독자를 읽는 능력'이라 답했다. '출판의 흐름과 동향, 독자의 감성을 읽는 능력', '트렌드를 읽는 능력'이 필요함과 동시에 '독자의 요구를 경청하되 끌려가지 않는 자세', '시류를 놓치지 않고 읽을 줄 알면서도 시류를 따르지 않는 소신' 역시 필요하다고 대답했다. 경력이 많을수록 '원고 파악 능력'과 '문장력'을, 젊은 편집자일수록 '시장을 읽는 능력'과 '콘셉트를 잡고 살리는 능력'을 강조한 점이 특징이다. 그 외에 '미적·시각적 재능', '편집과 디자인 감각', '시대가 새롭게 요구하는 윤리의식을 거부감 없이 받아들이는 자세' 등이 있었다.

편집자가 가장 기쁜 순간

편집자는 책으로 먹고사는 사람이다. 책의 세계는 편집자가 남다른 저자를 만나면서 시작되고, 독자의 반응으로 확인된다. '좋은 저자'와 '독자의 뜨거운 반응'은 편집자를 들뜨게 만드는 두 개의 축이다. 그렇다면 가장 기쁜 순간은 언제인가? '좋은 저자를 만났을 때', '독자의 반응이 좋을 때', 어느 쪽이 편집자에게 직업적 희열과 자부심을 강하게 느끼도록 할까? 편집자들의 선택은 분명했다. '편집자를 믿고 존중하는 저자를 만났을 때', '까다롭기로 소문난 저자가 책이 나오고 나서 많이 배웠다며 진심으로 고마워할 때' 편집자들은 '편집자라는 직업에 자부심을' 느낀다. 실제로 2년 차 편집자는 이렇게 응답했다. "엄청나게 고생하면서 외국인 저자의 책을 편집했는데, 3교 마지막에 서툴게 쓴 한글로 '수고하셨습니다. ○○○ 선생님'이라 적혀 있던 게 아직도 기억이 선명하다. 편집자라는 직업이 지속 가능하다고 생각하게 된 이유다."

저자가 편집자를 파트너로 존중할 때

'저자가 무한한 신뢰를 줄 때', '저자가 인격적으로 존중할 때', '저자와 깊고 열린 소통으로 오류의 정정만이 아니라 의견을 주고받으며 질적으로 좋아질 때', '책이 나오고 나서 진심으로 고마움을 표할 때' 등의 사례에서 보듯, 110명 중 57명의 편집자가 '저자가 편집자를 파트너로 존중할 때' 가장 기뻤다고 답했다.

독자의 평이 좋고 책이 잘 팔릴 때

110명 중 36명의 편집자는 '독자나 전문가의 평이 좋고, 책이 잘 팔릴 때' 가장 기뻤다고 답했다. 갈수록 잘 팔리는 책에 주목하는 시장과 출판 환경의 변화를 반영하듯 2009년 설문에서는 11명만 이렇게 답했지만, 2020년 설문에서는 27명이 이렇게 답했다는 점이 특징이다. 2009년 설문에는 '칭찬 가득한 독자엽서를 받았을 때', '독자와 전문가가 좋은 반응을 보였을 때'라고 응답했지만, 2020년 설문에는 '내가 계약한 작가의 책이 잘 나가 회사에서 나를 대하는 태도가 달라졌을 때', '내가 기획한 책이 종합 베스트셀러 1위에 올랐을 때', '내가 기획한 책이 거액의 선인세를 받고 수출되었을 때'. '목표 매출 초과 달성으로 생애 첫 인센티브를 받았을 때'라고 응답했다. '내가 기획한 책이', '내가 담당한 책이'라고 대답한 이들은 대부분 2020년 설문에 참여한 편집자다.

잊을 수 없는 '첫 책의 순간'

1~4년 차 편집자는 대부분 '첫 책을 받았을 때'의 기쁨을 잊지 못한다. "나의 첫 책에 인쇄된 내 이름 석 자를 보았을 때. 물론 표지가 아닌 판권에. 그 뿌듯함이란! 일주일 동안 첫 책을 출퇴근길에 괜히 들고 다녔답니다." 이렇게 답한 1년 차도 있었다. 그때는 편집의 모든 과정이 신기할 때다. 초보 편집자들은 '내 의견이 많이 반영된 책이 나올 때', '문제 있는 원고를 어느 정도 정리했을 때', '저자의 원고가 매우 깔끔하고 읽기 좋게 정돈되었을 때', '원고 속의 내용이 참신해서 아이디어가 샘솟을 때', '원고가 편집을 거치며 점점 좋아질 때', '출간한 책이 서점에 놓여 있는 걸 보았을 때' 기뻤다고 답했다.

2020년 설문에는 2009년 설문과 달리 '내 관심사나 취향에 꼭 맞는 원고가 부끄럼 없는 책으로 세상에 나왔을 때', '편집장이나 상사에게 칭찬받거나 인정받았을 때'의 사례처럼 편집자의 취향이나 선배의 인정과 관련한 응답이 추가되었다. 기타 응답 사례를 정리한다.

- 알려지지 않은 저자를 발굴하여 사회적으로 빛을 보았을 때

- 첫 책이 제작을 마치고 내 손에 들어왔을 때
- 마감했을 때, 그리고 과정의 경중을 떠나서 책이 나오는 매 순간
- 내 제안이 기획회의에서 채택되었을 때
- 아이디어 하나로 시작한 아이템이 마침내 책으로 탄생한 순간
- 2년간 쫓아다닌 저자가 마침내 나와 계약하겠다고 연락했을 때
- 몇 주일을 고민하던 제목이 어느 날 익은 감처럼 툭 떨어질 때
- 내가 쓴 카피, 보도자료가 다시 읽어보아도 만족스러울 때
- 독자와의 만남, 강연회, 인터뷰 등 독자들에게 책을 직접 알릴 때
- 스태프와 팀워크가 잘 이루어져 과정과 결과가 만족스러울 때
- 후배들의 성장에 도움이 되었다고 느껴질 때, 나와 일하는 후배가 훌쩍 성장한 모습을 볼 때

최악의 경험, 힘든 순간

편집자가 가장 힘들었던 순간은 언제일까? 110명 중 49명이 '저자가 비상식적인 말과 행동을 보였을 때', 42명이 '사장과 상사가 일방적으로 무시할 때' 가장 힘들다고 응답했다. '저자의 갑질'은 2009년 27명에서 2020년 22명으로 다소 줄어든 반면에, '사장과 상사의 갑질'은 2009년 20명에서 2020년 22명으로 약간 늘었다. 저자와 사장, 상사의 무시를 합하면 91명으로, 출판 업무의 환경 개선에서 그들의 인식과 태도 변화가 얼마나 중요한 항목인지 절감할 수 있다.

저자, 직업적 자부심과 좌절감을 동시에 주는 존재

편집자들은 '저자의 갑질'과 '무시'에 좌절감과 모욕감을 심하게 느꼈고, '주말과 휴일, 새벽과 늦은 시간을 가리지 않고 아무 때나 연락할 때', '욕설을 할 때', '연락 두절일 때', '원고에 대한 책임감과 열정이 없을 때' 가장 힘들다고 토로했다. 그들의 응답을 추려본다.

- 작가가 잠적해서 작가 집 주변에서 며칠 동안 잠복근무했을 때
- 문장 한 구절도 손대지 못하게 하고, 자기 고집대로만 하려고 할 때
- 최종 저자 교정은커녕 아무것도 안 하고 알아서 하라며 미루더니 책이 나오고 나서 딴소리를 할 때, 반대로 필자의 의도와 권위를 내세우며 '당신이 뭘 아느냐?'는 식으로 편집자를 무시할 때
- 저자에게 최종 확인을 받고 마감해서 인쇄에 들어갔는데 수정 사항을 무더기로 보냈을 때
- 자료사진이 잘못 들어갔다고 욕설을 퍼부었을 때
- 시도 때도 없이 전화해서 하인 부리듯 대하며 갑질할 때
- 안 통한다 싶으면 '사장 바꿔'라며 무시할 때
- 저자에게 모욕적인 말을 들으면서도 화를 낼 수 없었을 때
- 내가 사는 동네까지 찾아와 새벽까지 전화를 걸며 기다리겠다고 했을 때
- 매일 오전 전화해서 오늘 몇 부 나갔냐며 판매량을 확인할 때

사장과 상사의 무시와 고집

출판사 바깥에서 편집자를 가장 힘들게 하는 사람은 저자, 화가, 번역

가 순이었다. 출판사 안에서는 누구일까? 바로 사장과 상사이다. 편집자들은 '사장과의 의사소통이 가장 힘들다'며 '대표가 일방적으로 무시할 때', '논의를 거친 결정을 고집으로 뒤엎을 때' 가장 힘들다고 응답했다. 2020년 조사에서는 '대표나 상사의 성희롱, 언어폭력'으로 힘들었다는 응답이 추가되었고, '성인지 감수성이 없는 경영자와 사내 성추행 사건 처리 과정에서 겪은 실망감으로 직업 자체에 환멸감이 들었다'고 답한 편집자도 있었다. 주요 답변을 정리한다.

- 기획안을 최종 승인한 사장이 나중에 제작비를 비롯해 사사건건 걸고넘어질 때
- 사장이 주말에 전화해서 일하러 안 나온다고 화낼 때
- 책의 질을 따지기보다 '무조건 빨리'만 강조할 때
- 인쇄까지 다 마친 책을 사장의 지시로 디자인과 카피를 새로 작업해야 할 때
- 출간하지 말아야 할 책을 사장이 출간하려고 할 때
- 사장과 대화하다 출판 철학과 전망이 없음을 깨달았을 때
- 상사가 '사장 편 할래? 내 편 할래?'라고 편을 가르며 자기 말을 들으라고 강요할 때
- 술자리에서 성희롱과 언어폭력으로 모욕감을 줄 때
- 팀장이 모욕적인 언사로 무시할 때

쫓기는 마감과 야근, 만족스럽지 못한 출간

편집자들은 '촉박한 일정'으로 인한 '야근과 주말 근무', '구성원 사이의 불화'와 '마케터, 디자이너 등 스태프와의 갈등'을 출판사 안에서

겪는 어려움으로 꼽았다. 이러한 문제들은 결국 편집 과정의 '다양한 실수'와 '수준 이하의 책 출간'을 불러오기도 하는데, 편집자들은 이 역시 자신의 책임이라며 힘들었던 순간 중 하나라고 응답했다. 관련한 응답들을 정리한다.

- 무리한 마감 일정으로 책의 질을 보장하지 못하는 경우
- 초고 입고 후 2주 만에 개고, 편집, 디자인을 거쳐 무리하게 책을 출간했을 때. 책은 곧바로 베스트셀러가 되었지만, 편집자 한 명이 회사를 떠났다.
- 번역 상태가 좋지 않은 원고를 일정에 쫓겨 어쩔 수 없이 마무리해서 만들었는데, 결국 번역 문제가 신문 서평과 온라인 서점 독자 서평에서 제기되었다. 번역에서 출간까지 5~6주 만에 책을 만들었다.
- 고약한 저자보다 더 고약한 편집자와 함께 일했을 때
- 일보다 사람 사이의 견제나 텃세, 눈치 보기, 잘 보이기에 신경을 쓸 때
- 직원들이 너무 자주 바뀌고, 전근대적인 사내 의사소통 구조로 수준 낮은 책을 어쩔 수 없이 출간했을 때

이외에 편집자들은 '잘못 판단하여 고액의 계약금이나 개발비를 투자하여 실패했을 때', '번역이나 집필을 잘못 맡겨 형편없는 원고를 받았을 때', '오역으로 가득한 번역 원고를 끌어안고 낑낑댔을 때'를 힘든 순간으로 들었고, '도전정신으로 힘들게 펴낸 책이 보란 듯이 안 팔렸을 때', '결과가 좋지 않아 함께 일한 동료가 회사를 정리하는 상

황을 직면했을 때', '사고가 난 책에 대해 관련자들이 서로 책임을 피하려 할 때' 역시 최악의 순간으로 꼽았다. '출판사와 내가 출판의 방향이 달랐을 때', '출판사에서 베스트셀러 여부로만 책의 가치와 편집자의 능력을 평가할 때', '출판의 방향감각을 잃었을 때'는 출판사를 떠나고 싶은 최악의 순간이라고 응답했다.

되풀이하고 싶지 않은 최악의 편집 사고

기자에게 '기사 마감'이 있듯 편집자에게는 '편집 마감'이 있다. 이 순간에는 아무도 말을 걸지 않는다. 한순간의 방심으로 결정적인 오자 하나가 생기고, 그로 인해 책을 모두 거둬들여서 다시 제작하는 최악의 상황이 일어날 수 있기 때문이다. 저자 이름 한 글자의 오기는 치명적이다. 편집자의 마무리 과정을 우리는 '위대한 마무리'라 부른다. 숙련된 주방장의 마지막 손길로 음식의 모양과 맛이 살아나듯, 책 또한 편집자의 '위대한 마무리'를 거쳐 독자에 앞서 편집자가 만족하고 저자에게 칭찬받는 매력적인 책으로 탄생한다.

'위대한 마무리'는 종종 '최악의 마무리', '되돌리고 싶은 회한의 순간'으로 바뀌기도 한다. 최악의 사고는 대부분 편집의 마무리, 인쇄와 제본 과정에서 발생하기 때문이다. 사실 '최종 데이터 마감'이 편집자 업무의 끝이 아니다. 인쇄 감리, 제본 감리를 거치며 가제본과 완성된 책을 손에 쥔 후 심호흡을 하고 다시 살펴보고 나서야 비로소 안심할 수 있다. 인쇄나 제본의 실수일지라도 최종적으로는 출판사, 편집자의 책임으로 돌아오기 때문이다. 그래서 물었다. "편집 마무리 과정과 제작 과정에서 경험한 최악의 사고는 무엇인가?" "사고의 내용, 처리한 결과를 구체적으로" 적어달라고 요청했다.

최악의 사고를 경험하지 못한 편집자는 110명 중 11명뿐이었다. 다들 뼈아픈 기억들이라 정확히 응답했다. 편집, 제작 사고는 의외로 사소한 실수에서 비롯했다. 문제는 바로 그 사소한 실수가 전량 재작업이라는 결정적인 사태를 불러온다는 점이다. 그런 점에서 이들이 경험한 '최악의 제작 사고'는 편집자가 점검해야 할 생생한 현장 매뉴얼이다.

- 표지에 역자와 삽화가 이름을 빼먹었다.
- 시리즈물에서 책 표지와 날개에 저자 이름을 달리 표기했다.
- 판권에 저자의 이름을 잘못 표기하여 모든 직원을 동원해서 판권 낱장 갈이를 했다. 500부여서 불행 중 다행이었다.
- 85명의 저자가 참여한 책인데, 촉박한 마감에 맞추다 보니 저자명 오기가 발생했다. 모두 네 권이었고, 전체 차례가 각 권에 실려 있어서 수정 작업이 힘들었다. 책날개마다 수정 스티커를 붙이는 작업, 총 4권의 차례, 본문의 장 표제지 낱장 갈이를 했다.
- 판권에 원서의 제목을 잘못 적어 에이전시와 원저자에게 보낼 책만 우선 수정 스티커를 붙여 발송했다.
- 판권 발행일 오류로 수정 스티커를 붙여야 했다.
- 판권의 가격과 표지의 가격이 달라 책 전체에 수정 스티커를 붙여야 했다.
- KC마크를 빠뜨려 수정 스티커를 붙인 후 출고했다.
- ISBN이 978로 시작하는데 987로 오타가 났다. 보통 앞번호 978

보다 뒷번호를 확인하는 습관 때문에 세 사람의 편집자가 번갈아 보았지만 발견하지 못했다. 결국 수정 스티커를 붙여야 했다.

- 입사 후 1년이 막 지났을 때였다. 증쇄한 책 뒤표지 문구 사이에 ISBN이 딸려 들어갔다. 독자의 문의가 있었다. "표지 뒷면에 이게 무슨 기호일까요? 어떤 의미인지 궁금해요." 죄송하고 감사합니다, 독자님. 그건 사고예요. 디자이너도 나도 몰랐다는 것이 너무 충격이어서 식은땀이 흘렀다.
- 지도에 지명 표기를 잘못했다. 교정 스티커를 만들어 동료들과 함께 물류 창고에 가서 전체 도서에 스티커를 붙였다.

저자명, 책명, 원서명, 가격, ISBN의 오기, KC마크 누락은 의외로 자주 일어나는 최악의 사고다. 심지어 판권에 출판사명을 잘못 표기한 사례도 있다. 그 가운데 저자 이름의 오기는 최악이다. 그 순간 편집자는 "얼굴에 열이 확 오르고 온몸에 땀이" 난다. "내 월급을 털어서라도 모두 거둬들여 다시 인쇄하고" 싶은 심정이다. 저자명 오기는 실제로 전량 수거하여 다시 작업하는 경우가 많다. "표지에 저자의 영어명이 잘못 표기되었는데, 독자가 SNS에 올린 표지 사진에서 발견하고 알려와 표지를 다시 찍어 전량 재작업했다." "3년 차 시절, 저자명을 띠지에는 바로 표기했는데 표지에는 잘못 표기하는 바람에 초판 2,000부 표지를 모두 갈았다."

그러나 출판사 사정이 여의치 않아 편집자가 달려가 사죄하고, 수정 스티커를 붙인 후 중쇄에서 수정하는 사례도 있다. "한 권에 사진작가 두 명의 작품을 썼는데, 실수로 한 작가의 이름을 잘못 표기했다. 그 사실을 확인한 작가가 전량 폐기를 주장하며 강하게 반발했다.

KTX를 타고 바로 부산으로 내려가 사과하고 작가를 설득했다." 이럴 땐 정말 "죽고 싶은 심정"이다. 이보다 더 긴박한 상황도 있다. "출판기념회 시작 몇 시간 전, 표지에 저자명 오기를 발견했다. 바로 충무로로 달려가서 수정 스티커를 만들어 붙이고, 행사장에 책을 들고 갔다. 저자의 얼굴을 보면서 죽고 싶었다. 'ctrl+Z 키'를 눌러서 전 단계로 돌아갔으면 하는 생각이 간절했다. 더구나 그 책은 출판사를 옮기고 나서 만든 첫 책이었다." 14년 차 편집자의 고백이다.

'책등에 책 제목을 잘못 표기하여 전량을 표지 갈이'한 15년 차 편집자도 있었다. 이처럼 작지만 결정적인 실수는 경력이 많은 편집자에게도 종종 일어난다. 20년 경력의 편집장이 아찔했던 순간을 말한다. "인쇄 감리를 갔다가 표지 인쇄가 끝날 무렵 회사 로고가 빠진 것을 동행했던 신입 편집자가 발견했다. 곧바로 인쇄를 멈추고 근처 출력실에서 수정 데이터를 받아 다시 인쇄해 대형 사고 직전에 수습할 수 있었다."

참고 자료 선택도 주의해야 한다. "작고한 유명 작가의 약력을 적는 과정에서 네이버 백과사전을 참조해 필명과 본명을 소개했는데, 출간 후 고인의 자제가 연락해 부친의 성을 왜 바꾸었느냐며 강하게 항의했을 때. 백배사죄하고 중쇄에서 시정했고, 네이버 측에 시정을 요구해 바로잡았다." "어느 선생님의 산문 선집을 내면서 참고 도판을 실었는데, 제작 연도가 불명확한 도판들이 있었다. 기존 도록을 참조하여 제작 연도를 표기했다. 출간 후 독자로부터 실제 제작 연도와 표기한 연도가 달라 호되게 지적받았다. 옛 그림에는 화폭 한구석에 작자의 짧은 글과 기일, 낙관이 있는데, 미처 이를 알지 못해 실수했다. 다행히 곧바로 2쇄에 들어가 수정했지만, 무지에서 온, 너무 죄송스러운 잘못이어서 지금도 그 초판을 보면 부끄럽다." 그 외의 사례들을 정리한다.

- 신간을 받아보니 최종 교정 때까지 있었던 사진이 감쪽같이 사라졌다. 할 수 없이 창고에 가서 초판 전체를 펼쳐 사라진 사진의 설명 부분을 수정 테이프로 지웠다.
- 필름 검판 과정에서 쪽수 표기가 밀린 것을 확인하고 필름 전체를 다시 출력했다.
- 1년 차 시절, 인쇄소에서 인쇄판 확인을 하다가 너무 긴장해서 제대로 된 쪽수를 바꿔버렸다. 본문이 아닌 부록이고, 각 쪽수가 독립적이어서 그대로 출고했다.
- 무수한 교정 오류 발생, 정오표 제작 첨부. 월급을 반납하고 수정해 다시 인쇄하고 싶었다.
- 책의 마무리 과정에서 외래어 표기법이 바뀌어서 밤새 전체를 수정했다.
- 최종 원고 파일을 날렸을 때, 다행히 직전 파일이 있어서 울면서 다시 수정했다.
- 데이터가 꼬여서 전혀 다른 텍스트가 붙은 채로 인쇄되어 전량을 낱장 갈이 작업을 했다.
- 사은품으로 만든 '월별 플래너'의 날짜가 틀려 전량을 폐기했다.
- 단어를 가리는 레드필터가 책 부록이었는데, 색 지정을 잘못해 단어가 보였다. 이 상태에서 레드필터를 끼우면 안 되겠다고 판단해 빼고 진행했는데, 나중에 다시 넣기로 하여 한겨울에 창고에 가서 6,000권에 레드필터를 끼웠다.

- 마지막 여덟 쪽의 접지가 잘못되어 페이지가 뒤섞여 출간되었다. 해당 대수를 다시 인쇄해서 제본했다.
- 한국전쟁 발발 연도를 1945년으로 표기했다. 다행히 배본 전에 발견하여 스티커 작업으로 수정했다.

필름을 출력하던 시절에는 검판 과정에서 오류를 발견하여 수정 필름을 출력하면 바로 넘기지 말고 최종 확인을 해야 했다. 지금은 필름 출력이 사라지고 데이터로 넘기지만, 최종 수정에서 데이터 오류를 놓치지 않기 위해 편집자가 최종 확인을 해야 하는 점은 마찬가지다. 본문의 쪽수도 실수가 잦은 사항이다. 오탈자가 나오면 정오표를 바로 만들어 책 사이에 끼웠는데, 이제는 거의 사라지고 스티커 작업을 하거나 중쇄에서 수정한다.

다음의 상황들을 보면 편집자와 디자이너, 종이, 인쇄, 제본의 현장 담당자 사이의 논의와 의사소통이 얼마나 중요한지 알 수 있다. 사실 소통의 장벽으로 인한 사고들이다. "적절한 종이인가?" "여분을 얼마나 주어야 하는가?" 현장의 전문가에게 물어야 한다. 미리 전화 한 통으로 해결할 수 있는 일이 상당히 많다.

- 특수 용지를 사용해서 표지를 실제로 인쇄하니 교정쇄보다 현저하게 품질이 떨어져 모두 폐기했다.
- 트레이싱페이퍼를 띠지로 썼는데, 며칠이 지나도 잉크가 마르지 않아 결국 종이를 바꿔서 다시 인쇄했다.
- 종이의 종목과 횡목을 구분하지 못해 표지를 다시 찍었다.
- 종이 발주도 하고 발주서도 보냈는데 면지 없이 책이 제본되어

황당했다. 2만 부인 데다 면지 사고여서 그대로 배본했다.

- 인쇄소에서 판굽기 과정의 실수로 기준선이 본문에 그대로 인쇄되었다.
- 본문과 표지의 종이 크기가 달라서 다시 인쇄했다.
- 본문의 여백을 잘못 설정해 어색한 레이아웃 그대로 출간했다.
- 책등을 잘못 재서 표지를 전부 다시 인쇄해 제본했다.
- 부속물 디자인 과정에서 제본에 필요한 여분을 주지 않아 200권 남짓 다시 작업했다.
- 띠지의 바코드가 읽히지 않아 전량 재작업했다.
- 엠보싱 종이에 바코드를 2도로 인쇄했는데, 핀이 안 맞아서 바코드를 인식하지 못했다. 1도로 바꾸어 다시 인쇄했다.
- 접는 선을 잘못 봐서 앞날개에 들어갈 디자이너 이름이 표지에 인쇄되었다. 디자이너와 편집자가 각각 어디까지 책임져야 하는지 화가 났지만, 결국 초판 3,000부 표지를 다시 찍어야 했다.

후배들에게 꼭 해주고 싶은 조언

“편집자 지망생이나 수습 편집자에게 조언을 해준다면? 자신이 초기에 느꼈던 기대와 갈증을 떠올리며 되도록 구체적으로 조언해달라.” 이 물음에 110명의 편집자가 생생하고 구체적인 답변을 주었다. 하나하나 읽다 보니 이 책의 10장에서 내가 정리한 조언들이 부끄러웠다. 따로 정리하거나 분석하지 않고 그대로 전달하는 것이 공감을 위해 좋겠다고 생각하는 응답들을 먼저 소개하고, 비슷한 응답들을 간추려 덧붙였다.

1년에서 4년 차 편집자들의 조언을 먼저 소개한다. 편집자 지망생이나 수습 편집자라면 경력이 많은 선배 편집자의 조언보다 비슷한 연령대의 선배가 전하는 조언이 더 생생하게 다가올 것이다.

- 1년 차라 감히 조언 같은 걸 할 수도 없고, 하고 싶지도 않으니 그냥 딱 1년 전의 나, 그리고 지금의 나에게 해주고 싶은 말을 적어본다. 아직 모든 것을 다 알지 못한다고 해서 주눅 들거나 자책할 필요는 없다고 생각한다. 다른 대부분의 경우처럼 편집에도 맞고 틀린 게 거의 없고, 좀 더 나은 선택만 있을 뿐이니까 '이게 맞나, 저게 틀리나?' 하는 잣대보다는 '이게 더 나을까, 저게 더 나을까?' 하는 고민과 결단으로 임하기를. 안 그래도 경력이 적은 신입은 의심받고 무시당하기 일쑤인데, 내가 얼마나 열심히 했는지 가장 잘 아는 나만이라도 스스로 믿어주고 응원해줄 것.
- 다른 업계에 비해 임금도 적고 업무 환경도 열악해 책에 대한 애정과 열정이 없다면 환상을 버리세요. 그러나, 그래도 하고자 한다면 오래 할 수 있는 직업이니 길을 찾아보세요.
- 수습 편집자의 경우, 첫째는 맞춤법 공부고, 둘째는 책을 많이 읽고 글을 써보라는 것입니다. 표지 문안을 비롯해 홍보 문구, 보도자료까지 편집자가 써야 할 글이 정말 많습니다. 필사를 해도 좋고, 책을 읽고 독후감을 쓰거나 한 줄 메모라도 하는 습관이 있다면 정말 큰 도움이 될 것입니다.
- 편집자가 되고 싶은데 어떤 분야의 편집자가 될지는 못 정했다면, 평소 자신이 좋아하는 분야를 선택하면 좀 더 수월하지 않을

까 생각합니다. 본인의 관심사를 먼저 파악한 후에 해당 분야의 도서를 주력으로 내는 출판사를 찾아서 문을 두드린다면 합격 확률이 높아질 것입니다.

- 온라인 서점 구매 페이지에서 여러 책의 '출판사 책 소개'를 읽고 모아둔 후 자기소개서를 쓸 때 첨부한다. 입사하고 싶은 출판사의 책들을 SNS에서 검색하고, 리뷰를 남긴 독자들의 라이프스타일을 정리해서 모아둔 후 그 출판사를 지원하는 자기소개서에 첨부한다.
- 경험이라도 쌓자며 원치 않는 출판사에 가서 '내가 지금 뭐 하고 있지?'라고 자괴감을 느끼는 동료를 여럿 보았어요. 자신이 좋아하는 책을 내는 출판사에 입사하는 것을 목표로 삼으세요.
- 내가 되고 싶은 스타일의 시니어 편집자나 내가 하고 싶은 분야의 전문 편집자와 대화를 나누는 것이 도움이 되었습니다. 특히 아이디어가 기획에서 섭외, 집필을 거쳐 책으로 나오기까지 편집자로서 저자와 원고, 시장을 어떻게 바라봐야 하는지 배울 점이 많았습니다. 편집자가 되기 전부터 좋아했던 '취향'과 편집자의 '일'이 어떻게 다른지 직접 물어봐야 합니다. 출판사 대부분은 물어보지 않아도 가르쳐주는 교육과정이 없으니까요. 생각하고 물어보고 대화하는 경험이 중요하지 않을까요.
- '일면식도 없는 사이인데 연락해서 물어봐도 될까?' 싶겠지만, 제가 겪은 편집자들은 대체로 낯선 사람과 문자나 이메일로 커뮤니케이션하는 데 별 거부감이 없는 듯합니다. 물어보셔도 됩니다.
- 인스타그램이나 네이버 블로그 등에서 'editor'가 붙어 있는 아이디를 쓰는 분들은 편집자라는 직업에 자부심이 있다는 뜻이라

고 봅니다. 그런 분들에게 DM이나 쪽지를 보내시면 다들 친절하고 냉정하게 잘 대답해주실 것 같습니다. 가치 있는 책을 만든다는 신념은 자신의 가치관과 맞지 않는 원고를 만나면서 무너질 수 있지만, 스스로를 잃지 않는 자세가 무엇보다 중요한 것 같습니다.

- 팀 내 선배에게만 묻지 말고 타 부서 선배들과도 소통하세요.
- 자기 전공과 출판의 연결고리를 찾는다. 바로 취업이 어렵다면 아르바이트를 통해 경험을 쌓으면서 곁눈질로라도 출판 과정을 익힌다.
- 서울북인스티튜트 채용예정자과정에 들어가는 게 가장 좋습니다. 겁내지 마세요.
- 관련 자료를 많이 찾아 읽고, 사소한 일이라도 제대로 배우는 자세가 필요하다.
- 빨리 성장하려는 욕심을 버린다. 무조건 많이 읽고, 보고, 써라.
- 수시로 국내외 베스트셀러 목록을 확인하며 시장 상황을 읽는다.
- 출간된 책을 보며 '나라면 어떻게 만들었을까?'라고 자문해본다.
- '시장'과 '상품으로서 책'의 속성을 이해하고, 원가 계산과 이익 관리를 이해하고 고려할 수 있어야 한다.
- 포토샵, 일러스트레이터, 인디자인 등 편집 관련 컴퓨터 프로그램의 기초를 익혀라. 기본적인 편집, 디자인 용어를 익힌다.
- 현장에 있는 편집자와 교류하라. 서울북인스티튜트의 출판 관련 수업을 들으며 다른 편집자와 교류하고, 각 출판사의 홈페이지나 블로그, 인스타그램 등을 방문하여 글을 남겨 교류의 폭을 넓혀라.

5~22년 차 경력의 편집자들이 편집자 지망생이나 수습 편집자를 위해 해준 조언은 그들의 현장 경험만큼 깊고 풍부했다. 그들은 대부분 자신의 노력과 주변의 도움, 관계의 중요성을 이야기했다. "회사나 선배들이 일을 좀 더 체계적으로 알려주면 좋겠다고 생각했다. 그러나 회사도 그런 시스템이 없었고, 선배도 뭔가 적극적으로 알려주지 않는 것 같았다. 하지만 돌아보면, 나는 운이 좋게도 실력 있는 선배들을 만나서 업에 대한 기초와 태도를 배웠다. 그때 배운 것들이 지금의 나에게 꽤 좋은 습관과 태도로 남았다. 그러니 충분하지 못하다고 불안해하지 말고 편집한 책의 종수를 늘리며 경험을 쌓는 것이 큰 출판사의 시스템이나 대단한 선배를 부러워하는 것보다 훨씬 중요하다." 11년 차 편집자가 솔직하고 담담하게 전하는 말에서 자신의 꾸준한 노력과 선배들의 도움이 성장하는 데 밑거름이 되었음을 알 수 있다.

또 다른 11년 차 편집자는 명확하고 구체적으로 응답했다. "어떤 책이 갑자기 베스트셀러 순위에 들어오면 반드시 그 이유를 알아내라. 기획안 쓰는 데 공들이지 말고 사무실 밖으로 나가 사람을 만나라. 무슨 책을 만들고 있든 이기고 싶은 책 한 권을 정하라. 언제나 나는 틀렸고 독자가 옳다는 것을 잊지 마라. 아니다 싶으면 빨리 떠나고, 괜찮다 싶으면 더는 배울 게 없을 때까지 붙어 있어라. 못하겠다 싶은 건 끙끙대지 말고 솔직하게 드러내라. 저자든 상사든 대표든 불합리한 요구를 할 때는 받아줄 필요가 없다. 반대로 합리적인 요구인데 내가 기분 나쁘다고 일을 망치지는 마라." 모두가 주옥같은 조언이다.

"외로우면 지칩니다. 좋은 동료, 선후배를 많이 둘수록 서로 의지하며 오래갈 수 있습니다"라고 적은 15년 차 편집자의 조언에 짠한 공감이 일었고, "다리 꼬지 말고 운동 열심히 하라"는 5년 차의 조언에 격한 공감을, "주식을 공부하세요. 우리가 박봉으로 오래 일하려면 주식을 공부해야 합니다"라는 8년 차 문학 편집자의 조언에 웃음이 빵 터졌다. 소중한 조언이자 기록이라 되도록 그대로 전한다.

- 조급해하지 말라고 이야기해주고 싶습니다. 여러 이유로 이직이 잦은 분야입니다. 하지만 편집자란 책 한 권으로 말하는 사람이 아니라 수많은 책으로 자신을 말하는 사람이기에 눈앞의 연봉보다는 해당 분야의 책임 편집자로서 성장하기에 가장 적합한 곳에서 실무를 익히라고 조언하고 싶습니다.
- 반짝이는 아이디어와 보석 같은 필자를 어디서 찾을지 고민하고, 그 아이디어를 어떻게 책으로 구체화할지 고민한다. SNS를 적극적으로 하라. 필자는 대부분 SNS에서 글 쓰며 놀고 있다. 이기적인 편집자가 되어라. 필자를 찾고 섭외할 때 이타성은 필요 없다. 내가 원하는 책과 필자를 이기적으로 찾아라. 에디터에서 프로듀서로 사고를 바꿔라.
- 내가 어떤 책을 좋아하는지, 무엇에 관심이 많은지 꾸준히 생각하면서 '어떤' 편집자가 되려고 하는지 그려보면 좋겠어요. 교정·교열이 탁월한 편집자가 있고, 기획력이 좋은 편집자가 있으며, SNS를 잘 관리하여 홍보와 마케팅에 탁월한 편집자도 있지요. 단순히 '책을 만드는 사람'이라고 뭉뚱그리지 말고, 좀 더 또렷하게 바라볼 필요가 있어요. 막상 일하다 보면 그야말로 '다재다능한', '뭐든 다 잘하는' 면모를 요구하는 것이 편집자거든요.
- 동료 편집자가 만드는 책에도 내 일처럼 관심을 기울이자.
- 내가 만드는 것에 관해 끊임없이 탐구하라. 소비자의 돈과 시간

을 앗아가는 물건을 만든다는 점을 명심하라. 우리는 대단한 예술가나 사상가가 아니다. 장인으로서의 윤리를 어느 정도 다하는 것만으로도 훌륭한 편집자다.

- 자신이 어떤 책을 만들고 싶은지 끊임없이 생각하고 고민하라는 말을 하고 싶어요. 물론 현실적으로 만들고 싶은 책만 만들 순 없죠. 초기에는 더욱 그렇고요. 하지만 그런 이유로 생각과 고민을 멈추면, 그냥 흘러가버리기 쉬워요. 제가 그랬거든요. 생각과 바람을 당장 현실에서 이루기 힘들더라도 놓치지 말고 끌고 가다 보면 좋을 기회를 마주하게 될 거예요.
- 분야에 상관없이 이른바 고전이라는 도서를 많이 읽기 바란다.
- 성공과 실패 사례를 다양한 관점에서 파악하는 것이 도움이 된다. 한 가지 이유로 성공하는 책도 없고, 모든 조건을 갖춰도 실패하는 책이 있다. 서점에 많이 다니고, 회사 안과 바깥에 업계의 동료를 많이 만들 것.
- 자기가 출판에서 바라는 것이 사회에 이바지하는 것인지, 스스로 만족하는 것인지, 돈을 벌기 위한 것인지 좀 더 솔직하게 질문하고 답하는 과정이 중요하다. 그 답에 따라 자기가 몸담아야 할 출판사가 더 선명하게 보인다. 자기 뜻을 펼칠 수 있는 곳에서 일해야 일이 더 재미있고 성과도 더 잘 이룰 수 있다고 생각한다. 그리고 사람이란 어차피 변하는 존재임을 잊지 말아야 한다. 누구보다 편집자 자신이 시간의 흐름에 따라 변해야 한다. 따라서 무엇 하나를 고집하지 않으면 좋겠다.
- 수습 편집자는 분야를 가리지 않고 다양한 책을 경험하는 게 좋다. 모든 경험이 이후 편집자 생활에 큰 자산이 된다. 시간이 흐를

수록 흥미를 갖고 잘할 수 있는 분야가 무엇인지를 찾고, 그 분야의 책들을 조사하며 독서 이력을 키워야 한다. 그 분야의 주요 이슈도 챙기고, 관련 분야의 주요 필자들도 찾아 모아두면 언젠가 도움이 될 것이다.

- 책만 읽지 말고 다양한 내용과 형태의 콘텐츠를 접하려 노력하는 것이 좋다.
- 사회적인 쟁점이나 주변에서 일어나는 일들에 늘 관심을 가진다.
- 시장조사만이 아니라 서점에 자주 가서 놀 줄도 알아야 한다.
- 유아, 아동서 편집자가 되고 싶다면 그림과 디자인에 대한 안목을 키워라.
- 편집장처럼, 마케팅 팀장처럼 생각하고, 편집의 기본부터 익힌 후 제작과 디자인 등 관련 영역으로 폭을 넓힌다.
- 잡일을 피하거나 두려워 마라. 다 피가 되고 살이 된다.
- 편집자의 모든 일은 소통과 의사 결정으로 이루어진다. 소통은 번거롭고 지난하다. 결정은 고독하다. 초심을 잃지 말고, 자기 안에서 긍정적인 에너지를 발견하라.
- 편집의 기술과 기능 이전에 인문학적인 기초를 다져라. 인문학이나 사회과학 편집자 지망생이라면 문학적 소양을 넓혀라. 문학 편집자 지망생이라면 인문학적 소양을 넓혀라.
- 회사 탓, 남 탓, 환경 탓을 하며 문제의 원인을 밖에서 찾지 마라.
- 같이 일하는 즐거움을 느껴라. 문제가 생기면 같이 해결책을 찾고 풀어라.

이런 저자를 만나고 싶다

"가장 만나고 싶은 저자는 어떤 유형의 저자인가?" 110명의 편집자가 만나고 싶은 저자는 명확했다. 첫째, '글을 잘 쓰는 저자', 둘째, '인격적으로 괜찮은 저자', 셋째, '편집자, 스태프와 소통할 줄 아는 저자', 넷째, '원고 일정 등 약속을 잘 지키는 저자', 다섯째, '홍보와 마케팅도 함께 논의하고 나서주는 저자'를 가장 만나고 싶은 저자로 꼽았다. 이런 저자와 만나면 편집자는 영예롭고, 설레고, 행복감을 느낀다. 설문에 응한 어느 편집자의 표현을 빌리면 "이런 저자와 작업하면 까짓 일주일 밤샘은 문제도 아니다." 과거에는 '글 잘 쓰는 저자'를, 오늘날에는 '편집자와 스태프를 인격적으로 존중하며 파트너로 인정하고 협업할 줄 아는 저자'를 가장 만나고 싶은 저자로 꼽은 것이 특징이다.

사실 편집자가 가장 만나고 싶은 저자의 면면은 따지고 보면 그리 특별한 요청이 아니다. 저자라면 글을 잘 쓸 줄 알아야 하고, 편집자를 인격적으로 대하며, 편집자의 목소리에 열려 있어야 하고, 최선의 책을 위해 함께 노력해야 하는 것은 당연하지 않은가? 하지만 현실에서는 이런 저자보다 이렇지 못한 저자가 더 많다는 사실을 편집자들의 응답에서 확연히 알 수 있다. 슬픈 일이다. 편집자들의 응답을 정리해 둔다. 대한민국의 수많은 저자 또는 저서를 내고자 하는 예비 저자라면 주의 깊게 살펴보기를 권한다.

- 주제 의식과 구성력이 있는 저자, 창의적이며 글을 잘 쓰는 저자
- 완전한 원고를 쓸 줄 아는 저자, 대중적인 글쓰기 감각을 가진 저자

- 편집자의 의도를 정확하게 파악하고 글을 쓰는 저자
- 글을 유머 넘치게 잘 쓰는 저자, 울림을 주는 글을 쓰는 저자
- 취향과 글의 스타일이 확실한 저자, 자기 콘텐츠가 확실한 저자
- 자기 분야에 해박한 지식을 가진 전문가, 자기 저작에 책임질 줄 아는 저자
- '우주에 흠집을 낼 만한' 독특한 생각을 좋은 글로 표현할 줄 아는 저자
- 내가 응원하고 싶어지는 저자, 내게 신선한 자극을 주는 저자
- 사회적으로 선한 영향력을 가진 저자
- 진지하되 겸손한 저자, 넘치지도 모자라지도 않게 한결같이 자기 목소리를 내는 저자
- 새로운 관점으로 세상을 보는 저자
- 정서적으로 안정된 저자. 매우 드물다.
- 원고 마감을 지키는 저자, 약속을 지키는 저자
- 정확하게 요구하고, 분명하고 빠르게 응답하는 저자
- 서로 논의한 것을 글로 실현해주는 저자, 편집자에게 지적·편집적 영감을 주는 저자
- 편집자와 출판사를 믿는 저자, 편집자와 출판사의 수고를 아는 저자
- 여자라거나 어리다는 이유로 무시하지 않고 존중해주는 저자
- 업무 외 시간에 연락 안 하는 저자(이걸 지키는 저자는 다른 모든 것도 배려할 줄 아는 저자다.)
- 공과 사의 선을 넘지 않는 저자
- 'a'를 말하면 깔끔하게 'a'로만 받아들이는 저자

- 연락은 이메일로 하는 저자, 5,000부 판매 가능한 저자, 만나자고 하지 않는 저자
- 끊임없이 다양한 아이디어가 샘솟는 저자
- 특이한 경험을 해본 저자, 특이한 이력을 가진 저자
- 기획력이 좋은 저자, 인맥이 넓어서 좋은 예비 저자를 많이 소개해주는 저자
- 홍보와 마케팅에서도 책의 저자로서 책임을 다할 줄 아는 저자
- 이미 많은 열성 팬을 가진 저자, 자기 채널을 가진 저자
- '인싸' 저자, 셀링 포인트가 확실한 저자
- 사진을 잘 찍는 저자, 자료 수집에 적극적인 저자

이런 저자는 만나고 싶지 않다

편집자가 피하고 싶은 저자는 주로 만나고 싶은 저자의 반대 유형이다. '글쓰기가 수준 이하인 저자', '편집자의 역할을 무시하는 저자'가 압도적으로 많았고, '근무 시간 외에 아무 때나 연락'하는 저자를 상당히 많이 거론했다. 편집자는 저자에게 '존경할 만한 수준의 인격'을 요구하지 않는다. 시대의 흐름을 반영한 상식적 수준의 말과 행동이면 충분하다.

편집자들이 응답한 '가장 피하고 싶은 저자'의 다양하고 생생한 사례를 한마디로 정리하면 이렇다. "우리는 더도 말고 덜도 말고 상식적인 저자를 원한다." 현장의 목소리를 있는 그대로 정리했다.

- 글도 못 쓰는데 고집은 센 저자
- 책을 내고 싶은 욕구는 강하나, 지식과 글쓰기가 수준 이하인 저자
- 책에 대한 열정과 애정은 없으면서 책 내는 것을 돈벌이 수단으로만 생각하는 저자
- 지나친 선인세를 요구하는 저자, 왜 광고하지 않느냐고 따지는 저자, 책을 단순히 홍보 수단으로 여기는 저자
- 출판사를 옮겨 다니며 비슷한 내용을 반복해서 출판하는 저자
- 계약을 많이 해놓은 것을 자랑으로 여기고, 집필은 항상 뒷전으로 미루는 저자
- 도덕성이 없어서 남의 글을 도용하는 저자
- 이것저것 짜깁기한 원고를 넘기는 저자, 갑자기 잠적하는 저자
- 편집자나 스태프와의 소통을 무시하는 저자
- 마감일을 습관적으로 어기는 저자, 약속을 지키지 않는 저자, 계약 사항에 무감한 저자
- 자기가 필요할 때는 곧바로 응답하기를 요구하고, 편집자가 필요한 것을 요청할 때는 무시하는 저자
- 교정에 일일이 참견하고 지시하는 저자, 편집이나 디자인에 지나치게 관여하는 저자
- 편집자에게 의존하여 거의 다 고쳐주기를 바라는 저자
- 인쇄 직전까지 수정을 계속하는 저자
- 마케팅을 감독하려는 저자
- 실제로 만나 일했을 때 대중적인 이미지와 완전히 딴판인 저자
- 편집자를 조교처럼 생각하고 부리는 저자, 편집자를 개인 비서로 착각하는 저자, 편집자를 조판하는 사람으로 여기는 저자

- 사장 앞에서는 공손하다가 담당 편집자 앞에서는 고압적으로 변하는 저자
- 지인에게 홍보한다며 무료로 책을 보내달라는 저자
- 독자를 배려하지 않고 스승이나 지인을 더 의식하는 저자
- 자기 자랑 심하게 하는 저자, 자아도취가 심한 저자, 대접받아 마땅하다고 생각하는 저자
- 책이 성공하고 나서 바로 안면을 몰수하는 저자
- 출판에 대해 자신에게 유리한 점만 아는 저자
- 갑질을 당연시하는 저자, 공과 사의 선을 모르는 저자
- 통화하면 30분, 만나면 혼자서 두 시간, 말이 너무 많고 혼자 떠드는 저자
- 만날 때마다 술을 마셔야 하는 저자, 어리거나 여성인 편집자를 무시하는 저자
- 밤늦게 전화하거나 카톡으로 쪽원고 보내는 저자
- 출판사 동료들을 이간질하거나 밖에서 욕하고 다니는 저자
- 'a'라고 말하면 'b, c, d'까지 과대망상을 하는 저자
- 업무상 미팅을 소개팅 자리인 양 착각하는 저자(놀랍게도 실제로 있었다!)
- 편집자의 사생활에 깊이 개입하려는 저자

편집자가 그리는 편집자상

어떤 편집자가 되고 싶은가? 책에는 제목과 머리말이 있고, 출판사

는 저마다 내거는 가치가 있다. 그렇다면 편집자들은 어떤 제목과 머리말을 가지고 책을 펴내고 있을까? 그들이 그리는 편집자의 가치와 목표는 무엇일까? 편집자는 기본적으로 책의 사회적 역할과 보이지는 않지만 역동적인 영향력을 믿는다. '책으로 세상을 바꾸는 편집자', '시대를 편집하는 사람', '사회에 선한 영향력을 끼치는 책을 만드는 편집자'에서 '독자의 마음을 움직이는 책을 만드는 편집자'까지 책으로 세상과 사람을 움직이게 할 수 있다고 응답했다. 또한 그들은 '좋은 저자를 발굴해서 좋은 책을 계속 만드는 것'으로 '저자와 독자에게 신뢰받을 만한 편집자'와 '자신에게 부끄럽지 않은 편집자'가 되고 싶고, '경쟁보다는 협력'하며 '후배 편집자들에게 도움을 주는 선배'가 되고자 노력한다.

- 세상에 보탬이 되는 일, 가치 있는 일을 찾아 편집자가 되었다. 오래도록 사랑받는, 깊은 울림이 있는 책을 만드는 편집자가 되고 싶다. 내가 만든 책이 독자의 마음을 위로할 수 있으면 좋겠다.
- 세상에 알려지지 않은 훌륭한 사고와 경험, 지식을 책으로 엮어 알리는 일
- 우리 주변의 이야기를 울림 있게 담아내는 편집자
- 사회에 선한 영향을 주고, 저자에게 믿음을 주고, 독자에게 친절한 편집자
- 우리가 사는 세계에 대한 오해와 편견을 걷어내는 이야기를 담아내는 편집자
- 지금 시대에 필요한 책, 시간을 이겨내는 힘을 가진 책을 만드는 편집자

- 어떤 책을 만들든 소수의 인권을 잊지 않는 편집자
- 내가 생각하는 '좋은 것'을 독자에게 전해주고, 내가 생각하는 '좋은 곳'을 사람들에게 '연결'해주는 다리 역할을 하는 편집자
- 누구나 책 읽는 것을 즐거워하는 세상을 만들고 싶다.
- 내 이름이 저자와 책의 가치를 높여주는 브랜드 가치를 지닌 편집자가 되고 싶다.
- 내가 좋아하는 저자들이 인세를 많이 받도록 해주는 편집자, 선배 편집자의 한계를 극복하는 편집자, 궁극적으로는 대한민국 독서 인구를 늘리는 편집자
- 독자는 편집자를 기억해주지 않으니 저자가 기억해주는 편집자가 되고 싶다. 저자가 다른 저자를 추천해주는 편집자가 되고 싶다.
- 초보 저자와 한 권 한 권 같이 책을 만들면서 함께 성장하는 편집자가 되고 싶다.
- 책을 산 고마운 독자에게 부끄럽지 않은 편집자
- 소수의 독자라도 꼭 필요한 콘텐츠를 정확하게 파악해서 독자의 필요에 부합하는 책을 만들고 싶다.
- 아류를 만들지 않는 편집자, 잘 살기 위해 꼭 필요한 책을 만드는 편집자, 독자와 함께 노는 편집자, 같이 일하는 게 즐겁고 믿고 맡길 수 있는 편집자
- 경쟁보다는 협력하며 다수가 살아남을 수 있는 일터를 열어가는 출판 노동자
- 후배들이 뜻을 펼칠 수 있도록 기반을 닦아주는 편집자
- 후배들로부터 '저 선배는 책을 진정으로 사랑하고 책 만드는 일을 정말 사랑했구나'라는 평가를 받을 수 있는 편집자

- 편집자는 야구에서 투수를 이끄는 포수와 같다. 승리 투수라는 말은 있지만, 승리 포수라는 말은 없다. 그러나 야구를 아는 사람들은 그 승리가 투수만의 것이 아니라는 걸 안다. 투수 뒤에 숨어 투수를 이끄는 유능한 포수처럼 드러내지 않고 저자를 이끄는 편집자가 되려고 노력한다.
- 시장과 독자, 저자를 잘 알고, 잘 만들어서, 잘 파는 편집자
- 콘텐츠를 최상의 것으로 재배열, 편집하는 전문가가 되고 싶다.
- 전설적인 카피라이터 레오 버넷(Leo Burnett)의 말처럼 '죽을 때까지 바늘로 찌르는 고통'을 즐길 줄 아는 편집자
- 내가 읽고 이해하지 못하는 책은 세상에 내놓지 말자.
- '의심'하고 '확인'하면 책은 한층 충실해진다.
- 어떤 형태의 미디어에서 구현해도 뜻을 전달할 수 있는 콘텐츠를 기획하는 편집자
- 싸구려는 만들지 않는다. 좋은 사람들과 만나 좋은 책을 만든다.
- 장인(匠人)
- 개인의 윤리의식, 편집자의 윤리의식, 회사원의 윤리의식이 배치되지 않은 직업 활동을 하고 싶다.
- 믿을 수 있는, 건강한 편집자, 행복한 편집자
- 스스로 부끄럽지 않은 편집자, 나를 믿고 인정하는 편집자
- 정보가 넘쳐날수록 정보의 신뢰도가 중요하다. 신뢰할 수 있는 출판사에서 신뢰할 수 있는 편집자가 되는 것이 목표다.
- 넓고 깊게 알고 싶은 마음을 끝까지 유지하는 편집자가 되고 싶다.
- 최대한의 정성과 노력을 다 쏟아부어 만족하는 책을 만들고 싶다. 그렇게 만든 책이 베스트셀러가 된다면 좋겠다.

- 모든 점에서 최고일 수는 없지만, '이것만큼은 참 잘해'라는 말을 듣는, 강점이 분명한 편집자가 되고 싶다.
- 거창한 목표는 없다. 스스로 만족하는 책을 정해진 일정 내에 완성하고, 정시에 퇴근하고, 친구들과 맛있는 거 먹으며 떳떳하게 월급을 받는 편집자가 되고 싶다.
- 할머니가 되어도 아이패드로 교정보는 편집자가 되고 싶다.

출판의 환경 변화와 출판의 미래

2020년 7월, 11년 만에 다시 조사한 설문지에는 한 가지 질문을 추가했다. "마지막 질문입니다. 빠르게 변화하는 출판 환경 속에서 출판의 미래를 생각할 때 편집자로서 가장 고민되는 점은 무엇입니까?" 편집자의 눈으로 볼 때 편집의 역사는 책과 다른 미디어 사이의 공존과 경쟁의 역사였다. 새로운 미디어가 출현했을 때 편집자들은 책의 새로운 확장보다는 위축을, 심지어 책의 종말에 대한 두려움을 가졌다. 그러나 현실에서는 늘 책과 다른 미디어가 공존하고 연결됨으로써 확장의 길을 열어왔다. 편집자들은 책과 잡지, 책과 신문, 책과 라디오, 책과 영화, 책과 TV, 책과 컴퓨터 통신의 시대를 거치며 온갖 좌절과 다양한 시도와 도전을 통해 책의 역사를 그려왔다.

2020년, 이제 디지털 기술 혁명 시대를 사는 편집자들은 책과 포털, 책과 플랫폼, 책과 모바일, 책과 SNS, 책과 유튜브 사이의 연결과 공존을 고민하며 새로운 시도와 도전의 길을 찾고 있다. 한편으로는 '일단 출판은 미래가 없다. 오늘만 있을 뿐이다', '다음 세대도 책을 읽을까?', '언제까지 일할 수 있을까?' 하며 좌절하고 두려워하지만, 다른 한편으로는 '미디어 매체의 질적 변화를 맞는 시기에 종이책의 매력을 어떻게 살릴 것인가?', '긴 글을 읽기 힘들어하는 독자에게 어떻게 효과적으로 전달할 것인가?'를 고민하며 '책이 가지는 차별적인 콘텐츠로서의 매력'을 '새로운 접근 방식'으로 연결하는 방법을 찾아가고 있다. 길지만 편집자들의 목소리를 그대로 전한다. 이해를 돕기 위해 응답한 편집자의 경력을 덧붙였다.

- 예전엔 적어도 사람들이 책을 읽지 않는 걸 부끄럽게 여겼다. 요즘은 아주 당당하게 책을 읽지 않는다, 읽을 필요가 없다, 앞으로도 읽지 않을 거라고 말한다. 그 심리적 장벽을 어떻게 부수고 책 읽는 즐거움을 알려줄 수 있을지 가장 큰 고민이자 과제로 느껴진다.(1년 차)
- 변화에 발맞출 생각 없이, 독자를 끌어당기는 더 새롭고 재미있는 원고를 발굴할 의지와 노력 없이, 책 안 읽는 환경만 탓하며 그들만의 협소한 업계가 되어버리는 미래가 걱정이다.(1년 차)
- 편집자를 더 쥐어짜는 양상으로 변하는 출판 환경을 버텨내지 못할 듯한 건강이 고민이다.(1.5년 차)
- 유튜브, 웹툰, 영화 등의 경쟁 콘텐츠가 무섭게 성장하고 있다는 점, 10대의 책에 대한 흥미가 점점 낮아지는 점이 걱정이다. 비교적 길고 진지한 텍스트가 점차 외면받는 것 같아 한편으로는 슬프다. 개인적으로는 연봉 상승 폭이 좁고 업계 자체가 크지 않아 오래 일하려면 어떻게 해야 할지 고민이다. 워라벨, 연봉, 직업 만족도를 모두 잡을 수 있는 직업은 존재하지 않지만, 가장 현실적인

연봉 문제로 10년 후를 그리기 어려운 것이 사실이다. 직업 만족도는 높아서 이 간극을 어떻게 메울지가 가장 큰 고민이다.(1.6년 차)

- 평소에 책을 읽지 않는 사람들에게도 유효한 접근 방식에 관한 고민이 가장 크다.(2년 차)
- 출판의 미래라, 모르겠다. 나는 내가 만족하는 책을 내면 족하다. 친구들에게 당당하게 선물할 수 있는 책. 지금껏 13권을 만들었는데 그런 책은 딱 한 권뿐이다. 이 비율을 어떻게 하면 높일 수 있을까, 그게 내 고민이다.(3년 차)
- 다른 콘텐츠로 대체할 수 없는 책만의 특성이 있다. 이를 잘 드러낼 수 있도록 원고를 자르고 엮을 때 늘 고민한다.(3년 차)
- 다음 세대도 책을 읽을까?(3년 차)
- 최근에 출판업계도 많은 변화를 시도하고, 다양한 방향성을 갖고 여러 가지 이벤트나 프로젝트, 협업을 진행하고 있지만, 다른 업계에 비하면 여전히 보수적인 것 같다. 좀 더 과감하고 파격적인 시도를 두려워하지 않는 출판문화가 만들어지면 좋겠다.(3년 차)
- 책이 아니라도 즐길 거리가 많아지고, 사실상 굿즈에 가까운 캐릭터 에세이나 다이어리북이 폭발적인 판매고를 기록하는 상황에서 텍스트 위주의 책의 입지는 점점 좁아지는 것 같다.(4년 차)
- 활자의 시대가 결국 저무는 것 아닌지, 생존을 위해 콘텐츠의 다양한 활용을 시도해야 할지, 전통적인 방식을 계속 유지해야 할지 고민이다.(5년 차)
- 오히려 세상이 디지털화되고 가벼운 콘텐츠가 많아지면서 책은 차별적이고 매력적인 콘텐츠로 남을 것이라 생각한다. 다만 출판의 미래와 상관없이 콘텐츠를 사랑하는 사람으로서 디지털 콘텐

츠의 매력도 경험해보고 싶다.(5년 차)

- 작가, 출판사, 책을 만드는 이들의 노고가 낮게 평가되는 시대적 상황, 전체적으로 낮은 연봉 등 출판업계의 상황.(5년 차)
- 책을 사고 읽는 사람은 줄고 있지만, 서사와 지식을 전달하는 데 책이라는 매체는 포기할 수 없다고 생각한다. 독자에게 더욱 잘 다가갈 수 있는 책의 형식과 물성은 무엇일까 고민한다.(6년 차)
- 출판의 미래는 없다고 생각했는데, 그보다 내 미래가 먼저 없어질 것 같다는 사실에 슬픈 용기를 내어 출판계에 들어왔다. 앞으로도 이 사실은 변하지 않을 것 같다. 일할 동기가 사라지지 않을까 하는 게 가장 고민이다.(6년 차)
- 이 좁은 레드오션에서 어떤 편집자로, 언제까지 일할 수 있을까?(7년 차)
- 편집자는 트렌드를 만들어내는 사람이라고 생각했는데, 정작 트렌드를 쫓는 사람이 되어가는 것 같아 고민이다. 콘텐츠 형식이나 독자에게 접근하는 방식은 환경에 맞춰가야 하겠지만, 콘텐츠만큼은 휩쓸리지 않고 내 중심과 주제를 찾아가야겠다.(7년 차)
- 일단 출판은 미래가 없다. 오늘만 있을 뿐이다.(8년 차)
- 점점 상업적으로 접근하는 게 고민이다. 저자와 계약할 때도 그렇고, 원고가 설익은 걸 알면서도 매출을 올리려고 이 정도 수준으로 책을 내야 할 때가 많다. 대형 출판사와 소형 출판사의 차이가 점점 벌어져 나라도 여기서 안 하고 거기로 가겠다는 생각이 드니 내가 언제까지 이렇게 열심히 일할 수 있을지 고민이다.(8년 차)
- 편집자가 하는 일, 신경 쓸 일은 더 많아지고 역할과 책임감은 막중해지는데, 과연 내 연봉은 언제 인상될 것인가?(8년 차)

- 팔리는 책, 대박 아이템에만 관심이 높은 환경에서 이 일을 계속 즐겁게 할 수 있을지.(9년 차)
- '단군 이래 출판은 늘 불황이었다'라는 우스갯소리가 있듯 다른 사업에 비해 느리게 성장해온 것은 사실이더라도, 경영적 어려움을 빌미로 노동법을 빈번하게 위반하여 사내 구성원의 열정 노동을 착취해온 사업주가 많은 것도 단지 옛이야기만은 아니다. 3~5년 차인 20~30대가 대부분인 출판업에서 그동안 극소수를 제외하고 회사에서 생존하기 어려워 어느 시기가 지나면 아웃소싱 노동자나 창업 외에는 다른 선택지를 찾기 어려운 상황이다. 숙련 노동자의 부재는 다시 산업 역량 저하를 낳았고, 이런 악순환에 많은 출판인이 좌절할 수밖에 없다고 생각한다. 잠재 독자를 발굴하고 더 많은 구매를 유도하는 방향으로 노력하고, 콘텐츠의 다양한 활용과 판권 수출 등 수익을 더 늘리는 활로 개척을 통해, 출판 산업의 규모를 늘리는 방안을 적극적으로 모색했으면 한다. 또한 수익을 사업주가 독식하여 부동산 투기 등으로 개인 자산을 축재하는 것이 아니라 구성원의 노력으로 이해하고 정당하고 합법적인 대가로 환원할 수 있기를 바란다.(10년 차)
- 유튜브, OTT 등 볼거리가 넘쳐나는 상황에서 오랜 시간과 비용을 들여 읽을 만한 가치가 있는 책을 어떻게 만들 수 있을까? 새로운 미디어 환경에서 콘텐츠로서의 책의 새로운 형태와 내용은? 독서 경험은 어떻게 달라질 수 있을까?(10년 차)
- 정년까지 편집자로서 일할 수 있을 것인가.(10년 차)
- 나의 개성과 취향이 대중과 접점을 찾지 못하고 나만의 것으로 전락하는 일이 고민이다.(10년 차)

- 신입 채용의 문이 좁아서인지 열악한 환경의 출판사가 많아서인지 그나마 업계에 새로 진입하는 신입도 몇 년 이상 버텨서 좋은 편집자로 성장하는 사례가 점점 줄어든 것 같다. 3년 차 편집자가 사라지고 있는 업계에 미래가 있을까 고민한다.(11년 차)
- 여러 선배를 볼 때, 노안이 금방 오는 것 같아 걱정이다. 오래 책을 만들려면 눈이 좋아야 할 텐데.(11년 차)
- 독자들은 과연 언제까지 책을 원할까?(11년 차)
- 출판의 미래를 예측하기는 어렵지만, 미래에도 콘텐츠 비즈니스로서 출판의 역할이 분명히 있으리라 생각한다. 다만 크고 작은 변화가 이어질 것이고, 미래의 출판은 지금과는 매우 다른 형태로 존재할 가능성도 있다. 그 변화 과정에서 잘 적응할 수 있을지, 한편으로는 변화하는 편집자의 새로운 일이 과연 나와 잘 맞을지 고민이다.(11년 차)
- 편집자임에도 남는 시간에 책보다는 유튜브, 넷플릭스를 주로 보고, 종이책으로 텍스트를 읽는 일이 이전보다 덜 즐겁고, 덜 선호해서 결국 스스로 독해력이 떨어지고 있다고 느껴진다. 우려된다.(12년 차)
- 미디어 매체의 질적 변화를 맞는 시기에 종이책의 매력을 어떻게 살릴 것인가? 긴 글을 읽기 힘들어하는 젊은 독자층에게 어떻게 효과적으로 전달할 것인가?(13년 차)
- SNS다. 후배 편집자들에게 SNS를 하라고 닦달한다. 요즘 인기 있는 필자는 대부분 거기에서 논다는 걸 알기 때문이다. 그런데 이런 생각도 든다. 정말일까? 그 세계 속에 살지 않는 목소리도 우리가 찾아야 하지 않을까? 빠른 세상의 변화를 잘 따라가지 못

하는 목소리들을 어떻게 찾아내야 할까? 내가 요즘 고민하는 문제다.(14년 차)

- 실용 분야는 특히 유튜브, 인스타그램 등이 정보를 전달하는 방식과 흥미 면에서 사용자의 요구를 더 충족하고 있어서 텍스트와 이미지를 통한 콘텐츠가 어떻게 독자에게 의미 있게 다가가고 잘 팔 수 있을지 고민된다.(14년 차)
- 출판이 산업으로서 생존하기 어려운 지경으로 가는 것, 편집자의 처우가 열악해 신규 편집자가 직업에 애정을 갖거나 능력을 쌓아갈 동력을 잃는 것이 걱정이다.(15년 차)
- 어느 순간 필름 출력이 없어지고 CTP로 넘어간 것처럼, 갑작스럽게 바뀌는 출판 환경에 적응할 준비가 되어 있는가. 새로운 유형의 독자에게 다가갈 수 있을 만큼 생각이 유연한가.(15년 차)
- 정체되지 않고 계속 열린 생각을 하는 편집자가 되겠다.(19년 차)
- 유튜브와 TV, 인플루언서 등 외부 환경에 갈대처럼 흔들리지 않고 그 자체로 승부를 낼 수 있는 단단한 콘텐츠를 만들려면 어떻게 해야 할까?(19년 차)
- 공급과잉, 후진적인 유통 환경, 너무 쉬운 창업, 노력보다 운이 더 작용하는 업계 상황, 책만의 품격과 출판에 대한 사회적 선망이 사라져가는 현상이 안타깝다.(21년 차)
- 편집자의 역할이 교정·교열보다 기획으로 중심추가 옮겨졌고, 상당수 출판사가 교정·교열을 외주화했다. 하지만 외주화하더라도 회사 안의 좋은 기획과 회사 밖의 정확한 교정·교열이 동반할 수 있도록 회사가 역할을 해주면 좋겠다. 한편으로는 책이 종이책, 전자책, 오디오북 등 여러 형태로 만들어지고 있는데, 나는 늘

우물 안 개구리가 아닌가 돌아보게 된다. 내 생각보다 세상이 더 빨리 변하고 있다.(22년 차)

영국과 미국의 편집자들은 이렇게 말했다

단순 비교는 금물이다. 환경과 분야, 처지, 조건에 따라 편집자의 사고, 경험, 견해가 모두 다르다. 다만 지식을 다루는 편집자 본래의 역할과 능력, 경험, 안목은 비슷하다. 가장 관심이 있으면서도 필요하다고 생각하는 부분은 역시 '편집자의 자질과 역량'이다. 예후다 바루크(Yehuda Baruch)가 설문조사한 결과와 분석·정리한 글에서 시사적인 대목들만 추려 인용한다.

"뛰어난 편집자를 낳는 중요한 자질들은 무엇이라 생각하는가?" 영국과 미국의 편집자 50명도 한국의 편집자들과 같이 '지적인 호기심', '지식 세계에 대한 학구열', '사회에 대한 열정과 책임'을 들었다. 반면에 지식 세계를 대하는 편집자의 기본 능력에 대해 좀 더 정확하고 구체적으로 언급했다. '지식을 분석하고 종합하는 능력', '지식 흐름의 역사를 파악하는 능력', 이에 기초해 '지식의 전망을 사고하는 능력'은 분야나 주제, 나라를 막론하고 편집자가 지식을 편집할 때 필요한 가장 기초적인 능력이다. 50명의 편집자가 기초적으로 갖춰야 할 편집자의 지적인 능력에 대해 다음과 같이 답했다.

- 지적인 호기심, 열린 자세
- 정신적인 능력, 지식 섭취 능력, 분석적인 지력, 종합하는 능력

- 넓은 의미의 지식 세계와 사회에 대한 열정과 책임
- 일반적인 기초 지식과 자신의 분야에 대한 지식
- 자신의 출판 분야와 주제에 대한 지식과 설계 능력
- 지식의 깊이와 넓이를 종합하는 능력
- 한 사람의 좁은 관심과 연구 분야의 한계를 넘어 사고할 줄 아는 능력
- 자신의 분야에서 출판된 역사적으로 중요한 책과 지식의 흐름을 종합할 줄 아는 능력
- 자신의 분야에서 특정한 아주 깊은 주제에 천착하여 이를 설계할 줄 아는 능력, 그러나 이 모든 지식 능력을 미래 지향적인 방향과 연계하여 사고할 줄 아는 능력

그렇다면 현장에서 가장 중요한 능력은 무엇일까? 한국의 편집자들은 '원고 검토 능력', '원고를 읽고 판단하는 능력'이라고 답했다. 영국과 미국의 편집자들이 가장 많이, 가장 우선으로 꼽은 능력은 무엇일까? '열심히 하는 것'이었다. 체력, 집중적으로 일할 줄 아는 열정과 능력을 최우선으로 꼽았다. 편집자에게 "넘치는 열정은 고강도의 정신적인 일, 일의 관성을 감당할 수 있는 기본적인 요소"라고 답했다. 이러한 결과는 다소 놀랍기도 하고, 한편으로는 전혀 놀랄 필요가 없는 일이기도 하다. 편집자는 매일 막대한 양의, 매우 세심한 지적 에너지를 소비한다. 한국의 편집자들은 이를 '강철 체력'이라고 여러 번 언급했다. 그들의 다양한 답변을 정리하면 다음의 두 가지로 압축된다.

- 열심히, 아주 부지런히 일할 줄 아는 자세

- 강도 높은 지적인 작업과 조직 활동을 수행할 수 있는 열정과 작업 능력과 습관

구체적인 편집의 영역으로 들어가면 '지식을 개발하는 능력', 즉 '집필을 부추기고 지원하는 능력'을 최고로 꼽았다. 설문에 응한 편집자들이 모두 학술 영역에서 기획을 담당하는 편집자라는 점을 고려해야 한다.

- 역량과 자세를 갖춘 저자의 집필 욕구를 부추기고, 그를 돕기 위해 가능한 것 이상으로 지원하고 도울 수 있는 자세, 저자를 이해할 줄 아는 자세
- 훌륭한 조직 능력, 탁월한 소통 능력을 갖춘 사람, 저자의 저작을 생산적으로 향상할 다양한 제안을 할 줄 아는 능력. 좋은 편집자는 좋은 글쓰기 선생이다.
- 아주 빨리 읽고, 정확하고 간결하게 정리하는 능력
- 흥미를 일으킬 줄 아는 능력, 아이디어를 낳는 능력

현장에서 필요한 것을 언급한 대목 중에 다음으로 눈에 띄는 것은 '탁월한 커뮤니케이터(excellent communicator)'와 '네트워킹(networking)'이다. "편집의 현장에서 자기 분야의 역량 있는 저자를 많이 알고, 그들과 좋은 관계를 맺는 것은 가장 결정적인 일이다." '훌륭한 저자들로 구성된 팀을 가지고 있는 편집자', '역량 있는 편집자나 서평가(reviewer)를 선택하고 조직할 수 있는 능력'도 편집자들이 자주 강조한 항목이다. '동료의식을 갖고 일하는 것', '팀워크를 쌓는 일', '조직적으

로, 효과적으로 일할 수 있는 감각과 기술, 능력', '목표를 위해 자발적으로, 지속해서 함께 일할 수 있는 분위기를 만들고, 설득하고 대화할 수 있는 능력'을 덧붙였다.

이외에도 다음과 같은 덕목이나 자세의 중요성을 언급했다.

- 결단력과 의사 결정 능력
- 인내심과 집요함, 때로는 완고함
- 사소한 것들에 대한 세심함과 집중력
- 출판의 사회적 책임, 공헌, 봉사
- 자신의 직업에 대한 열렬한 애정과 신뢰, 자부심

편집자가 되기 전에 알고 있었다면 좋았을 만한 조언을 편집자 지망생 또는 후배에게 해달라는 질문에 "책을 읽어라", "어떤 편집자가 되고 싶은지 명확히 해라" 등의 사례처럼 한국의 편집자들과 비슷한 답변을 한 편집자도 많았다. 가장 눈에 띄는 것은 '원고에 대한 정확한 시선과 냉정한 판단'이었다.

- 명망과 지위를 가진 저자가 수준이 떨어지는 원고를 가지고 출판을 제안할 때, 명망과 지위를 가진 저자가 수준이 떨어지는 원고를 쓴 후배 저자의 출판을 제안할 때 이를 정중히, 그러나 단호하게 거절할 수 있는 권위와 자세
- 높은 지위를 지닌 나이 많은 학자가 쓴, 수준 이하의 원고를 거절할 줄 아는 자세
- 수준 이하의 원고에 대해 예의와 눈치 있게, 그러나 간결하게 '아

니오'라고 이야기할 줄 아는 자세

- 인간적인 저자나 연구자를 도와주거나 지원할 수는 있어도, 출판의 기준에서는 철저하게 내적인 권위를 잃지 않는 것
- 출판 기준을 엄격하고 완고하게 지킬 줄 아는 원칙과 자세, 그러나 모든 출판 결정을 공정하게 내릴 줄 아는 자세

저자들에 대한 태도도 상대에 따라 다른 조언을 했다. "거만하고 거친 말투와 태도에는 변명이 있을 수 없다." 편집자가 만나는 모든 저자, 스태프에게 "친절할수록 일의 진척이 빠르고 나아질 것"이라고 친절과 예의를 다하는 편집자의 기본 태도를 강조하면서도 "수준 이하의 글을 쓰는 무능력한 저자들, 그러나 자신들은 대접받을 자격이 있다고 주장하는 저자들에게는 단호하라"고 조언하기도 했다. "출판의 기준, 원고의 기준을 높여주는 글에 시간을 집중하고, 그 이하의 글에 대해서 너무 많은 시간과 정력을 낭비하지 마라"는 편집자의 충고도 있었다.

그 밖의 것들 가운데 귀를 기울일 만한 몇 가지를 추렸다.

- 독자의 관점을 철저히 유지하라. 그러나 저자에 대한 존경심을 잃지 마라.
- 도움을 요청하는 것을 주저하지 마라. 누구도 항상 옳은 것은 아니다.
- 저자에게, 스태프에게 기대하는 것, 목표하는 것을 정확히 설계하라.
- 저자, 서평가, 스태프와 네트워크를 다지고, 정기적으로 경신하라.

- 되도록 최고의 교정·교열 편집자, 본문 편집자와 일하라.
- 편집자의 다양한 파트너에게 단순히 의사 결정, 비즈니스만을 위한 관계만이 아니라 그들이 어떻게 하면 좀 더 발전할 수 있는지에 관한 조언을 제공하는 관계를 맺도록 노력하라.

설문지에서 발견한 편집자 노트

— "훌륭한 편집자는 훌륭한 저자를 섭외하고, 성공한 편집자는 책을 많이 팔고, 좋은 편집자는 바보같이 끈덕지게 자신의 책을 놓지 않고 묵묵히 일하는 사람이다." 편집자의 자질과 능력을 이렇게 한 문장으로 멋지게 답한 사람은 1년 차 편집자였다.

— 입사한 지 1년 7개월이라고 밝힌 어느 편집자는 17년 경력의 편집장 경지에 도달한 듯 편집자 인성론을 피력했다. "인성은 편집자의 기본적인 자질이자 갈고 닦아야 할 가장 중요한 것으로, 인성이 좋아야 좋은 사람이 모이고, 남의 처지를 생각하고 배려하는 인성이 있어야 독자의 눈으로 사고할 수 있다."

— "우리 교육의 현실과 미래는 모두 깜깜한 암흑이다. 부모든 아이든 자기가 꿈꾸는 것을 마음껏 펼치며 살 수 있는 사람이 없다. 늘 옆에 있는 사람과 견주어보지 않고서는 불안할 뿐이다. 우리 청소년들에게 현실이 절망적일지라도 '또 다른 세상이 가능하다'는 생각과 스스로 꿈을 키우며 살아가는 능력을 키워주는 책을 만들고 싶다. 그들

의 우정 어린 친구, 든든한 후원자가 될 책을 만들 것이다." 10년 차 편집자의 당찬 설계다.

– "지식의 대중화. 부의 격차가 지식의 격차, 삶의 격차로 이어져 그 격차가 갈수록 심해지는 사회에서 책을 통해 독자들이 가장 적은 비용으로 지식의 격차를 줄이는 데 이바지하는 것." 편집자 인성론을 펼친 1년 7개월 경력의 편집자가 말하는 편집자의 사명이다.

– "가장 먼저 내가 이해할 수 있는 책을 만드는 것, 책장에 오래 꽂아둘 수 있는 책을 만드는 것, 남에게 권하거나 선물해도 부끄럽지 않은 책을 만드는 것." 3년 차 편집자의 다짐이다.

– "사람은 죽을 때까지 성장한다. 편집자도 일을 놓는 그 순간까지 성장을 위해 노력하라. 그 성장의 동력은 외부가 아니다. 스스로 발전해야 한다. 자체 발광하는 사람에게는 상황을 바꾸는 힘이 있다. 이 힘은 자신과 상황을 변화시킨다. 새로운 책으로 발휘되어 결국 세상을 변화시킨다. 지치고 힘들지만 내 분야를 만들어 배우고 성장하라. 편견 없이, 재단하지 말고 과정에서 생각하고 정리하라." "책으로 더불어 행복한 세상을 만들고, 책으로 세상을 변화시키고 싶다"는 8년 차 편집자의 조언이다.

– 13년 차 편집자의 조언이다. "왜 편집자가 되려는지 자문하고 솔직하게 답해보라. 어떤 편집자가 되고 싶은가? 직장인이 될 것인지, 교정자가 될 것인지, 전문 편집자가 될 것인지, 출판사 경영자를 꿈꾸

는지, 저자가 되고 싶은지 생각하라. 그리고 존경할 만한 선배와 진지하게 상담하라."

— "현대의 편집자는 기획자, 프로젝트 매니저, 제작자, 디자이너, 마케터, 프로듀서, 최초의 독자로서 종합적인 형태로 업무를 조율하고 협업을 통해 모두가 만족할 수 있는 결과를 끌어내야 한다. 이 모든 것이 어우러져 성과로 나타났을 때 가장 보람을 느낀다." 9년 차 편집자의 노트다.

— "필자라는 우월한 위치를 내세워 자기 위주로 회식 자리를 제안하고, 나이 어린 여성 편집자를 성희롱에 가까운 수준으로 대하는 저자를 보았을 때 가장 힘들었다. 신고하고 싶은 마음은 굴뚝같았지만, 원고를 받지 못할까 봐 꾹 참았다. 분명하게 대처하지 못한 일이 지금 생각해도 부끄럽다." 9년 차 편집자의 노트를 읽고 심란했다.

— 14년 차 편집자는 이렇게 썼다. "내가 만나고 싶은 저자는 다음과 같다. 죽이게 원고 잘 쓰는 사람, 책 잘 만들었다며 밥 산다는 사람, 스스로 열심히 홍보하고 그 공을 담당 편집자에게 넘길 줄 아는 사람." 피하고 싶은 저자에 대해서는 이렇게 답했다. "글이 '허당'인 사람, 대책 없이 사람만 좋은 사람, 죽이고 싶을 만큼 잘난 척하는 사람." 나도 여러 차례 경험했다.

— 2020년 7월 두 번째 설문 작업에서 힘든 만큼 소중한 성과를 얻었다. 후배 편집자들이 한 달 동안 설문지를 이메일로 보내고 전화를

한 끝에 55명의 응답지를 받았다. 11년 전과 달리 막막했다. 주말마다 6시에 일어나 하루 열 시간 동안 설문지를 읽고 정리했다. 4일간의 작업 끝에 정리를 마치고 1차, 2차의 작업을 어떻게 재분류할지 고민했다. 금요일 휴가를 내고 3일 동안 다시 작업한 끝에 110명의 설문지를 통합하는 작업을 마쳤다. 110명의 편집자가 쓴 생생한 기록들을 통해 11년 동안 변하지 않은 것과 변한 것들이 스쳐 지나갔다. 11년 전 설문지를 작성했던 그들은 지금 무엇을 하고 있을까? 11년 전에도 그랬지만, 2020년 편집자들의 솔직하고 생생한 답변을 읽으며 많은 것을 느끼고, 배우고, 되돌아보고, 자극을 받았다. 감사드린다.

새로운 10년, 변하는 것과 변하지 않는 것

1990년대에 원고지가 사라졌다. 저자들은 컴퓨터로 글을 쓰고, 파일 상태로 원고를 전송한다. 저자와 편집자는 편지나 전화 대신 이메일로 의견을 교환한다. 컴퓨터로 교정을 보고, 편집과 디자인, 조판 작업을 한다. 모든 신간의 발행·판매·재고 부수 관리를 전산으로 처리하고, 원하는 데이터를 실시간으로 수집하고 분석한다. 온라인 서점도 등장했다. 책을 구매한 고객에 관한 정보가 쌓이고, 그렇게 쌓인 정보를 바탕으로 독자층을 선별해서 각각의 독자층에 맞는 도서 정보를 이메일로 배달한다. 디스켓 북, 시디롬 북에 이어 전자책과 전용 단말기가 등장했다.

2000년, 새로운 밀레니엄을 앞두고 뉴테크놀로지의 장을 연 사람들은 이렇게 예측했다. "머지않은 시간 안에 종이책이 사라질 것이다." 이 말은 예측이 아니라 선언처럼 들렸다. 실제로 그들은 종이책이 가진 장점을 대체할 기술적인 진보를 빠르게 이룩하며 모든 개념을 디지털로 바꾸었다. 2007년 미국의 거대 기업인 아마존은 전자 잉크에 기초한 전자책 전용 단말기인 킨들(Kindle)을 출시했다. 킨들은 60초 안에 원하는 콘텐츠를 전송받아서 수백 종의 신문과 잡지, 20만 권 이상의 전자책을 읽을 수 있는 거대한 도서관을 그 안에 실현했다.

기존의 출판도 디지털 환경에 빠르게 적응했다. 종이책의 발행 속도와 종수를 늘리고, 전자책의 발행 속도를 앞당기고, 앞선 주자들은 종이책과 전자책의 동시 발행 체제를 구축하기 시작했다. 온라인 마케팅 활동을 강화하고, 인터넷 환경에서 독자와 직접 소통하는 시도도 다양하게 이어졌다.

2010년대에 접어들어 SNS 미디어 시대가 열리면서 정보와 교류의 매개가 PC에서 모바일로 바뀌었다. 페이스북, 인스타그램에서 저자를 찾고 섭외하는 일이 늘어나고, 마케팅과 홍보에서도 SNS 미디어, 유튜브와의 연결이 결정적인 역할을 한다. AI 스피커의 등장과 함께 오디오북 시장도 열리기 시작했다. 출판 시장에서 밀레니얼 세대가 생산과 소비의 주체로 등장하면서 책의 판형, 가격, 편집, 디자인, 홍보, 마케팅 등 출판 비즈니스의 거의 모든 영역과 공정에서 변화가 일어났다.

향후 10년, 한국의 출판은 어떻게 변화할 것인가?

2020년, 아무도 예측하지 못했던 코로나19 팬데믹(pandemic) 시대를 거치며 사회 전반에서 새로운 기준들이 만들어지고 있다. 출판 역시 변화된 사회 환경과 소비에 발맞추어 새로운 10년을 전망하고 설계할 때다. 출판의 관점에서 지난 10년 동안의 변화를 정리하자면 밀레니얼 세대의 등장과 SNS 미디어, 유튜브 등 디지털 기술 환경의 변화일 것이다. 새로운 10년에는 디지털 네이티브 세대가 출판 시장의 생산과 소비의 주역으로 등장하고, 모바일 환경에 기초한 AI 기술이 활성화되어 출판 시장의 변화가 지난 10년보다 빨라질 것이다. 새로운 10년, 그 변화의 양상을 예측하여 정리해본다.

- 출판 산업과 비즈니스의 모든 영역과 공정에서 온라인 비중이 더욱 늘어날 것이다.
- 디지털 네이티브 세대가 생산과 소비의 새로운 주역으로 등장하면 책의 내용과 형식의 변화는 물론이고, 독서의 동기나 방식 등 책의 소비 생태계에도 변화가 일어날 것이다. 플랫폼, SNS 미디어, 유튜브 등 온라인 미디어나 채널과 결합한 저렴하고 얇은 레퍼런스 북 등 새로운 시도들이 선보일 것이다.
- 현재는 5퍼센트에 불과한 전자책 시장이 출판 산업 성장의 새로운 변수로 떠오를 것이다.
- 종이책은 연간 발행 종수 10만 종 시대를 열고, 전자책은 연간 발행 종수 30만 종 시대를 열 것이다. 2020년대 중반에 들어서면 전자책 발행 종수 증가율이 종이책 발행 종수의 증가율을 훨씬 넘어설 것이다.
- 오디오북 시장은 구독 서비스를 둘러싼 파장과 갈등을 거쳐 열리기 시작할 것이다.
- 이제까지 보지 못했던 훨씬 거대하고 영향력 있는 출판사가 등장하는 한편, 독립 출판사의 수도 늘고, 그중 탄탄한 입지를 가진 출판사들이 출판 시장에서 의미 있는, 새로운 그룹으로 형성될 것이다.
- 출판 시장에서 이제껏 보지 못했던 기업 인수 합병(M&A)과 대자본 유입 등의 사례가 등장할 것이다.

- 출판 마케팅의 영역에서 온-오프 서점 안보다 서점 바깥의 역할이 부상하면서 화제의 책과 베스트셀러가 서점 바깥의 웹상에서 탄생하는 사례가 늘 것이다.
- 아시아 출판 시장의 교류가 급증하여 판권 수출과 수입이 늘고, 저자와 역자, 편집자, 마케팅의 활동 무대가 주목할 만한 수준으로 열릴 것이다.
- 출판 산업 비중에서 부가적이었던 판권 수입이 늘고 중요성이 높아질 것이다. 국내 종이책 시장의 비중은 현재 90퍼센트대에서 70~80퍼센트대로 낮아지지만, 출판 시장 전체의 크기는 커져서 출판 산업의 중요성이 증가할 것이다.
- 출판 산업 종사자는 늘 것이며, 출판 콘텐츠 비즈니스와 연결된 관련자는 주목할 만한 수준으로 증가할 것이다.

19세기에 성장기, 20세기에 황금기를 거친 출판 산업은 21세기에 다양하고 급격한 변화를 거치며 새롭게 성숙하는 산업이 될 것이다. 때로는 변화에 적절하게 적응하고, 때로는 변화를 적극적으로 이끌어 가는 과정에서 위기와 도전의 역사를 그려나갈 것이다. 책은 종이책, 전자책, 오디오북으로 그 영역과 대상을 넓히고, 출판은 디지털 환경과 조응하며 다양한 영상, 오디오 등 디지털 콘텐츠와 연결, 협력, 융합되어 본격적인 전환기를 맞이할 것이다.

출판의 승패를 가르는 것은 무엇인가?

미국의 출판 컨설턴트인 토머스 울(Thomas Woll)은 2014년에 선보인 저서 《수익을 위한 출판(Publishing for Profit)》(5판, Chicago Review Press, 2014)에서 출판의 승패를 가르는 중요한 세 가지 요소로 직업적 소명 의식과 책임감(Commitment), 일관성과 지속성(Consistency), 신뢰도(Credibility)를 꼽았다. 성공을 향한 야망과 집착이 유난히 강한 미국의 비즈니스 문화로 볼 때 의외의 주장처럼 여겨질 수 있지만, 자세히 들여다보면 고개를 끄덕이게 된다. 출판 비즈니스의 세계에서 나라와 지역, 언어와 인종, 시간과 공간, 장르와 분야를 넘는 성공과 성취의 원칙이 있다면 무엇일까? 그것은 아마도 저자와 독자에게서 얻는 신뢰가 아닐까?

저자와 독자에게서 신뢰를 얻기 위해서는 무엇이 필요한가? 한 명의 저자와 한 종의 책을 계약하고 출판하는 것을 '한 종의 비즈니스'라고 해보자. 이 과정에서 저자와 출판사는 어떤 신뢰 관계가 필요할까? 우리나라의 경우 출간 후 5년 또는 5년이 판권 계약의 기본 기간이다. 이후 3년 또는 5년 단위로 연장한다. 계약 후 초고, 탈고, 출간까지의 기간을 고려하면 적어도 5~10년 동안은 저자와 출판사 간에 신뢰 관계가 유지되어야 한다. 그러나 이는 출판 비즈니스의 시작에 불과하다. 원칙적으로 한 종의 신작은 저자 사후 70년까지 저작권을 갖는다. 이 기간까지 판권의 연장이 가능하니, 저자 사후 70년 동안 계약을 유지할 수 있는 신뢰를 확보해야 한다. 따라서 '한 종의 출판 비즈니스'에는 70년 이상의 신뢰를 유지할 수 있는 관리가 필요하다.

출판 비즈니스에서 목록의 중요성은 절대적이다. 전자책, 오디오북을 비롯한 부가적인 콘텐츠 비즈니스가 확장되는 미래의 출판 환경을 고려하면 목록의 중요성은 더욱 크다. 한 종의 저작물을 70년 이상 출판사의 목록으로 관리하고 유지하는 것은 쉬운 일이 아니다. 저자와 편집자 사이의 신뢰를 바탕으로 시작하지만, 그 이상의 지속적인 신뢰가 뒤따라야 한다. 그것은 바로 출판사가 자신이 발행한 책에 대해 깊은 직업적인 책무를 가지고 어떻게 지속해서 관리하는가에 달려 있다. 변화하는 환경에 따라 주기적으로 수정하고 개정하며 수정판, 개정판, 전면 개정판, 특별판, 보급판 등의 발행을 통해 끊임없이 관리하는 책임감을 동반해야 한다. 사람은 태어나 성년이 되면 독립하지만, 책은 한 번 출간하면 70년 이상 돌봐야 한다. 이렇듯 세대를 잇는 지속적인 관리가 직업적 책무감 없이 어떻게 가능하겠는가?

토머스 울은 "신뢰를 얻기 위해서는 책임감과 지속성에 초점을 두어야 한다. 이 두 가지를 동반하면 신뢰는 뒤따른다"고 강조했다. 나는 토머스 울이 이야기한 출판의 승패를 가르는 세 가지 요소인 책임감, 지속성, 신뢰도를 한마디로 정의하면 '직업적 책무에 대한 진실성(integrity)'이라 생각한다. 출판은 우리가 펴내는 책만큼 다양하다. 책의 세계야말로 다양성의 꽃이고 생명이라 할 수 있다. 그만큼 책과 출판의 세계에 종사하는 출판인 역시 다양하다. 그러나 개인적 취향, 성향, 개성은 다양할지라도 출판의 세계에서 성공으로 이끄는 것은 바로 이 직업적 책무에 대한 진실성이라고 본다. 이것은 2021년 이후 출판이 가장 빠르게, 가장 다양하게 변화하며 성장하는 산업일지라도 그 변화의 중심에 심장처럼 작용하는 핵심이라 믿는다. 변화의 흐름을 발 빠르게 읽고 기민하게 대응하여 출판사를 키운 후 팔고 떠나는 사례도 등장할 것이다. 그러나 그 순간, 출판의 세계에서 가장 중요한 핵심인 직업적 책무에 대한 진실성은 사라지게 된다. 출판의 역사는 그렇게 한순간에 성장하고 사라지는 사례로 채워지지 않는다. 내가 생각하는 직업적 책무에 대한 진실성의 정의는 다음과 같다.

- 출판이라는 직업에 대한 소명, 책무를 출판 업무 과정에서 견지하는 것
- 출판과 편집의 방향과 핵심을 변화하는 환경에 조응하도록 주기적으로 점검하고 개발하는 것
- 직업적 파트너, 스태프, 관련자와 신뢰 관계를 만들고 이를 지속해서 유지하는 것
- 저자의 저작물을 출간하고 판매하고 관리하는 비즈니스를 통해 저자와의 신뢰 관계를 지속적으로 유지하는 것
- 독자가 원하는 가격, 분량, 내용의 책을 신뢰할 수 있는 수준으로 제공하는 것
- 변화하는 환경에 조응한 방식으로 독자와 소통하는 것

2009년에 출간한《편집자란 무엇인가》와 2020년 개정판에서 일관되게 담고 싶었던 것은 바로 이 편집자, 넓게는 출판인의 직업 정신이다. 출판의 역사는 출판인의 직업 정신으로 쓰였고, 앞으로도 그럴 것이다. 출판인의 직업적 책무에 대한 진실성은 2021~2030년, 그 어느 때보다 변화의 양상이 다양하고 거셀 시기에 더욱 도전받을 것이

고, 그럴수록 빛나는 성공과 성취를 얻을 것이다. 마지막으로, 초판본 《편집자란 무엇인가》에 기대 이상의 관심과 애정을 보내준 독자들께 감사와 우정의 인사를 드린다.

참고문헌

· 《The Chicago Manual of Style : The Essential Guide for Writers, Editors, and Publishers》, 15th ed. Chicago, University of Chicago Press, 2003.
출판 편집에 대한 가장 기본적인 기준과 지침서. 15판에는 디지털 북과 편집에 대한 지침들이 추가되었다.

· 《The Dictionary of Publishing》, David M. Brownstone, Irene M. Franck, Van Nostrand Reinhold Company, 1982.
출판 현장에서 쓰는 기초 용어들에 대한 개념 정리 사전이다.

· 《The Fine Art of Copyediting》, Stainton, Elsie Myers, New York, Columbia University Press, Paperback reprinted ed, 1992.
원고 교정 편집자의 책임과 역할에 대해 구체적으로 기술한 책.

· 《The Copyright Book : A Practical Guide》, Strong, William S. 5th ed. Cambridge, MIT Press, 1999.
저작권에 대한 기준과 구체적 사례들을 기술한 책으로, 전문가뿐만 아니라 이에 대해 모르는 저자나 일반인 들에게도 유용한 책.

· 《One Book/Five Ways : The Publishing Procedures of Five University Presses》, Kachergis, Joyce, and William Kaufmann, Chicago, University of Chicago Press, Paperback reprint edition, 1994.
미국 대학 출판부의 출판 과정을 살필 수 있는 스테디셀러.

· 《Editors on Editing》, Edited by Gerald Gross, Grove Press, 3 Revised edition, 1993.
분야별 최고의 편집자들이 출판 편집의 이론과 실제를 정리했다. 작업 과정별 편집 지침은 물론이고 논픽션, 픽션, 과학소설(SF), 판타지 소설, 어린이 책, 교재 등 분야별 전문 편집자들의 글들도 묶었다.

· 《Book Commissioning and Acquisition》, Gill Davies, Routledge, 2 Revised edition, 2003.
영국 출판 편집의 실제를 읽을 수 있다. 영국 루틀리지 출판사의 편집장을 거쳐 여성으로는 처음으로 영국출판협회 학술 부문 의장을 역임하고, 옥스퍼드브룩스 대학, 런던 시립대학, 출판교육센터 등에서 출판을 가르치는 저자의 생생한 현장 경험이 담겨 있다.

· 《Getting It Published》, William Germano, The University of Chicago Press, 2001.
1980년대에 콜롬비아 대학 출판부와 루틀리지 등에서 편집자 생활을 했던 저자가 자신의 경험을 바탕으로 주로 학술서와 교양서 출판에 대한 기초적인 안내를 한다. 저자를 위한 출판 안내서의 성격을 지녔지만, 편집자들에게도 유익하다.

· 《The Art & Science of Book Publishing》, Herbert S. Bailey, JR. Ohio University Press, 1990.
출판 계획과 작업 과정에 대한 기초 입문서. 특히 출판의 경제학에 대한 구체적인 안내가 담겨 있어 출판사 사장이나 발행인, 관리 부문의 책임자들에게 유용하다. 손익분기점과 이익관리의 계산법이 실려 있다.

· 《Book Publishing ; What It Is, What It Does》, John P. Dessauer, Bowker, 1976.
책의 기획과 제작, 유통, 판매 등 출판의 모든 과정을 다룬 체계적인 출판 입문서. 마지막 장에서는 발행인을 위한 재정과 경영을 다룬다. 미국 출판의 전반적인 환경을 이해하는 데 유용한 책.

· 《Opening the Black Box of Editorship》, Edited by Yehuda Baruch & William H. Starbuck, Palgrave Macmillan, 2008.
영국과 미국의 학술지 편집자 20여 명이 필자로 참여해서 학술 분야 편집의 경험과 지침 들을 생생하게 썼다.

· 《Editing Fact and Fiction A Concise Guide to Book Editing》, Leslie T. Sharpe, Irene Gunther, Cambridge University Press, 1994.
편집의 기초와 실무, 픽션과 논픽션, 어린이 책, 교재, 학술서의 편집, 그리고 편집자의 귀와 눈, 코 등 감각과 능력을 다루고 있다.

· 《The Book Of Prefaces》, Edited by Alasdair Gray, Bloombury Publishing, 2000.
기원전 675년에서 1920년까지 다양한 분야의 주요 저서들에 실린 머리말을 추려 연도별로 정리한 책. 머리말의 역할, 머리말의 역사, 머리말로 본 문화사를 엿볼 수 있다.

· 《Book Design : A Comprehensive Guide》, Andrew Haslam, Abrams Studio, 2006.
제목과 부제 그대로 북 디자인에 대한 기초적이면서도 폭넓은 안내서이다. 책의 개념과 역사에서 북 디자인의 기초인 포맷, 그리드, 타이포그래피, 활자, 레이아웃, 표지는 물론 인쇄와 제본 등 제작 전반까지 다루었다. 디자이너는 물론 편집자를 위해 추천할 만한 책이다.

· 《Books In The Digital Age》, John B. Thompson, Polity Press, 2005.
케임브리지 대학 사회학 교수인 존 톰프슨이 2년 동안 1980년대부터 현재까지 영국과 미국 출판 산업의 변화 과정을 연구하여 디지털 환경에서 출판의 역할과 미래에 대해 체계적으로 정리한 역작이다.

· 《How to Write Best Selling Fiction》, Dean R. Koontz, Writer's Digest Books, 1984.
세계적인 베스트셀러 작가인 쿤츠가 작가를 위해 쓴 아주 생생하고 구체적인 글쓰기 안내서. 편집자가 읽어도 유익한 내용이 많다. 쿤츠는 이 책에서 "편집자는 저자의 동맥"이며 "뛰어난 편집자를 만나면 절대 놓치지 마라"고 조언한다.

· 《データが変える出版販賣 情報化とマーケティング戰略》, 日本エディタースクール出版部, 1994.
일본 출판사들의 도서 판매 데이터의 정보 관리 시스템과 구체적인 실상을 알 수 있다.

· 《日本の書籍出版社》, 日本エディタースクール出版部, 1995.
출판사 입사 지원자를 위한 기초 정보 안내서. 기획과 편집, 제작, 홍보, 판매는 물론이고, 출판사와 출판 환경에 대해 문답 형식으로 정리했다.

· 《編集者の 學校》, 講談社 Web現代 編, 講談社, 2001.
39명의 편집자와 저자 들이 참여하여 다양한 편집, 취재, 전자출판의 현장 사례와 경험을 이야기한다. 작가들이 본 '좋은 편집자'와 '나쁜 편집자'의 실상을 다룬 흥미로운 부분도 있다.

· 《안정효의 글쓰기 만보》, 안정효, 모멘토, 2006.
글쓰기의 시작에서 퇴고까지 다양한 경험과 풍부한 독서에서 정제한 흥미롭고 수준 있는 글쓰기 안내서. 저자 지망생만이 아니라 편집자 지망생에게도 추천할 만한 책이다.

· 《소설》, 제임스 미치너, 윤희기 옮김, 열린책들, 2009.
작가, 편집자, 비평가, 독자로 구성된 이 소설은 1970년대 뉴욕 브로드웨이 출판가를 배경으로 하여 책을 통한 서로 다른 눈과 삶을 실감나게 보여준다. 출판 관련 강의에서 늘 추천했던 편집자 필독서.

· 《편집자 입문 과정》, sbi 교재개발위원회 엮음, 서울북인스티튜드(한국출판인회의 부설), 2004.
강의 교재. 출판 환경, 저작권 실무, 기획, 편집, 디자인, 제작, 마케팅, 분야별 사례 등 편집자가 현장에서 익혀야 할 실무를 다룬다.

· 《출판 편집장 과정》, sbi 교재개발위원회 엮음, 서울북인스티튜드(한국출판인회의 부설), 2004.
강의 교재. 편집장의 역할, 리더십, 출간 일정 관리, 브랜드 전략, 디자인, 제작, 저작권, 손익 계산과 관리, 소통 방법 등 편집장의 일들을 다룬다.

편집자란 무엇인가

1판 1쇄 발행일 2009년 8월 17일
2판 1쇄 발행일 2020년 12월 14일

지은이 김학원

발행인 김학원
발행처 (주)휴머니스트출판그룹
출판등록 제313-2007-000007호(2007년 1월 5일)
주소 (03991) 서울시 마포구 동교로23길 76(연남동)
전화 02-335-4422 **팩스** 02-334-3427
저자·독자 서비스 humanist@humanistbooks.com
홈페이지 www.humanistbooks.com
유튜브 youtube.com/user/humanistma **포스트** post.naver.com/hmcv
페이스북 facebook.com/hmcv2001 **인스타그램** @humanist_insta

편집주간 황서현 **편집** 최인영 김선경 이영란 **디자인** 김태형
조판 홍영사 **용지** 화인페이퍼 **인쇄** 청아디앤피 **제본** 정민문화사

ISBN 979-11-6080-519-2 03010